石钟扬 石霁 著

永远的新青年

陈独秀与五四学人

中国出版集团
東方出版中心

永遠的新青年

言恭達敬題

陈独秀（1879—1942），丁聪绘

目 录

“永远的新青年”，不朽！

“五四运动”已届百年，当时的风云人物都已远行不归，唯百年史绩犹存，谠论言犹在耳，伟业后继有人。陈独秀、蔡元培、胡适之、李大钊、鲁迅、钱玄同、吴虞、章士钊、苏曼殊、周作人、傅斯年等，无一不在百年历程中留下非凡的印迹。本书依据真实可靠史料，从细节着眼，有叙事，有抒情，有思辨，有文采。细描浓染，丰茂厚重，洞察深刻，新义迭出。以“永远的新青年”冠名，尤其彰显历史与现实的契合。

陈独秀是“五四运动”的文化和精神领袖，蔡元培、胡适之二位是陈独秀最看重的挚友。1940年蔡元培逝世，陈独秀著文：

> 五四运动，是中国现代社会发展之必然的产物，无论是功是罪，不应该专归那几个人；可是蔡先生、适之和我，乃是当时思想言论上负主要责任的人。

作为一代精英的领袖人物，陈独秀身上有着断头流血都不辞避的悍劲，所向披靡的狂飙式的气质，棱角毕露，锋芒逼人。蔡元培说，“近代学者人格之美，莫如陈独秀”！本书赞曰：

> 他凭着思想界明星的精神魅力，凭着一往直前的革命勇气，凭着把握文化思想走向的敏捷智慧，凭着百般武艺皆在行的能力……陈独秀就能振臂一呼，应者云集，将当时第一流的文化精英汇聚在自己的周围，从而办好百年中国天下第一刊《新青年》，掀起新文化运动，改变中国思想文化的走向。

于是，“但开风气不为师”的胡适之成为“五四”文学革命“首举义旗的急先锋”。胡适何以积极追随陈独秀？请读者专看他的《四十自述》《五十年来中国之文学》《陈独秀与文学革命》诸文。其中，胡适最赞赏“陈先生是一位革命家”，“在袁世凯要实现帝制时，陈先生知道政治革命失败是因为没有文化思想这些革命，他就参加伦理革命，宗教革命，道德革命”。

早在1903年，陈独秀就说：“全国人既如是沉梦不醒，我等既稍有一知半解，再委弃不顾，神州四百兆人岂非无一人耶！故我等在全国虽居少数之少数，亦必尽力将国事担任起来，庶使后世读中国亡国史者，勿谓此时中国无一人也。”与“但开风气不为师”，稳健温和的胡适不同，激进刚烈的陈独秀是“但开风气亦为师”，是法俄大革命的浪漫张扬精神与中国民族民主革命激越奋进思潮奇特结合的产物。

鲁迅是文学革命的典范，他的《狂人日记》刊于1918年5月15日《新青年》第4卷第5号。这是鲁迅在新文学领域的第一次亮相。一次次催促鲁迅写小说的是钱玄同，而钱则受陈独秀的“将令”。钟扬说：“或许可以说，没有《新青年》，就未必有作为中国现代小说之父的鲁迅。”话虽近于武断，却有事实依据。鲁迅自己说，他的“呐喊”是“应须听将令的”。在《药》的瑜儿坟上添上一个花环是“因为那时的主将是不主张消极的”。（《〈呐喊〉自序》，1922年12月3日）十年后鲁迅又说：“《新青年》的编辑者，却一回一回的来催，催几回，我就做一篇，这里我必得纪念陈独秀先生，他是催我做小说最着力的一个。”（《我怎样做起小说来》，1933年5月3日）陈独秀不仅催促鲁迅写小说，也引领他写杂文——随感录。“这是鲁迅后期巩固文学巨匠地位、成为文学战线上伟大旗手的主要武器。”（唐宝林语）

陈独秀的鲁迅观始终如一：“鲁迅兄做的小说，我实在五体投地的佩服。”（《致周作人》，1920年8月22日）“他在中国现代作家中，是首屈一指的人物”，他的中短篇小说“都超上乘，比其他作家要深刻得多，因而也沉重得多”，“《新青年》上，他是一名战将，但不是主将”。（陈独秀在南京狱中与濮清泉谈话）那么，谁是“五四”新文化运动的主将？人们长期只把鲁迅作为新文化运动的主将，而对陈独秀则避而不谈。任何稍有实事求是之心的人都会承认，鲁迅是20世纪30年代“左联”时期革命文学的主将，而“五四”新文化运动的主将，则非陈独秀莫属。毛泽东在“五四运动”二十六年后，仍

然明确认定陈独秀“是五四运动时期的总司令，整个运动实际上是他领导的”。（1945年4月，中共七大预备会上的讲话）

陈独秀引领的“五四”学人阵营中，蔡元培是运动的“大护法”。他的思想自由、兼容并包，使新文化运动有了北京大学这块坚强阵地，而他则成为爱国青年的保护者。北大同事则有胡适、鲁迅、钱玄同、刘半农、王星拱、周作人，以及早年结识的章士钊、易白沙、吴虞、高一涵、李大钊（吴、李后来也到北大任教）等。更多的是由陈独秀、《新青年》培育的一批“新青年”，如傅斯年、罗家伦、顾颉刚、毛子水、江绍原、汪敬熙、何思源、俞平伯、郭绍虞、孙伏园、张申府、叶圣陶、冯友兰、朱自清、许德珩等。这批知识精英，各有才能，虽有思想或政治的分野与争斗，但都是文化领域具有重要贡献的人物。

傅斯年是“五四”学生群中的代表，他对陈独秀的景仰完全出自理性的认知。1918—1919年，他发表五十多篇文章，为新文化运动，尤其是为文学革命推波助澜。傅斯年创办新潮社、主编《新潮》，得陈独秀全力支持。“五四”爱国运动中成为天安门集会游行的总指挥。他界定中国近代革命有言：

> 这里所论革命者，不只政治革命，应该概括一切社会的，文艺的，思想的改革而言……否则革命只等于中国史上之换朝代，试问有何近代意义呢？
>
> 清末陈氏在日本时……他在思想上是胆子最大，分解力是最透辟的人，他永远是他自己……要知道陈独秀对于革命的贡献，《新青年》便是最重要的证据。
>
> 陈氏……尤有一个基本精神，即是他的猛烈的透辟的自由主义……这或是他终久受不了第三国际的部勒，而做他的异端之缘故罢？
>
> 独秀当年最受人攻击者是他的伦理改革论，在南在北都受了无数的攻击、诽谤及诬讯。我觉得独秀对中国革命最大的贡献正在这里，因为新的政治决不能建设在旧的伦理之上，支持封建时代社会组织之道德决不适用于民权时代……

傅斯年认为“文学革命、伦理革命、社会主义”是国民党反共前十年间陈独秀的三大革命贡献。“是民国五年至十一二年中最大的动荡力。没有这个动荡力，青年的趋向是不会改变的，青年的趋向不改变，则国民党之改组与国民革命军运动之成事皆不得其前提。这个历史的事实，不能因为陈独秀现在缧绁之中而抹杀之！”陈独秀被中共开除后加入托派，避居上海，只是一个“穷困颠连”以卖文为生的学者。因此，国民政府逮捕陈独秀后，傅认为当局从道义和法理上应当“事付法院，公开审判”，各方人士则于“判决有罪时，不妨依据法律进行特赦运动”。他大声疾呼：

> 国民党决无在今日一切反动势力大膨胀中杀这个中国革命史上光焰万丈的大彗星之理！

傅斯年品学兼优且有以天下为己任的情怀与世界主义眼光。终生无党无派，疾恶如仇，元气淋漓，酷似陈独秀性格。抗战期间，两次炮轰孔祥熙的贪腐、宋子文的渎职，硬是把这两个行政院长赶下政府首揆的宝座，连孔宋的连襟蒋介石也无可奈何。钟扬说，“傅斯年治学与政治取舍从胡适那里获得教益更多，而他灵魂深处却常有独秀精神在涌荡着”，堪称“五四新文化运动的结晶”，确为不刊之论。

1937年8月，陈独秀获释后拒住中央党部招待所，而住入傅斯年家。两人纵论世界大势，傅颇悲观，陈则信心十足。9月，陈独秀在中英协会与胡适、傅斯年晤谈。事后，陈独秀在《我们断然有救》文中记下这次谈话：

> 我们不要害怕各色黑暗势力笼罩着全世界，在黑暗营垒中迟早都会放出一线曙光，终于照耀大地，只要我们几个人有自信力，不肯附和，屈服，投降于黑暗，不把光明当作黑暗，不把黑暗对付黑暗，全世界各色黑暗营垒中都会有曙光放出来。我根据这些观点，所以敢说：“我们断然有救！”

当下，读到这样乐观、明智、坚定、自信的文字，仍觉其新，犹感其力，真可谓“行无愧怍心常坦，身处艰难气若虹”。

“永远的新青年”，必将结束一个旧时代，开创一个新时代，因而不朽！

陈铁健八十又五

2019年元月9日，写于琼崖五指山房

永远的《新青年》

——陈独秀与“天下第一刊”《新青年》

《新青年》在近代中国堪称天下第一刊。

《新青年》的创刊[①]是“五四”新文化运动的光辉起点，《新青年》派文化精英群体的出现，是中国知识分子走出传统迈向现代化的标志。

一、接受史上的《新青年》：最为壮丽的精神日出

1919年底，《新青年》为重印前5卷刊登广告，其中说：“这《新青年》，仿佛可以算得‘中国近五年的思想变迁史’了。不独社员的思想变迁在这里面表现，就是外边人的思想变迁也有一大部分在这里面表现。”[②]1923年胡适说：

> 二十五年来，只有三个杂志可代表三个时代，可以说是创造了三个新时代：一个是《时务报》；一个是《新民丛报》；一个是《新青年》。而《民报》和《甲寅》还算不上。[③]

1935年上海亚东图书馆、群益书社重印《新青年》时，胡适题词云：

> 《新青年》是中国文学史和思想史上划分一个时代的刊物。最近二十年中的文学运动和思想改革，差不多都是从这个刊物出发的。我们当日编辑作文的一班朋友，往往也不容易收存全份，所以我们欢迎这回《新青年》的重印。

---

① 此刊1915年9月15日创刊于上海时初名《青年杂志》，自第2卷始更名为《新青年》。本书为叙述方便，除特别需要说明者外，概称之为《新青年》。

②《新青年》第7卷第1号，1919年12月1日。

③ 胡适：《致高一涵等四位的信》，《努力周报》第25期，1923年10月21日。

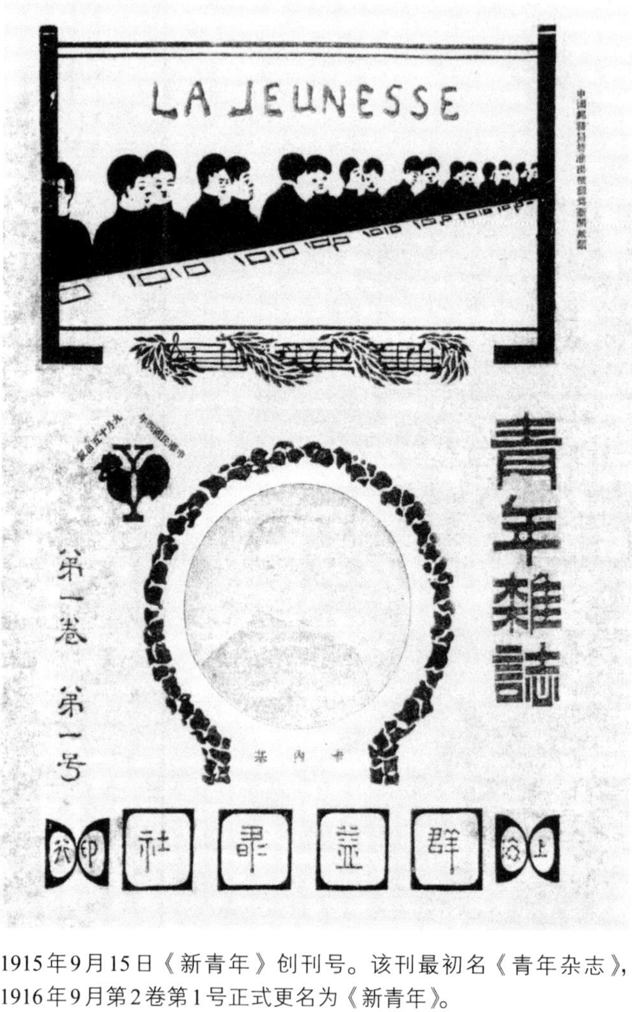

1915年9月15日《新青年》创刊号。该刊最初名《青年杂志》，1916年9月第2卷第1号正式更名为《新青年》。

敬告青年

陳獨秀

竊以少年老成。中國稱人之語也。年長而勿衰（Keep young while growing old）英美人相勗之辭也。此亦東西民族涉想不同現象趨異之一端歟。青年如初春。如朝日。如百卉之萌動。如利刃之新發於硎。人生最可寶貴之時期也。青年之於社會。猶新鮮活潑細胞之在人身。新陳代謝。陳腐朽敗者。無時不在天然淘汰之途。與新鮮活潑者以空間之位置及時間之生命。人身遵新陳代謝之道則健康。陳腐朽敗之細胞充塞人身則人身死。社會遵新陳代謝之道則隆盛。陳腐朽敗之分子充塞社會則社會亡。

準斯以談。吾國之社會。其隆盛耶。抑將亡耶。非予之所忍言者。彼陳腐朽敗之分子。一聽其天然之淘汰。雅不願以如流之歲月。與之說短道長。希冀其脫胎換骨也。予所欲涕泣陳詞者。惟屬望於新鮮活潑之青年。有以自覺而奮鬥耳。自覺者何。自覺其新鮮活潑之價值與責任。而自視不可卑也。奮鬥者何。奮其智能。力排陳腐朽敗者以去。視之若仇敵。若洪水猛獸。而不可與爲鄰。而不爲其菌毒所傳染也。嗚呼吾國之青年。其果能語於此乎。吾見夫青年其年齡。而老年其身體者十之五焉。青年其年齡或身體。而老年其腦神經者十之九焉。華其髮。澤其容。直其腰。廣其膈。非不儼然青年也。及叩其頭腦中所涉想所懷抱。無一不與彼陳腐朽敗者爲一丘之貉。其始也。未嘗不新鮮活潑。寖假而爲陳腐朽敗分子所同化者有之。寖假而畏陳腐朽敗分子勢力之龐大。瞻顧依回。不敢明目張膽。作頑狠之抗鬥者有之。充塞社會之空氣。無往而非陳腐朽敗焉。求些少之新鮮活潑者。以慰吾人窒息之絕望。亦杳不可得。循斯現象。於

陈独秀在《青年杂志》创刊号上发表的《敬告青年》一文。

蔡元培也为之题词：

> 《新青年》杂志为五四运动时代之急先锋。现传本渐稀，得此重印本，使研讨吾国人最近思想变迁有所依据。甚可喜也。[①]

美国著名华裔学者周策纵有云：

> 在近代中国的思想历程中，五四新文化运动无疑是一次最为壮丽的精神日出。以前的一切，似乎都汇集于此，彼此激荡奔腾；以后的一切，似乎都由此生发，造成了种种历史的巨变……[②]

而作为“五四”新文化运动的精神领袖陈独秀创办的《新青年》，实为那“最为壮丽的精神日出”的标志。

中国现代文学之父鲁迅是从《新青年》这块圣地里走出来的。

《狂人日记》1918年5月15日发表于《新青年》第4卷第5号，并首次署上尔后成为中国现代小说象征的笔名——鲁迅。与《狂人日记》同期发表的，还有鲁迅的三首新诗《梦》《爱之神》《桃花》（署名“唐俟”）。两者相加，诗文并茂，或许可以视为鲁迅加盟《新青年》派的最佳“投名状”。

不管人们怎样讨论作为文学家的鲁迅产生的历史背景与原因，都不应忽视一个不争的事实：那就是《新青年》为他大显身手提供了一个千载难逢的理想基地，人们是通过《新青年》认识鲁迅的。

岂止鲁迅，其实中国近百年来政学两界或其他领域的杰出人物，无不沐浴着《新青年》的阳光雨露。还是先听一听当年一批老北大学生的历史回顾吧。

杨振声说：“像春雷初动一般，《新青年》杂志惊醒了整个时代的青年。他们首先发现自己是青年，又粗略地认识了自己的时代，再来看旧道德、旧文学，心中就生出了叛逆的种子。一些青年逐渐地以至于突然地，打碎了身上的枷锁，歌唱着冲出了封建的堡垒，确实感到自己是那时代的新青年了。”[③]

---

① 杨义等：《中国新文学图志》，人民文学出版社1997年版，第100页。
② 周策纵：《五四运动：现代中国的思想革命》卷首题词，江苏人民出版社1996年版。
③ 中国社会科学院近代史研究所编：《五四运动回忆录》（上），中国社会科学出版社1979年版，第260页。

杨晦说："历史最久、传播民主主义文化最有影响的刊物是《新青年》"，"《新青年》是五四新文化运动的先锋和旗帜"。[①]

冰心说："五四运动的前后，新思潮空前高涨，新出的报刊杂志像雨后春笋一样，目不暇给。我们都贪婪地争着买，争着借，彼此传阅。其中我最喜欢的是《新青年》里鲁迅先生写的小说，像《狂人日记》等篇，尖锐地抨击吃人的礼教，揭露着旧社会的黑暗和悲惨，读了使人同情而震动。"[②]

（许）钦文说："《新青年》《新潮》、北京《晨报》副刊和后来上海出版的《学灯》《青光》，都为好学的青年所注意。报刊、书籍，已经翻阅得破碎了，还是邮寄来、邮寄去。有了新出的好书，如果不寄给朋友看，好像是对不起朋友似的。友谊往往建筑在书籍的借阅、赠送和学术的讨论上。"[③]

罗仲言说："我们那时青年人读《新青年》是风行一时的事。不读的人很少。有些不同意《新青年》观点的学生，出于好奇也要看看。"又说：陈独秀"对批判旧思想很有胆量，有勇气，笔陈［阵］纵横，独具风格，大家都喜读他的文章。他的文章一来，不管说什么，我们都希望早点看到"。[④]

张国焘说："1917年春，我看到了《新青年》，一眼就觉得它的命名合乎我的口味，看了它的内容，觉得的确适合当时一般青年的需要；登时喜出望外，热烈拥护，并常与反对者展开争论……新文化运动的影响日渐扩大，所提倡的科学与民主，风靡一时，是继康有为的大同学说、孙中山的三民主义之后，又一高举起来的革新旗帜。《新青年》的发行数量也增加多了，每期出版后，在北大即销售一空。"[⑤]

若回到历史的现场，去"触摸""五四"那段情节，那就能更直观更形象地感受到《新青年》的精神魅力。请看当时的读者是如何看待《新青年》的：

第2卷第1号就有人称："未几大志出版，仆已望眼欲穿，急购而读之，不禁喜悦如得至宝。若大志者，诚我青年界之明星也。"这位读者还兴奋地表示："嗣是以后仆随时随地，凡遇良好青年，必以有无读《青年杂志》为

---

①《五四运动回忆录》（上），第221页。

②《五四运动回忆录》（下），第974页。

③《五四运动回忆录》（下），第984页。

④ 罗仲言：《回忆"五四"前后的北大》，1929年1月未刊稿，见任建树《陈独秀大传》，上海人民出版社1999年版，第114页。

⑤ 张国焘：《我的回忆》，东方出版社2004年版，第37—38页。

问，其未读者必力为介绍。”（毕云程）第2卷第5号上有人称：“际此公理消沉邪说横行之时，贵报乃能独排众议，力挽狂澜，诚足称空谷之足音，暗室之灯光也。”（爱读者褚葆衡）同号上也有人称：“贵社之《新青年》杂志，觉其命意纯正，搜罗丰富，诚为青年学界之金针也。”（扬州孙斌）读者还表示：“深信大志《新青年》出版之日，乃真正新中国之新纪元也。”（第3卷第3号，胡晋接）

读者对《新青年》的赞誉，也是一种感激，因为杂志成为年青人的良师益友。“贵杂志出版以来，吾青年界得一良友。提携指导，不可谓不勤矣。”（第3卷第1号，淮山逸民）对杂志的感激，又较多集中到陈独秀身上。如第3卷第3号上称：“读公（独秀）文而不翻然悟者，其必天下之丧心病狂者矣。”（刘竞夫）读者们承认，《新青年》已极大地影响了他们的思想：“我却确认《新青年》于思想革新上文明进化上，有大大的影响。”（第5卷第5号，姚寄人）读者深深祝福《新青年》：“吾爱《新青年》，吾尤望《新青年》之能安全达到其目的地。”（第4卷第4号，孙国璋）

当年读者日后成为大名人的，如恽代英，以武昌中华大学中学部“新声社”的名义写信给《新青年》说：

> 我们素来的生活，是在混沌的里面，自从看了《新青年》渐渐的醒悟过来，真是像在黑暗的地方见了曙光一样。我们对于做《新青年》的诸位先生，实在是表不尽的感谢了。我们既然得了这个觉悟，但是看见我们的朋友还有许多都在黑暗沉沉的地狱里生活，真是可怜到了万分了。所以我们“不揣愚陋”，就发了个大愿，要做那“自觉觉人”的事业，于是就办了个《新声》。①

湖北陆军第二预备学校的青年学生叶挺读了《新青年》后激动不已。他写信给陈独秀称赞《新青年》说：

> 空谷足音，遥聆若渴。明灯黑室，觉岸延丰。足下之孤诣，略见于甲寅。渴慕綦岁。呜呼，国之不亡，端在吾人一念之觉悟耳。足下创行

①《新青年》第6卷第3号。

青年杂志，首以提倡道德为旨，欲障此狂波，拯斯溺世，感甚感甚。[①]

叶挺的信大概是《新青年》读者来信中最长的一封，其专言道德觉悟于社会、人生的重要性，与陈独秀“伦理觉悟乃最后之觉悟”说相呼应。叶挺更求助于陈独秀指点迷津：“吾辈青年，坐沉沉黑狱中，一纸［线］天良，不绝如缕，亟待足下明灯指迷者，当大有人在也。”其自然是寄希望于陈独秀和他的《新青年》。

《新青年》的接受史，需要一部宏篇巨制的专著来承担。然仅此草草素描，亦足令人击节唱叹！

信哉，陈独秀与《新青年》掀起的新文化运动实乃中国近代文化思想史上“最为壮丽的精神日出”！

壮哉，永远的《新青年》！

二、1915年9月15日：新文化运动的光辉起点

陈独秀创办《新青年》之初，除了以往办报办刊的经验、以友谊与志趣集结的作者群落以及粪土万户侯的勇气，几乎是赤手空拳办刊物。1914年7月陈独秀应章士钊之邀到日本协助编辑《甲寅》，1915年6月中旬因妻高君曼病重咯血，经汪孟邹写信催返，一家人聚居在上海法租界高山路南口吉谊里21号。生活尚且紧张，哪来余力自办杂志。但陈独秀偏偏豪情万丈地筹谋着自办一个既有鲜明个性，又能令全国思想改观的杂志。这自然须找个有一定经济实力又热心文化事业的出版单位作后盾。

就热心文化事业与友情而言，最理想的合作伙伴自然是上海亚东图书馆。亚东图书馆主人汪孟邹是徽州人，与陈独秀为莫逆之交，汪氏当初在芜湖创办科学图书社，尔后在上海创办亚东图书馆（实为出版社），都是陈策划的产物；陈当初创办《安徽俗话报》就是“背了一个包袱，拿着一把雨伞”来到芜湖科学图书社的。可以说亚东图书馆的发展与命运几乎始终与陈独秀连在一起。正是着眼于此，汪孟邹之侄汪原放所著《回忆亚东图书馆》，再版时被出版社干脆改名为《亚东图书馆与陈独秀》。[②]

---

①《新青年》第2卷第6号。

② 汪原放：《回忆亚东图书馆》，学林出版社1983年版；《亚东图书馆与陈独秀》，学林出版社2006年版。

陈独秀早在1913年亡命上海时就对汪孟邹说“想出一本杂志”，说是“只要十年、八年的工夫，一定会发生很大的影响”。到1915年他自日本归来，真的要将那酝酿之久的宏愿付之实践时，他叫汪“认真想法子”。得到的回答是：“我实在没有力量做。”这是实话实说。想不想做有情感因素，有没有力量做则是量力而行的选择。汪原放说：“当时亚东地图生意不好，又正在印行《甲寅》杂志，经济上甚为棘手。在大叔的日记中，时有‘社务乏款，焦急之至’之类的记载。所以无论如何，实在是无力再出一个杂志了。”①汪孟邹实在，主张做就做好，不肯苟且。他曾说：“亚东出版认真，不肯苟且，一半由于个性使然，一半也是许多朋友，如章行严（士钊）、陈仲甫、胡适之诸先生督促之力。”②

忠厚老实的汪孟邹不会“以‘实在没有力量做’为托词拒绝了陈独秀，却接受了章士钊（秋桐）创办于日本东京的《甲寅》杂志”，“基于章的声望以及《甲寅》杂志已见之影响”，“在章、陈之间做出厚此薄彼的选择”。③汪决不会如此势利。须知汪与章、陈皆友善，相对而言汪与陈关系更铁，此其一。其二，《甲寅》曾是章、陈共同经营的刊物，《甲寅》共出十期，前四期在日本出版，后六期移上海由亚东图书馆出版，其中不排除陈策划的因素。其三，《甲寅》1914年5月创刊，1915年10月终刊，历时一年零五个月，它移上海出版当是1915年初的事；而《新青年》到1915年9月15日才创刊，一先一后根本不存在“在章、陈之间做出厚此薄彼的选择”。有的史家将陈独秀所说：“只要十年、八年的工夫，一定会发生很大的影响”，曲解为“十年、八年才能开创局面”，并说：“一个处于初创阶段的书局所不敢冒险投资的。”这种解读，真令人浩叹。

汪孟邹“实在没有力量做”，不等于对之置之不理，汪孟邹始终关注着《新青年》的生存与发展，《新青年》出版中大小事多有汪的参与。当务之急是积极地“介绍他给群益书社陈子沛、子寿兄弟”。④陈氏兄弟是章士钊的湖南老乡，也是汪孟邹的老朋友。汪孟邹说：“我在章士钊的苏报馆里认识了陈

---

① 汪原放：《亚东图书馆与陈独秀》，第33页。
② 汪原放：《亚东图书馆与陈独秀》，第234—235页。
③ 王奇生：《新文化是如何“运动”起来的——以〈新青年〉为视点》，《近代史研究》2007年第1期。
④ 汪原放：《亚东图书馆与陈独秀》，第33页。

子佩（沛），他是长沙群益书社的主人。1907年（清光绪三十三年），子佩开了群益书社，叫我搬去和他一道住，于是我们常在一起了。”[①]汪原放用“过从甚密，情谊极深”八个字来形容他们的关系。陈独秀曾多次谋划这两家出版社合股联办。

且看汪孟邹当年的日记——《梦舟日记》[②]对《新青年》创刊相关事宜的记载：

1916年1月5日。（下午）四句钟到仲甫新迁之宅，旋同往秋桐（章士钊）家谈话。

5月12日。上午往晤彤侯，而仲甫、叔潜、己振适在此，因得畅序（叙）一切。（饭后）予往晤子佩，并同游张园、愚园，复往中华书局所建厂房参观一周，规模极称宏大，亦不次于商务。

9月18日。二时回社，予遂办公，未几仲甫、己振同来，根本赞成竭力相助亚东与群益合并另行改组之事。云俟子寿回申，拟出“计划书”。渠等二人北上一行，以便搜集资本。此事如就，关系甚大，非仅予一人之所愿也。

10月19日。（在芜湖）黄昏接仲甫讯，云秋桐已回申，嘱首途回沪。

10月24日。今晚电子佩、子寿“速来”。

11月1日。午刻子寿自湘到申，即来畅谈。

11月2日。上午九时即到陈宅，与子佩、子寿议论各事件。复至己振宅，未几，而仲甫到。互论东亚与群益合并扩充之事。首即资金问题，次即人材问题。然后方及内部如何组织之法。初次会议，结果尚佳。但子寿似缺乏猛进之气。

11月3日。晚间，仲甫、己振、子佩、子寿同来此间开二次会议，并拟“意见书”及“招股章程”，各稿议归子寿起草。谈及十二时方归。

11月5日。晚间略具粗肴，仲甫、己振、子佩、子寿同来此小饭后，

① 汪孟邹：《亚东图书馆简史》，《亚东图书馆与陈独秀》附录一。

②《梦舟日记》即汪孟邹日记，稿本，共三本，一、民国四年（1915）3月20日至7月30日；二、民国五年（1916）正月至7月；三、民国五年（1916）8至12月。封面由旨素题字，旨素即陈子寿，日记的稿本今佚，这里是由汪原放《回忆亚东图书馆》的手稿本中辑出。按，此注见沈寂《陈独秀传论》第347页（安徽大学出版社2007年版）。或谓《梦舟日记》现藏上海博物馆。确否，待考。日记中“仲甫”“志孟”皆为陈独秀。

即开三次会议，决定各稿，亦近十二时方散。

11月7日。晚间秋桐来小饮，予及仲甫、己振、子佩、子寿与他商量书店事甚详。

11月10日。晚间为书店事，请烈公（柏烈武先生）、秋桐晚餐。予与子佩、子寿均到，此是仲甫主人，即在仲甫宅上设席。菜至丰美异常。谈至十时方散。结果甚佳。

11月11日。午后仲甫来此，谈及黄钟人君愿为吾辈努力，可认一万云云。晚间与子寿谈应预备事务。

11月23日。上午往访仲甫，又同访己振，决定二十六日首途北上。

可见陈独秀在创办《青年杂志》的同时，也一直为亚东图书馆与群益书社的发展谋划着。为此，他亲自陪同汪孟邹北上筹款。他对两社合股的前景甚为乐观，且预约远在美国的胡适归国充当新书局的编译。1917年初，陈在致胡适的信中说："弟与孟邹兄为书局招股事，于去年十一月底来北京勾留月余，约可得十余万元。南方约可得数万元，有现金二十万元，合之亚东、群益旧有财产约三十余万元，亦可暂时勉强成立，大扩充尚须忍待二三年也。书局成立后，编译之事尚待足下为柱石，月费至少可有百元。"[①]没想到陈独秀北上，即被蔡元培聘为文科学长。充当文科学长的陈独秀也为亚东图书馆争取了巨大的出版资源，尤其是获得北京大学出版书籍的经理权，同时策划了若干具有重大文化意义的选题，如亚东版的明清白话小说成其经久不衰的品牌出版物，让亚东有了蓬勃发展的生机——此是后话。

陈独秀几乎成了亚东图书馆的灵魂，亚东图书馆的汪氏叔侄自然也愿为新文化运动的主帅陈独秀效命。还是看《梦舟日记》吧：

1915年4月25日。往志孟（独秀的别号）家中坐谈。渠妻（高君曼）以体气不佳，家中寂寞，甚为悲伤，竟至泣下。"予拟函促他归"，以等语慰之。

5月15日。早未起，而志孟夫人使人来唤，云忽咯血。当即前去，幸无大碍，时不到七时也。即在他府吃粥而回。并与志孟夫人谈论一切。

①《胡适来往书信选》（上），中华书局1979年版，第6页。

可称女中之杰，敬仰！敬仰！

5月18日。今日早上志孟夫人来，咯血之症昨夜又发，予安慰再三。渠似极以为虑。申刻，闻桐君言，已往医院就诊矣。

5月24日。至同仁医院视志孟夫人之病。察其病状，似渐加重，渠自己亦极畏惧，多疑多虑，一种凄凉之状，令人心悸，病之可畏如此，可不惧之！

6月19日，到志孟处谈。

在妻子招唤、友人催促下，陈独秀偕易白沙自日本归国。这天抵达上海，汪孟邹连夜与之谈心；次日晚汪又为他与易白沙接风洗尘，日记有记：

6月20日。晚间为志孟、白沙洗尘。

6月22日。下午赴叔潜等通俗图书局开会之约，回家已六钟有零。

6月23日。上午十一钟至子寿宅，会议三家合办之事。终以分别筹款为主。回家已五钟。

7月1日。芜款未至，焦灼万分，幸由式如（即大木，芜湖科学图书社负责人）暂借到五百元。真正可感，谨记之勿忘。

7月4日。在子寿处晚饭后，往志孟宅上谈事，将十二钟方返。

7月5日。子寿来告以《青年》事已定夺云。

7月30日。下午志孟来谈刻许而去。

经过汪孟邹参与其中的反复协商，群益书社的陈氏兄弟终于答应承担《青年杂志》的印行：月出一期，每期书社付编辑费二百元。了此心愿，孟邹高兴地在日记中写下一笔，他的侄子汪原放也欣然地说："如果介绍到群益，群益又不同意接受，那么，仲翁想出的'只要十年、八年的工夫，一定会发生很大影响'的一个杂志，就决不能在民国四年（1915年）九月十五日问世了。"①

1915年9月15日，是个值得纪念的日子，史家称之为中国新文化运动的光辉起点。

---

① 汪原放：《亚东图书馆与陈独秀》，第33页。

三、因祸得福：从《青年杂志》到《新青年》

《新青年》初名《青年杂志》。

1916年2月15日《青年杂志》出至第1卷第6号，因护法战争爆发被迫停刊。同时又遭刊名雷同事件。现存权威叙事为汪原放的文字。汪说：

> 《青年杂志》怎么改名《新青年》的呢？我还记得，我的大叔说过，是群益书社接到上海青年会的一封信，说群益的《青年杂志》和他们的《上海青年》（周报）名字雷同，应该早更名，省得冒名的错误。①

这里的《上海青年》名称可能有误，若其名为《上海青年》，则与《青年杂志》不存在雷同。《上海青年》则可能是中华基督教青年会1897年创办的《青年》杂志之误，这份基督教杂志，由上海昆山花园4号的青年协会书报部发行，到1917年3月与创刊1911年11月的另一个基督教杂志《进步》杂志合并而成《青年进步》杂志。②这样，才会有"名字雷同"之嫌，并由基督教上海青年协会向群益书社发难。

1916年3月3日，群益书社经理陈子寿到陈独秀住宅商量，拟将《青年杂志》改名为《新青年》。商量时正好汪孟邹在座，于是他在日记中赫然写上"仲与予均赞同也"。1916年8月13日陈独秀写信告诉远在美国的胡适说："《青年》以战事延刊多日，兹已拟仍续刊，依发行者之意，已改名《新青年》，本月内可以出版。"③

汪原放称这次更名事件为"因祸得福"。从1916年9月1日出版的第二卷第一号起，就正式改名《新青年》了。现代中国思想革命史上最重要的杂志之一的《新青年》，就是这样诞生的。

在这首期《新青年》上，刊有《通告》向读者报告：

> 本杂志自出版以来，颇蒙国人称许，第一卷六册已经完竣。自第二卷起，欲益加策励，勉副读者诸君属望，因更名为《新青年》，且得当代

① 汪原放：《亚东图书馆与陈独秀》，第33—34页。
② 参见叶再生：《中国近代现代出版通史》，华文出版社2002年版，第2卷第243页。
③《胡适来往书信选》（上），第3页。

名流之助，如温宗尧、吴敬恒、张继、马君武、胡适、苏曼殊诸君，允许关于青年文字，皆由本志发表。嗣后内容，当较前尤有精彩。此不独本志之私幸，亦读者诸君文字之缘也。①

陈平原对之作了富有诗意的解读：聪明绝顶的陈独秀，将因刊名雷同而不得不重起炉灶这一不利因素，说成是因应读者要求而改名，且由此引申出新旧青年如何具天壤之别，不可同日而语，刻意制造杂志的“全新”面貌。此举不但博得当年读者的极大好感，也让后世史家马失前蹄。②

需要说明的是：其一，基督教青年学会发难，责成群益版《青年杂志》改名，恰恰证明其影响不凡，大有覆盖另一个同名刊物之势，基督教会正是在这种危机感的驱使下给群益书社发难的。不过，也证明当时已有相当自觉的“版权意识”，这是个可喜现象。

其二，《新青年》的主旨与先前的《青年杂志》仍是一脉相承的，因此《新青年》从第2卷到第7卷每期封面上仍赫然注明：“原名青年杂志”，既标示杂志风格的连续性，也维系着原有读者群的信任。“颇蒙国人称许”的正是第1卷的《青年杂志》。

其三，令读者耳目一新的是，陈独秀与李大钊，一以《新青年》，一以《青春》，一反一正，一曰“发财固非恶事，即做官亦非恶事，幸福亦非恶事，惟吾人合做官发财幸福三者以一贯之精神，遂至大盗遍于国中。人间种种至可恐怖之罪恶多由此造成。国将由此灭，种将由此削。吾可敬可爱之青年！倘留此龌龊思想些微于头脑，则新青年之资格丧失无余；因其精神上之龌龊下流，与彼腐败堕落之旧青年无以异也”：一曰“俾以青年纯洁之躬，饫尝青春之甘美，浃浴青春之恩泽，永续青春之生涯，致我为青春之我，我之家庭为青春之家庭，我之国家为青春之国家，我之民族为青春之民族，斯青春之我乃不枉于遥百千万劫中为此一大因缘，与此多情多爱之青春相邂逅于无尽青春中之一部空间与时间也”，同营造着“新青年”的新气象。《新青年》的作者阵营除当初在第一卷就有出色表现的高一涵、易白沙、高语罕、刘叔雅等之外，陈独秀以其人格魅力又网罗了一批“当代名流”，并预告他们有尤为

---

①《新青年》第2卷第1号，1916年9月1日。按，此《通告》，《新青年》自第2卷到第3卷，每号扉页上都刊有。
② 陈平原：《思想史视野中的文学——〈新青年〉研究》（上），《中国现代文学研究丛刊》2002年第3期。

精彩的“青年文字”见诸《新青年》，日后除张继之外，他们果然在《新青年》上精彩登场。从而使《新青年》成为名副其实的《新青年》。胡适当时虽尚留学美国未归，但他曾有文见诸《甲寅》时就被章士钊誉为“比傅中西，得未曾有”；将其列之于“当代名流”未必如某君所云是“虚张声势”。到第3卷第1号才名列《新青年》之林的吴虞是惊喜不已，并非如某氏断章取义所云“不无惊诧”。吴虞1917年5月19日《日记》原文为：“《新青年》3卷1号将1、2卷目录特列一页，上署大名家数十名执笔。不意成都一布衣亦预海内大名家之列，惭愧之至！然不经辛亥之事，余学说不成；经辛亥之事，而余或不免，四川人亦无预大名家之列者，一叹！美人嘉莱儿曰：‘文人为英雄之一种。’余正不可妄自菲薄，以为逊于世之伟人也。”“后世史家”萧超然所说：“陈独秀应读者的希望，更名为《新青年》”固为“马失前蹄”；但他说：“添加一个‘新’字，以与其鼓吹新思想、新文化的内容名副其实”，[①]却并没错。

四、主编意识：“改造青年之思想，为本志之天职”

胡适在《中国新文学大系·建设理论系·导言》中有云：“民国七年一月《新青年》复活之后，我们决心做两件事：一是不作古文，专用白话作文；一是翻译西洋近代和现代的文学名著。”

后代史家有人拿胡适所云“复活”二字说事，以此来贬低甚至否定前期《新青年》的价值。说《青年杂志》开局时只是“一个既无人喝彩，也无人反对的普通刊物”。[②]此说既歪曲“复活”说的原意，也有违《青年杂志》开局的实际。胡适“复活”云云，是针对其从第3卷到第4卷中断了四个月（1917年9—12月）而言，1918年1月复刊即复活也，并非以第4卷来否定前三卷。由于种种原因，《新青年》远非此一次，此前从第1卷到第2卷期间中断半年（1916年3—8月），此后第6卷从1919年6—10月中断五个月，第7卷到第8卷中断三个月（1920年6—8月），第9卷从1921年10月到1922年6月中断了九个月，从1922年6月到1926年7月间的季刊与不定期刊其出版周期就更不成章。即使如此，《新青年》在中国近代期刊史上仍算长寿且健全的出版物了。

---

① 萧超然：《北京大学与五四运动》，北京大学出版社1980年版。
② 王奇生：《新文化是如何“运动”起来的》，《近代史研究》2007年第1期。

在那个时代，不管陈独秀们怎么努力，《新青年》的生存状况就是那个样子。

然而，身处艰难气若虹，既是陈独秀也是《新青年》的精神气质。

实事求是地说，《新青年》在《青年杂志》时代就办得颇有影响。且听读者之声。开卷第一期，就有来信期待其“有崇论宏议，唤醒青年”（第1号）。紧接着就有读者的称赞。李平说：“刻读大志，极称法兰西文明之优美。仆与同学杨成志君均信仰法兰西教育者。”（第2号）吴勤：“顷读大志，精旨名理，钩玄提要，盱冲时局，力辟新机，饷遗学者，为益闳多矣。”（第3号）。姚孟宽：“大志以灌输表扬知识为前提，无任感佩。”（第6号）辉暹：“自贵杂志出版以来，风行全国，遗泽后进，曷胜钦佩。”（第6号）当然也有提意见者，如张永言就说：“贵志之文，似有扬西抑东之意。如此等等，恐尚须斟酌商量也。”（第6号）

可见《青年杂志》一开局就不是“一个既无人喝彩，也无人反对的普通刊物”。我这里再举一则《青年杂志》通信栏以外的文献。柳亚子在近代文坛上的地位大概是毋庸置疑的吧，他于1916年5月21日致信另一位南社成员徐梦鸥主张倒孔，推崇陈独秀说：“《新青年》杂志中陈独秀君巨著，宜写万本，读万遍也。”按，《新青年》当为《青年杂志》之误，《青年杂志》改为《新青年》是1916年9月的事，柳写信时尚未改，可能是发表此信时受已改名杂志之影响而致误的。柳亚子所见“陈独秀君巨著”当为《青年杂志》第1卷（1915年9月15日到1916年2月15日）中陈所著之《敬告青年》《法兰西人与近世文明》《今日之教育方针》《抵抗力》《东西民族根本思想之差异》《一九一六年》《吾人最后之觉悟》等。

《新青年》之所以能够一炮打响，首先得力于主编意识明确。作为“盗火”的普罗米修斯，陈独秀始终是《新青年》的主编与灵魂。前三卷封面上赫然标明“陈独秀先生主撰”，表明他不仅是主编还是主笔，前期的重头文章都出自他之手。1917年2月随着他出任北大文科学长，《新青年》北上，成同人刊物，到1919年1月出版的第6卷第1号的杂志还公布了“分期编辑表”（陈独秀、钱玄同、高一涵、胡适、李大钊、沈尹默）。[①]“分期编辑”并非陈

① 这里须略作说明，其一，《新青年》从第四卷起就隐然有个编辑部或编委会，但无此正式称号；周作人《知堂回想录》说：“平常《新青年》的编辑，向由陈独秀一人主持（有一年曾经六个人，各人分编一期），不开什么编辑会议。”其二，除此公布的六位编辑外，曾参与编辑的还有刘半农、陶孟和等，亲历者如胡适、沈尹默等都称那几位编辑为“轮流编辑”；“轮流主编”云云，乃后世史家的臆说。

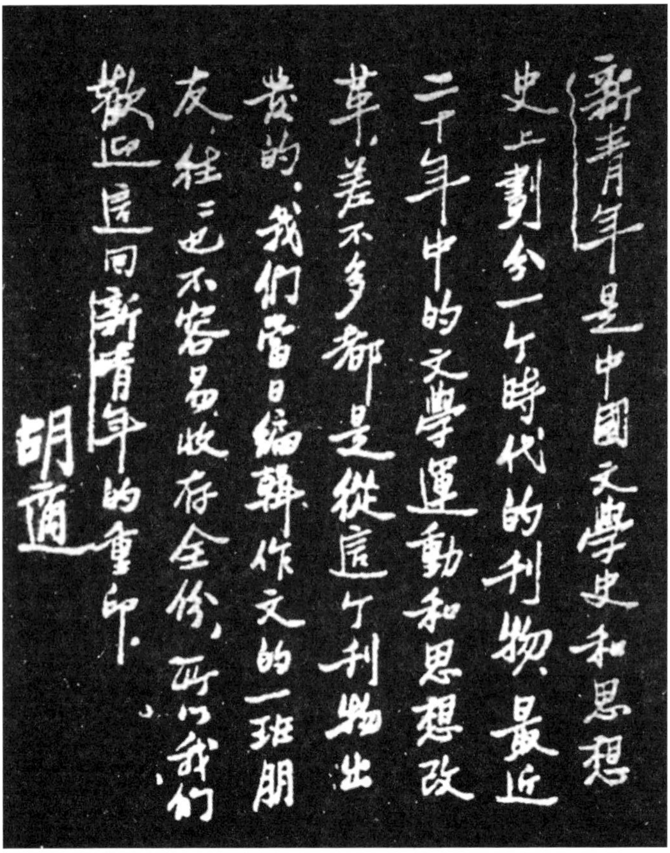

新青年是中國文學史和思想史上劃分一个時代的刊物，最近二十年中的文學運動和思想改革，差不多都是從這个刊物出發的。我們當日編輯作文的一班朋友，往往也不容易收存全份，所以我們歡迎這回新青年的重印。

胡適

胡适 1935 年题词。

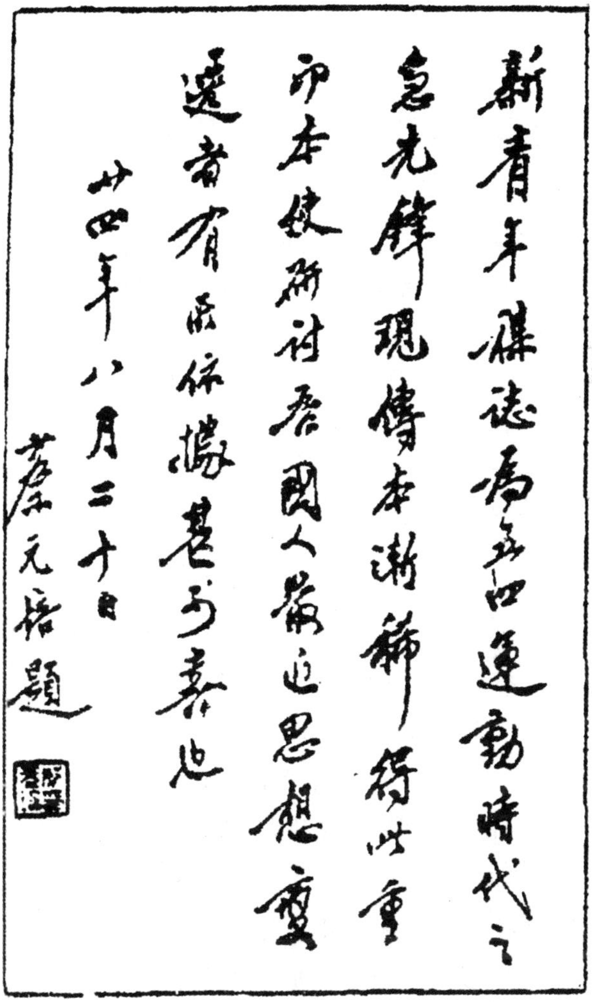
新青年雜誌為五四運動時代之急先鋒現傳本漸稀得此重印本使研討當國人思想變遷者有所依據甚可喜也
廿四年八月二十日
蔡元培題

蔡元培1935年题词。

平原君所说的“轮流主编”，而是轮流充当责任编辑，主编仍是陈独秀。1919年10月5日，《新青年》诸君在胡适家共商编辑大计，结论却是：“自七卷始，由仲甫一人编辑”，也就是取消“分期编辑”制。1920年春，《新青年》又随陈独秀南下上海，再迁广州到1922年7月出满九卷休刊，这两年编务工作虽由陈望道承担，主编还是陈独秀。

作为主编，陈独秀在《青年杂志》创刊号上的《社告》中就明确指出：

> 国势陵夷，道衰学弊。后来责任，端在青年。本志之作，盖欲与青年诸君商榷将来所以修身治国之道。

“国势陵夷，道衰学弊”，是《新青年》创刊的政治、文化背景。

用胡适的话说：“在袁世凯要实现帝制时，陈先生知道政治革命失败是因为没有文化思想这些革命，他就参加伦理革命、宗教革命、道德革命。”[①]而文化思想革命，则以“与青年诸君商榷将来所以修身治国之道”为出发点与归宿。同期陈氏借答读者问，进而强调：

> 盖改造青年之思想，辅导青年之修养，为本志之天职。批评时政，非其旨也。

不批评时政，并不等于《新青年》不关心时政。之所以如此低调面向“时政”，近则为回避政府舆论禁忌的锋芒，远则如胡适所云：“在民国六年，大家办《新青年》的时候，本有一个理想，就是二十年不谈政治，二十年离开政治，而从教育思想文化等等非政治的因子上建设政治基础。”[②]

稍作梳理可知，陈独秀的逻辑路数为：欲救亡先启蒙，欲启蒙先改造国民性，欲改造国民性先改造青年。

陈氏对中国青年的思想现状并不看好。因而他要以六义（自主的而非奴隶的、进步的而非保守的、进取的而非退隐的、世界的而非锁国的、实利的而非虚文的、科学的而非想象的）来重塑中国青年的精神形象。而六义的主

---

① 胡适：《陈独秀与文学革命》，《陈独秀评论选编》下册，河南人民出版社1982年版，第289页。

② 胡适：《陈独秀与文学革命》，《胡适学术文集·新文学运动》，中华书局1993年版，第188页。按：据［美］贾祖麟（Jerome B. Grieder）说：1960年在台湾南港的一次访问中，“胡适告诉我，当年《新青年》派人都遵守他的非政治立场。必须指出，这个方针最初是由陈独秀提出的”。（贾祖麟《胡适之评传》，南海出版公司1992年版，第187页。）

旋律即科学与民主。这六义在既没有自由民主传统又没有自然科学与科学思维传统的中国，不啻一声春雷，震撼人心。时至今日，它仍只是作为一个理想境界悬浮在中国思想界的上空。

陈氏同时确定以中西文化相结合、启蒙文化与大众文化相结合的启蒙策略。前者即鲁迅所谓“从别国窃得火来，本意却是煮自己的肉”，而后者自胡适《文学改良刍议》发表则挑起语言工具革命——白话文运动。从而则更有利履行“改造青年之思想”之天职。

1920年初，陈独秀补说了自己的“杂志观”：

> 凡是一种杂志，必须是一个人一团体有一种主张不得不发表，才有发行底必要；若是没有一定的个人或团体负责任，东拉人做文章，西请人投稿，像这种“百衲”杂志，实在是没有办的必要，不如拿这人力财力办别的急着要办的事。①

陈平原解读说，“杂志”之不同于“著作”，其最大特色本在于“杂”——作者众多、文体迥异；为何陈独秀看不起那些“东拉人做文章，西请人投稿”的办刊方式？就因为在他看来，理想的杂志必须具备两大特征：一是“有一种主张不得不发表”；一是“有一定的个人或团体负责任”。②《新青年》之所以一开始就能吸引那么多的目光，恰恰得力于这两点。前者为强烈的主编意志，后者为强大的作者阵营。

诚如王森然所云，陈独秀“为一代之骄子，当世之怪杰”。他既像盗天火的普罗米修斯，又像捧着一颗燃烧的心的丹柯，“乃革命队中最明耀之火焰”，“思想界的明星”。尽管他的杂文有鲁迅的尖锐、泼辣，而幽默感却远逊于之；政论有胡适的明快、鲜活，而清通平质却不及胡氏；文艺理论建设他比胡适、周作人敏感，却缺乏他们力建体系的耐心……更不用说，他小说写不过鲁迅，新诗写不过胡适。即使对马克思主义的接受与传播也似比李大钊迟半步，但他凭着思想界明星的精神魅力，凭着一往直前的革命勇气，凭着把握文化思想走向的敏捷、智慧，凭着百般武艺皆在行的业务能力……就能振臂一呼，

---

① 陈独秀：《随感录七十五·新出版物》，《新青年》第7卷第2号，1920年1月。
② 陈平原：《思想史视野中的文学——〈新青年〉研究》（上）。

应者云集，将当时第一流的文化精英汇聚在自己的周围，从而办好百年中国天下第一刊《新青年》，掀起新文化运动，改变中国思想文化的走向。

五、作者群体："本志执笔诸君，皆一时名彦"

《新青年》创刊号《社告》就自信地声称："本志执笔诸君，皆一时名彦。"《新青年》的作者是20世纪中国第一批文化新人，是"走出传统角色之外的新知识分子群体"。

借助陈万雄等提供的文献，可以对《新青年》作者群体作一扫描。

《青年杂志》（1915年9月15日—1916年2月15日）的创刊发行地点在大都市上海，首卷六期的作者几乎是清一色的皖籍或准皖籍文人：陈独秀、高一涵、汪叔潜、潘赞化、陈嘏（陈独秀之侄）、李亦民、彭德尊、易白沙（湖南人，在皖任教）、谢无量（四川人，父辈在皖任职）、刘叔雅（文典）、孟明、高语罕、薛琪瑛、萧汝霖等。这批人多是来自《安徽俗话报》与《甲寅》杂志，曾与陈独秀一起参与反清革命，如今又为新文化建设而共同支撑起一个《青年杂志》。

1916年9月1日，停刊半年的《青年杂志》易名为《新青年》，作为第2卷在上海复刊。作者队伍有所壮大，新进作者除胡适、李光升、张绍南、程宗泗（演生）为皖人外，其他非皖籍的有李大钊、吴稚晖、刘半农、马君武、苏曼殊、杨昌济、陶履恭、陈钱爱琛、康普、陈其鹿、吴虞等。第2卷的作者群，有两个变化：一是逐渐走出皖籍文人的圈子；二是大多曾留学日本（除胡适等少数人），与陈独秀有革命友谊。

1917年初，陈独秀被蔡元培聘为北京大学文科学长，《新青年》也被带到北京。第3卷（1917年3月—1917年8月）的新进作者有蔡元培、钱玄同、章士钊、恽代英、毛泽东（二十八画生）、常乃德、凌霜、刘延陵、方孝岳等。

又经过四个月的短暂停刊，在第4卷（1918年1月—1918年6月）复刊时，新进作者大都是北京大学的新派文人和被新文化运动唤醒的学生：周作人、鲁迅、沈尹默、沈兼士、陈大齐、林损、张祖荫、王星拱、俞平伯、傅斯年、罗家伦、袁振英、林玉堂（语堂）。《新青年》与北京大学新派文人这"一刊一校"的完美结合，使新文化运动得以迅速发展。

《新青年》的影响如日中天，成为全国思想文化界关注的焦点。第5卷

（1918年7月—12月）新进作者欧阳予倩、吴弱男、朱希祖、任叔永、陈衡哲、宋春舫、李剑农等，又在文学创作上增添了活力。

《新青年》自第6卷（1919年1月—11月），成立了一个松散的编辑部，由陈独秀、胡适、钱玄同、高一涵、沈尹默、李大钊六人轮流为编辑，同时新作者又增添了张寿镛、张崧年（申府）、刘秉麟、王光祈、周建人、陈启修等。其中王光祈为"少年中国学会"的发起人，周建人为鲁迅、周作人的胞弟，陈启修为政治经济学上的社会主义者。

《新青年》第6卷各号由北大教授轮流编辑，这一方面显示着该刊的鼎盛，同时又预示着新派文人群体内部的裂变。

经过第7卷（1919年12月—1920年5月）的表面相对平静和内部危机、分裂渐现，陈独秀、胡适这批新文化运动的倡导者逐渐形成为相对激进的共产主义派与相对温和的自由派。第7卷的新进作者中，杜国庠、张慰慈、孙伏园、高君宇等，日后也分别归入两个阵营。

《新青年》自第8卷（1920年9月—1921年2月）始，从北京迁回上海。它的新进作者几乎是净一色的共产主义信徒：李季、李汉俊、杨明斋、周佛海、李达、沈玄庐、沈雁冰（茅盾）、陈望道、沈泽民、陈公博、施存统等。①

至于1923—1926年间陆续发行的季刊或不定期的《新青年》成为中共机关刊物，曾作为"同人杂志"时代的几批作者除陈独秀之外，都纷纷退出了这块阵地，新进作者瞿秋白、郑超麟、任弼时、蒋光赤、刘仁静、任卓宣、尹宽等则皆为早期中共领袖或理论工作者。

1936年上海亚东图书馆重印《新青年》前7卷，在"通启"中开列了一大串值得夸耀的作者：

如胡适、周作人、吴稚晖、鲁迅、钱玄同、陈独秀、刘半农、苏曼殊、蔡元培、沈尹默、任鸿隽、唐俟、马君武、陈大齐、顾孟余、陶孟和、马寅初等。

陈平原解说，书店老板的编排有许多策略性考虑。以第2卷才加盟的胡适

① 参见陈万雄：《五四新文化的源流》第1章，三联书店1997年版；沈卫威：《胡适派文人引论》第2章，上海文化出版社1997年版。

打头，可见其时胡氏声望之高；将创刊人陈独秀夹在中间，则因陈氏当时正在狱中，不好张扬。至于“唐俟”乃周树人的另一笔名，不该与“鲁迅”重复，尚属小错；曾轮流编辑的六君子中，竟漏掉李大钊与高一涵，实在不可饶恕。即使如此，一个杂志，能开出如此壮观的作者队伍，还是令后人称羡不已。

应该说，虽然《新青年》在其生命的不同历史时期色彩不同，但它身边始终聚集着那个时代一批文化精英，始终引领着那个时代文化发展的方向。这批文化精英尽管个性各异且终各自东西，他们却有几个共同特色：

其一，他们大都有“书香门第”的家庭背景，从小受着良好的教育，稍长多有出国留学或工作的经历，他们“这一代的教育背景应是中国历史上仅见的——传统与近代新式教育参半，新旧学问兼备，中外思想的影响系于一身”。[①]不过英美文化与日本、法兰西、俄罗斯文化的差异，日后也造成了他们不同的发展方向。

其二，他们面临国势陵夷、文明落后的双重困境，身当革命家与启蒙家双重角色，承担救亡与启蒙的双重使命。他们中有相当一部分人是辛亥革命的老将，与时俱进成了“五四”新文化运动的领袖。但随着救亡的使命日益严峻，他们在救亡与启蒙孰先孰后、孰轻孰重问题出现了分歧，然后有着各自不同的选择。

其三，他们从启蒙的大局出发，深知报刊乃“传播文明之利器”。因而“不仅是主编陈独秀，几乎所有主要作者，在介入《新青年》事业之前，都曾参与报刊这一新生的文化事业，并多有历练。广为人知的，如陈独秀办《安徽俗话报》、蔡元培办《警钟日报》、吴稚晖办《新世界》、章士钊办《甲寅》、钱玄同办《教育新语杂志》、马君武协办《新民丛报》、高一涵编《民彝》、李大钊编《言治》、胡适编《竞业旬报》、刘叔雅编《民立报》、吴虞编《蜀报》，以及谢无量任《京报》主笔、苏曼殊兼《太平洋报》笔政、刘半农为《小说界》撰稿、周氏兄弟为《河南》《浙江湖》《女子世界》等撰稿并积极筹备《新生》杂志……《新青年》的作者群及编辑思路，与《清议报》《新民丛报》《民报》《甲寅》等清末民初著名报刊，有着千丝万缕的联系。也就是说，陈独秀等人所开创的事业，并不是建基于一张可画最新最美图画的白纸，而是

① 陈万雄：《五四新文化的源流》，第183页。

在已经纵横交错的草图上删繁就简、添光加彩”。[①]

六、共担道义：从欢迎来稿到“不另购稿”

《新青年》从第2卷到第3卷第1号在相同位置上，刊登《投稿简章》：

> 一、来稿无论或撰或译，皆所欢迎，一经选登，奉酬现金，每千字自二元至五元。
>
> 二、来稿译自东西文者，请将原文一并寄下。
>
> 三、本志每面十六行，每行四十字，稿纸能与相合者最妙。字以明显为佳。
>
> 四、来稿以未经登载各处日报其他杂志者为限。
>
> 五、来稿无论登载与否，概不退还。声明必还，亦当照办。
>
> 六、寄稿最好由邮局挂号掷下，本社即以该局回单盖戳为凭，不另作复。
>
> 七、收稿处上海棋盘街群益书社。

这份《投稿简章》从第二到第七条，皆属投稿技术类条款，今天仍能引人注目的唯有第一条，“来稿无论或撰或译，皆所欢迎”，足见《新青年》思稿若渴。为扩大稿源，与《投稿简章》相配合的在《新青年》第2卷第1号还另刊有《通告（二）》:“本志自第二卷第一号起，新辟‘读者论坛’一栏，容纳社外文字，不问其‘主张’‘体裁’是否与本志相合，但其所论确有研究之价值者，即皆一体登载，以便读者诸君自由发表意见。”一个特别注重个性的杂志为广开言路，竟不问其“主张”“体裁”是否与其相合以容纳社外一切有研究价值的文字。这种姿态，不能不叫四方作者惊喜。不过《新青年》在第3卷第4号上声明“本志对于投稿无论登载与否，概不退还”。到第5卷第6号又重申此议。即使如此，几乎并没影响作者投稿的积极性。

那么“每千字自二元至五元”稿酬，在当时属何种境界呢？

清末民初，除了个别同人刊物没稿酬或还得“助刻资”外，绝大部分报刊和书局都为小说的译者、作者付稿酬。稿酬没有一定标准，《小说报》杂志

---

① 陈平原：《思想史视野中的文学——〈新青年〉研究》（上）。

刊“募集小说”启事，明确声称“甲等每千字五元，乙等每千字三元，丙等每千字二元”；而大部分报刊则喜欢用“润笔从丰”之类的“模糊语言”。商务印书馆请林纾译小说，每千字稿费五元；请包天笑译书，则是每千字四元；陆秋心要求编译小说，则“告以最高等千字三元，次二元五角，次二元”。据说其时上海的小说市价，普遍是每千字二元，最低者可压到每千字仅五角。[①]

小说在当时是俏货，故能率先走向市场，“当时报纸，除小说之外，别无稿酬，写稿的人，亦动之于兴趣，并不索稿酬的”。[②]

相形之下，《新青年》作为纯言论类的杂志，稿酬能开到“每千字自二元至五元”，已相当可观。《新青年》重要作者与编者之一的高一涵曾说：“余时已到日本三年余，为穷所迫，常断炊。独秀约余投稿，月得十数元稿费以糊口。”[③]可见高氏为《新青年》投稿月得稿费十数元就是他的生活来源。当时稿酬是付大洋，含金量颇高。须知毛泽东当年在北京大学图书馆打工月薪只八块大洋，也还过得去。

然而到第4卷第1号，《投稿简章》就悄然退出《新青年》，到第4卷第3号则代之以《本志编辑部启事》：

> 本志自第四卷第一号起，投稿简章已取消，所有撰译，悉由编辑部同人共同担任，不另购稿。其前此寄稿尚未录载者，可否惠赠本志？尚希投稿诸君，赐函声明，恕不一一奉询，此后有以大作见赐者，概不酬。

这一启事宣告，《新青年》从此“不另购稿”，而编辑部同人共同担任的所有撰译概不付酬。这表明《新青年》由主要作者组成的编辑队伍是个强有力的阵营，谋义不谋利的高尚情怀与共创新文化辉煌的崇高理想，是他们“精神之团结”的纽带。

胡适曾有文字表白过他的稿酬观，他说：“拿尽心做的文字去卖三块钱至五块钱，不算是可耻的事。献寿文，作瞒心昧已的谀墓文，那是文丐。借文字敲竹杠，那是文丐。用抄窃敷衍的文字骗钱，那是文丐。迎合社会的恶劣心理，制造下流读物，那是文丐。但拿不苟且而有价值的文字换得相当的报

---

① 参阅陈平原：《清末民初小说研究》，北京大学出版社2005年版，第81页。

② 包天笑：《钏影楼回忆录·时报的编制》，（香港）大华出版社1971年版。

③ 高一涵：《李大钊同志略传》，1927年5月25日《中央副刊》（武汉）。

酬，那是一种正当的生活。”[①]这也可代表一般作者的共同心态。但为了共同的道义，他们也可放弃稿酬。

1918年3月16日胡适为《新青年》写一篇重要文章《建设的文学革命论》，提出了“国语的文学，文学的国语”这一著名观点。写完此文的次日，胡适写信给母亲，高兴地说：

> 昨天忙了一天，替《新青年》做了篇一万字的文章。这文是不卖钱的。不过因为这是我们自己办的报，不能不做文。昨天一直做到半夜后三点半钟方才做好。这篇文字将来一定很有势力，所以我虽吃点辛苦，也是情愿的。[②]

若按《投稿简章》的标准计算，胡适这篇《建设的文学革命论》，大概要卖四五十元，至少二三十元大洋。这个数字在当时不算太少。胡适在此信的前十日给母亲信中说：“昨日商务印书馆又送来第二次稿费，现洋四十五元，正好应用。这时候的四十五元，真抵得八十五元的票子。”[③]后十日的三月二十七日又给母亲写信说：“我已租了一所新屋，预备五六日内搬进去住。这屋有九间正房，五间偏房（作厨房及仆婢住房），两间套房。离大学也不远（与江朝宗住宅相隔一巷）。房租每月二十元。”[④]如此道来，就可知那四十五元大洋的分量了。胡适此文发表于《新青年》第4卷第4号，日后果然成为新文化运动纲领性文件之一，确实“很有势力”。因为是给“我们自己办的报”作文，即使“吃点小辛苦”，即使“不卖钱”，也是情愿的。问题是胡适所奉献的并非只此一文，而是从此几乎每卷有大小撰译十来篇：当然非胡适一人如此，《新青年》同人都如此。这就真实地见出《新青年》同人“谋义不谋利”的高尚情怀。对作者不付稿酬，以十本左右的样刊略表谢意。作者亦高兴地转赠朋友或图书馆。《鲁迅日记》《周作人日记》上就有此类记载。我甚至认为这其间或许是在《新青年》同人中尝试“新村主义”“泛劳动主义”之类空想社会主义的因素。

---

① 胡适：《胡适来往书信选》（上），第258页。
② 胡适：《致母亲》，《胡适全集》第23卷，安徽教育出版社2003年版，第183—184页。
③ 胡适：《致母亲》，《胡适全集》第23卷，第180页。
④ 胡适：《致母亲》，《胡适全集》第23卷，第190页。

从欢迎来稿到“不另购稿”的变迁，不仅是稿源的组织与处理问题，更反映了作者结构乃至刊物属性的变迁。这就意味着《新青年》已由陈独秀独家经营的杂志，基本上变化为“同人杂志”了，因而“陈独秀先生主撰”的字样也从杂志封面上取消了。

“同人杂志”有别于清末作为政党舆论工具的报刊，它是民初一批洁身自好、独立于政治集团之外的自由知识分子，为思想启蒙而作自由发言的媒体。世人心目中的“《新青年》同人”，不仅仅是某一杂志的作者，而是一批带有鲜明思想倾向的精英群落。

七、经营有道：从一千本到一万五六千本

《新青年》起初每期只印一千本。

《新青年》起初发行量虽少，但改变风气之力却不小。吴虞1920年春致书胡适说：“成都风气闭塞，顽陋任事，弟二十年中与之宣战，备受艰苦。《新青年》初到成都不过五份，弟与学生孙少荆各购一份，为之鼓吹。……近一二年风气渐开，而崇拜先生及仲甫之学说者尤多。”①这“初”指1917年1月，三个月后销量已到三十份。或许可以说就是那少许几本《新青年》拯救了吴虞。1916年12月3日，读了易白沙《孔子评议》之后的吴虞，给陈独秀写了封长信，并寄去《家族制度为专制之根据论》《礼论》等非儒反孔文章“以求印证”。1917年1月1日，陈独秀在《新青年》第2卷第5号发表了吴的来信，与他的《答吴又陵》；接着在下一期的《新青年》上发表了吴的第一篇文章。这令吴感奋不已：“余非儒及攻家族制两种学说，今播于天下，私愿甚慰矣。”②到1921年吴任教北大时，胡适5月10日与之会见。胡适日记云：“（吴虞）这人是十年前的激烈分子，在成都为人不容，后来《新青年》出版，守旧的空气稍变，他才渐渐的受人欢迎，但旧党终忘不了他。”③

随着编辑部的北移，作者队伍的不断壮大，话题更聚焦于思想革命——文学革命——新旧之争，尤其是复辟与反复辟的搏斗，《新青年》确实越来越兴旺。诚如周作人所言：“以后蓬蓬勃勃起来的文化上诸种运动，几乎无一不

---

① 吴虞：《致胡适》，《胡适来往书信选》（上），第87页。
②《吴虞日记》1917年3月25日。
③《胡适日记全编》第3卷，安徽教育出版社2001年版，第250页。

是受了复辟事件的刺激而发生的兴旺的。”[①]如成都《川报》有评论说，北京政府者驱逐陈独秀、胡适、傅斯年、钱玄同出校，“从此《新青年》的价值愈增高了！陈、胡、傅、钱的声名，也是愈增高了！”[②]上海《中华新报》更有文云，听了陈、胡、刘（半农）、钱四君被逐的消息，并不悲观，“至少言之，我知从此以后之《新青年》杂志发行额必加起几倍或几十倍”。[③]

《新青年》的主动出击，社会效应则尤为强烈。如1918年9月，陈独秀在《新青年》上发表《质问〈东方杂志〉记者——〈东方杂志〉与复辟问题》，于1919年2月再次撰文责难《东方杂志》。如同“杀手锏”，令《东方杂志》招架不住，先是减价促销，再是撤换主编也挡不住声望与销量的暴跌。这自然是文化论争的成果，而决非陈独秀见其“甚为流行，难免心生嫉羡”，于是“违背常规”，“诋毁”“攻讦”对方。[④]

尤其是“五四”运动的兴起，则极大地推动了《新青年》的传播。1919年4月23日汪孟邹写信告诉胡适说：“近来《新潮》《新青年》《新教育》《每周评论》，销路均渐兴旺，可见社会心理已转移向上，亦可喜之事也。各种混账杂乱小说，销路已不如往年多矣。”[⑤]汪说的是“五四”前夕的情景。经“五四”的刺激，《新青年》名声大震，销量猛增。汪原放曾欣喜地说：“《新青年》愈出愈好，销数也大了，最多一个月可以印一万五六千本了。”[⑥]清末民初迅速崛起的报刊，已经大致形成商业报刊、机关刊物、同人杂志三足鼎立的局面。注重商业利益的《申报》《东方杂志》等，一般来说眼观六路，耳听八方，立论力求“平正通达”；代表学会、团体或政党立场的《新民丛报》《民报》等，横空出世，旗帜鲜明，但容易陷于“党同伐异”；至于晚清数量极多的同人杂志，既追求趣味相投，又不愿结党营私，好处是目光远大，胸襟开阔，但有一致命弱点，那便是缺乏稳定的财政支持，且作者圈子太小，稍有变故，当即“人亡政息”。[⑦]《新青年》作为第三类中鼓吹思想文化的刊物，有此销量在当时确实相当可观。“《新青年》三个字”确实成了具有社会号召力

① 周作人：《知堂回想录》，敦煌文艺出版社1998年版，第224页。
② 因明：《对北京大学的愤言》，转见《每周评论》第19号，1919年4月27日。
③ 志拯：《谁的耻辱》，转见《每周评论》第19号，1919年4月27日。
④ 王奇生：《新文化是如何“运动”起来的》。
⑤ 汪孟邹：《致胡适》，《胡适来往书信选》，第40页。
⑥ 汪原放：《亚东图书馆与陈独秀》，第33页。
⑦ 陈平原：《思想史视野中的文学——〈新青年〉研究》。

和市场号召力的“金字招牌”（钱玄同语）。

不过，凡此种种，尚不能算具体的传播策略。从狭义的传播角度视之，《新青年》销量的猛然攀升，还有若干具体招数可言。

其一，1918年12月陈独秀创办了《每周评论》，1919年1月陈独秀又扶助北大学生傅斯年等创办了《新潮》。与月刊《新青年》相比，作为周刊的《每周评论》直接介入时政，真正做到“对于有害的事物，立刻给以反响或抗争，是感应的神经，是攻守的手足”。① 而《新潮》“精彩充足，确是一支有生的生力军”。它们堪称《新青年》的卫星，三刊协同作战，立即形成群体效应。如《每周评论》在“五四”前后的1919年4月13日、4月27日、5月18日连续以“特别附录”的形式，就“对于新旧思潮的舆论”“对北京学生运动的舆论”，集中了数十篇各家报刊的言论，借助大众传媒延伸与强化了《新青年》的命题。更何况《每周评论》作者队伍与《新青年》几乎等同，与《新青年》稍不同的是“一个人除分任写文章，每月捐助刊资数元，印了出来，便等于白送给人家的”。②《每周评论》似是制造舆论的免费报纸，其受众面则可想而知。不仅如此，它们之间还互作广告，互作评论，相得益彰，自然促进了各自的传播。

其二，1922年，胡适在其名文《五十年来中国之文学》中说："五四运动时代，各地的学生团体里忽然发生了无数小报纸，形式略仿《每周评论》，内容全用白话。此外又出了许多白话的新杂志。有人估计，这一年（1919年）之中，至少出了四百种白话报。"③ 这些白话报刊不仅在内容上与《新青年》相呼应，他们还与《新青年》交换报刊，交换广告，互相鼓吹，扩大受众面。《新青年》第7卷上有各类新报刊的广告，除少数学报和专业杂志外，多数是人文类的，虽以北京、上海为主体，也不乏县、市基层的报刊，甚至中小学的报刊都有。仅第7卷第3号《新刊一览》中就排列了三十三家新刊。

多一家报刊交换广告，就意味着《新青年》多一个宣传渠道。相信《新青年》的促销广告，不限于与其他报刊的交换，今天也无法统计《新青年》

---

① 鲁迅：《且介亭杂文·序言》，《鲁迅论文学与艺术》，人民文学出版社1980年版，第932页。
② 周作人：《知堂回想录》，第314页。
③ 胡适：《五十年来中国之文学》，《胡适学术文集·新文学运动》，中华书局1993年版，第156页。

当年广告的面与量。《吴虞日记》(1917年3月25日)云:"午刻陈岳安送来《进步》11卷4号,《新中华报》三月七日,因上登有《新青年》6号要目,余之《家庭制度为专制主义之根据论》在上,故送来一阅也。"由此可知,四川的吴虞所见一报一刊上就有《新青年》要目广告。

其三,在上海总发行部之外的全国各大中城市设有"代派处"。《新青年》似乎在第4卷第3号上就公布了各地的代派处。但我手边的这几期《新青年》是1936年的复印本,复印时将这些资料都切去了。现存第7卷第1号上公布的各埠代派处有七十六个,几乎覆盖了全国的大中城市。值得注意的是新加坡有两个代派处。从《新青年》的版权页与前5卷合订本销售广告可知,《新青年》早已销出国门,只是如今无法统计国外销售额有多大。我们知道日本学者青木正儿20世纪20年代曾撰有《以胡适为中心而掀起之文学革命》和《吴虞的儒教破坏论》,热情称扬中国的文学革命,推崇胡适、鲁迅、陈独秀,力介吴虞,多取材于《新青年》。这也是《新青年》远播海外之一证。

其四,1920年9月1日(即第8卷1号)以后,《新青年》脱离群益书社,由新青年社独立编辑发行,社内拟实行股份制经营。

还应指出,即使《新青年》月销量最高达一万五六千份,它也不是当时最畅销的杂志。当时有些更加平民化刊物如上海共产主义小组1920年8月创办的通俗小报《劳动界》,北大出版部主任李辛白编辑的小型通俗刊物《新生活》,似乎都比《新青年》畅销。但这并不影响《新青年》"曾为中国真革命思想的先驱"的历史地位。

八、生态环境:从租界到北洋政府

《新青年》1915年创刊,几经变换,直到1926年7月自动停刊,前后坚持了整整十年时间。作为民间刊物,《新青年》在中国近代期刊史属罕见的长寿,从而实现了陈独秀以一杂志令全国思想改观的宏愿。

《新青年》能如此长寿,既不能不佩服其编辑与作者避讳策略之高明,也不能不庆幸《新青年》的生存环境尚不算极端恶劣。《新青年》从第5卷起封面注明"中华民国邮务局特准挂号认为新闻纸类",即意味着其为政府法律认可的合法出版物。《新青年》在其生命历程中直接遭遇警方干涉事件似不多。最著名的一次即第8卷第6号付排时,全部稿件被法租界巡捕房派包探到印刷厂抓去，罚洋五十元，并禁止在上海印刷邮寄。于是不得不移往广州，直到1921年4月1日才出刊。第9卷第1号《编辑室杂记》里声明："本志8卷6号排印将完的时候，所有稿件被辣手抓去，而且不许在上海印刷；本志既须找寻原稿重编一通，又须将印刷地点改在广东，所以出版便不能如期了，劳爱读者诸君，屡次来信询问原由，本社非常抱歉——这也许是中国［当局］应该向我们抱歉！"

《新青年》创刊之初，编辑部（即陈宅）设在上海租界。租界（鲁迅称之为"且介亭"）似乎是国中之国，不受中国法律管束，这就形成一个特殊空间。当年不少文人利用这一空间作为生存之道。当然租界也有与中国当局联手整治"不轨"的时候。上述《新青年》的被查封则属法租界的行为，明知其移粤出版而不追究。

1921年10月4日，陈独秀在上海渔阳里2号住宅被法巡捕房搜捕，搜出《新青年》等印刷品多种。巴和律师代为辩护："《新青年》自奉谕禁以后，即移至广州出版，并未在法租界出售……"26日法副领事宣判："搜获书籍虽多，尚无激烈言论。惟查出《新青年》有违前次堂谕，判罚洋一百元了案。"①

1922年8月9日，陈独秀再次在上海家中被租界侦探拘捕，又搜出《新青年》纸版等。18日巴和律师帮办博勒律师称，所搜之物"不能认为充分证据"，"法兰西与中华民国同为共和国家，言论自由，思想自由，载诸宪章约法。况陈君为学者，从事社会学之研究，安可不罗致书报"，"收藏《新青年》书籍底稿，并无违犯章程。尚有各种往来信札，亦无鼓吹共产党行为"。最后中法会审官商议判决罚洋四百元，交保释放。②

须知这几次被罚，都是《新青年》成为中共机关刊物之后的事。《新青年》在第8卷第6号之前未遇警方干预之事。倒是其卫星杂志《新潮》《每周评论》曾遭北洋政府责难。在"五四"前夕的1919年3月，北京政府总统徐世昌令教育部长傅增湘致函北京大学校长蔡元培，说：

自《新潮》出版，辇下耆宿对于在事员生不无微词……近顷所虑，乃在因批评而起辩难，因辩难而涉意气，倘稍逾学术范围之外，将益启

①《民国日报》1921年10月27日。
②《民国日报》1922年8月19日。

党派新旧之争，此则不能不引隐忧耳……甚冀执事与在校诸君一扬搉之，则学生之幸也。

对于傅增湘的信，蔡元培以太极功给顶回去了。蔡复信说：

据《新潮》编辑诸生言，办此杂志之初心，原以介绍西洋近代有益之学说为本，批评之事仅属末节……《新潮》持论或有易致骇怪之处，元培自必勉以敬慎将事，以副盛情……大学兼容并包之旨，实为国学发展之资……①

事后虽有皖系段祺瑞的安福俱乐部唆使议员张元奇在参议院提议查办蔡元培，弹劾傅增湘，却并未获准。

再就是1919年9月《每周评论》上刊有若愚《司法独立与教育独立》一文，说司法官的任务是神圣的，不应当做军阀的"鹰犬"。北京政府司法总长朱深见了立即派警察查封《每周评论》。当时陈独秀因散发《北京市民宣言》被捕在狱中，《每周评论》由胡适代为主编。9月1日北京政府警察厅总监吴炳湘为此召见胡适。胡适记载："我与虞春汀同去见吴炳湘，谈了一会，他劝我不要办《每周评论》了，要办报，可以另起报名。我答应了，此事就完了。"②对于《每周评论》的被封，国内许多报纸鸣不平。胡适因此写了首《乐观》的诗对那些报人表示感谢。

把这几则故事连起来，大抵可以推断《新青年》的生存环境。为写这一节文字，我检阅了《大清报律》（光绪三十二年十二月颁布）、《著作权章程》（宣统二年颁布）、《报纸条例》（大总统袁世凯申令于民国三年四月二日公布）、《修正图书杂志审查办法》（民国二十三年六月一日公布）、《国民政府有关新闻出版之法规》（从民国二十六年到三十三年所颁布者十项之多）、《汪伪政府出版法》（民国三十年一月二十四日公布）……令人吃惊的是中国新闻出版方面的法令，从晚清至民国，真的是在某一方面前进半步而在另一方面倒退两步！从而我更信服李欧梵由个案研究所得出的准确结论，并真的庆幸《新青年》在

① 阴法鲁：《北洋军阀对进步刊物的摧残》，《大公报·史学周刊》1952年10月30日。按，蔡元培复傅增湘的那封信竟是傅斯年代笔的。

② 胡适手抄汤尔和日记和跋，见《胡适来往书信选》（中），第288页。

一个特殊时代获得了一个特殊的生存空间,《新青年》则借机创造了一个新时代。

九、《新青年》的历史转向

陈独秀、胡适的友情缘自《新青年》,他们的分歧也缘自《新青年》。

《新青年》在上海时由陈独秀独创独编,1917年迁到北京后成了北大新派教授的同人刊物;而灵魂人物仍为陈独秀,内容仍在文化思想的批判与探寻。到1919年“五四运动”以后,情形有变。首先是李大钊编了一期“马克思主义”专号(1919年5月出版的第6卷第5号),是《新青年》转向宣传马克思主义的开端。接着陈独秀又编了一期“纪念五一劳动节”专号(1920年5月1日出版的第7卷第6号),这则成为陈独秀思想转变带来《新青年》编辑方针大转变的信号。从1920年9月亦即第8卷起,《新青年》又从北京迁回上海,逐渐成为宣传马克思主义、介绍俄国革命的阵地,实际编辑工作由年轻的共产主义者陈望道等承担。

本来此前胡适与李大钊在1919年七八月间,就有过问题与主义之争。主义派崇马克思主义欲以直接行动对中国问题做根本解决,问题派则以杜威实验主义为理论基点寻求对中国问题作一点一滴改良。从表面看,双方皆是盗火者,皆是欲改造中国社会,皆是以外来“主义”来解决中国“问题”,似乎没有什么矛盾,而且实际上双方都曾属于《新青年》派。只是涉及解决问题的途径,对现存政权与未来社会形态、民主与专政等问题的看法,双方分歧越来越大。这批书生不同于政客“道不同不相谋”,他们则偏是“道不同而相谋”,都想用自己的“主义”去说服、影响自己的朋友,于是就有一轮一轮激烈的争论,即使注定要分道扬镳仍不放弃一切机会进行争论。这里少有意气之争,多为主义之争。《新青年》“五四”之后的转向,“主义”派视为历史的进步与必然,“问题”派则认为其有悖新文化运动的初衷。作为两派的代表人物陈独秀、胡适都不是为了友谊放弃原则的苟合之辈,因而理所当然要爆发争论。

《新青年》“纪念五一劳动节”专号尚在编辑过程中,陈独秀就料定它会在《新青年》同人中引起争议,于是4月26日就写信给李大钊、胡适、钱玄同等十二位在京的主要撰稿人,征询《新青年》“以后拟如何办法”“是否继续出版”等问题；如继续出版的话，那么“编辑人的问题：（一）由在京诸人轮流担任；（二）由在京一人担任；（三）由弟在沪担任。为时已迫，以上各条，请速赐复”。[①]

北京同人如何答复，不见文献。只知道陈独秀12月10日前后又写信给李大钊、钱玄同、胡适、鲁迅、周启明等九位同人，说他“日内须赴广州，此间编辑事务已请陈望道先生办理”。[②]16日夜，即将登舟赴粤之际再次写信给胡适、高一涵，重申《新青年》编辑事宜，并说：“《新青年》色彩过于鲜明，弟近亦不以为然，陈望道君亦主张稍改内容，以后仍以趋重哲学文学为是；但如此办法，非北京同人多做文章不可。”[③]可见陈独秀仍希望北京同人与自己站在一起。

倒是胡适的回答非常决断：“《新青年》‘色彩过于鲜明’……此是已成之事实，今虽有意抹淡，似亦非易事。北京同人抹淡的工夫赶不上上海同人染浓的手段之神速。”[④]因此他提出三个办法：

1. 听（任）《新青年》流为一种有特别色彩之杂志，而另创一个哲学文学的杂志。

2. 若要《新青年》‘改变内容’，非恢复我们‘不谈政治’的戒约，不能做到。

3. 同意陶孟和的意见，“暂时停办”。

虽说是三个办法，但胡适对第二办法尤无信心，因而他说：“此时上海同人似不便做此一着，兄似更不便，因为不愿示人以弱。但北京同人正不妨如此宣言。故我主张趁兄离沪的机会，将《新青年》编辑的事，自9卷1号移到北京来。由北京同人于9卷1号内发表一个新宣言，略根据7卷1号的宣言，而注重学术思想艺文的改造，声明不谈政治。”

胡适此信寄陈独秀之前，已在北京同人中传知，并有抄件寄上海编辑部，俨然一封公共信。

据胡适说，陈独秀为他的信“动了一点感情”，对“宣言不谈政治”“太

---

①《陈独秀书信集》，新华出版社1987年版（内部发行），第252页。
②《陈独秀书信集》，第305页。
③《陈独秀书信集》，第293页。
④ 胡适：《答陈独秀》，《陈独秀书信集》，第293页。

生气”，甚至认为是“反对他个人”；对主张“停办”的陶孟和，陈独秀致信表示“决绝”。胡适对此一边给陈独秀回信，一边致信在北京同人李大钊、鲁迅、钱玄同等八人征求意见，公开表白：“我并不反对他个人，并不反对《新青年》。不过我认为今日有一个文学哲学的杂志的必要，今《新青年》差不多成了*Soriot Russia*的汉译本，故我想另创一个专关学术艺文的杂志。今独秀既如此生气，并且认为反对他个人的表示，我很愿意取消此议，专提出‘移回北京编辑’的一个办法。”[①]

在京同人慎重而反复地考虑了胡适的提议，都在胡适信上有签注。鲁迅与李大钊在注文之外还另有信致胡适，进一步申述自己的观点。

张慰慈、高一涵、陶孟和、王抚五都赞成胡适将《新青年》迁回北京的意见。陶、王还说：“如实不行则停刊，万不可分裂为两种杂志，致破坏《新青年》精神之团结。”

李大钊“主张从前的第一条办法。但如果不致‘破坏《新青年》精神之团结’，我对于改归北京编辑之议亦不反对，而绝对的不赞成停办，因停办比分裂还不好”。他另有信说：“前天见了玄同，他说此事只好照你那第一条办法……启明、豫才的意见，也大致赞第一条办法，但希望减少点特别色彩。”并说：“我三两日得了工夫，一定去看你，好和你谈谈。”胡适在李大钊第一次批语下有注云：“后来守常也取消此议，改主移京编辑之说。”估计是在“好和你谈谈”之后，而反被胡适说服了。

其实分歧既成实事，勉强弥合已无济于事。对此，周氏兄弟与钱玄同看得透彻。周作人当时正在病中，鲁迅转述了他的意见：“赞成北京编辑。但我看现在《新青年》的趋势是倾于分裂的，不容易勉强调和统一。无论用第一、第二条办法，结果还是一样，所以索性任他分裂，照第一条做或者倒还好一点。”鲁迅同意作人的意见，还附加了一句：“不必争《新青年》这一个名目。”钱玄同的意见，和周氏兄弟差不多，觉得“一定要这边拉过来，那边拉过去，拉到结果，两败俱伤，不但无谓，且使外人误会，以为《新青年》同人主张‘统一思想’，这是最丢脸的事”。但他“却和守常兄一样，也是绝对的不赞

① 胡适此信及北京同人之签注，李大钊、鲁迅为此写的信，均见张静庐《中国现代出版史料初编》，中华书局1954年版，第9—13页。原件皆存北京大学档案馆。

成”停办，理由是“即使大家对于仲甫兄感情真的坏极了，友谊也断绝了，只有他一个人还是要办下去，我们也不能要他停办”，何况“我们对于仲甫兄的友谊今昔一样，本未丝毫受伤”。到底还是钱玄同快人快言。

鲁迅于签注之后，又有信给胡适说：“启孟以为照第二个办法最好。……我的意见以为三个都可以。但如北京同人一定要办，便可以用上两办法，而第二个办法更为顺当。”但他以为即使这样，“至于发表新宣言，说明不谈政治，我却认为不必”。原因是“凡《新青年》同仁所作的作品，无论如何宣言，官场总是头痛，不会优容的”，但希望《新青年》此后“学术思想的气息浓起来”。与前注观点稍有改变，料是胡适周旋所致。可见胡适为达到将《新青年》迁回北京的目的是花了巨大功夫的。[①]胡适给在京同人的信写于1920年11月22日，在同人中几经周转有数月之久，鲁迅的信与钱玄同的签注都写有时间，前者为1921年1月3日，后者为1921年2月6日。这封特殊的信，到1921年2月6日才寄陈独秀。这期间，胡适为争取北京同人站在自己一边，应是做了大量的“思想工作”。或许正是这次胡适的活动功夫，给鲁迅印象太深了，以至到晚年将他与陈独秀相比时，说对胡适之言行“有时总不免要侧着头想一想”。不知鲁迅这次有没有“侧着头想一想”，但周氏兄弟终究还是都基本倾向于胡适，而并不像有些论著描述的那样，说他如何与胡适斗争。不过，胡适越是下功夫争取北京的同人，就越证明他与陈独秀之间分歧的深刻。还是钱玄同一语破的，他将陈“太生气”的那封给北京同人的信，转给周氏兄弟时说：“初不料陈、胡二公已到短兵相接的时候。”[②]

陈独秀2月15日致信胡适。

适之兄：

六日来信收到了。我当时不赞成《新青年》移北京，老实说是因为近来大学生空气不太好；现在《新青年》已被封禁，[③]非移粤不能出版，

① 周作人日记，1919年10月5日：“下午二时至适之寓，议《新青年》事，自七卷始由仲甫一人编辑”；1920年5月11日：“至公园赴适之约，共议《新青年》8卷事。”可见胡适为在京同人议《新青年》事之召集者与策划者。

② 见钱玄同致鲁迅、周作人的信（1921年1月11日），载《鲁迅研究资料》第12辑，天津人民出版社1983年版，第17页。

③ 指《新青年》第8卷第6号付排时，全部稿件被法租界巡捕房派包探从印刷厂抓走，以致此期延至1921年4月1日出版。

移京已不成问题。你们另外办一个报，我十分赞成，因为中国好报太少，你们做出来的东西总不差，但我却没有工夫帮助文章。而且在北京出版，我也不宜做文章，我是一时不能回上海了。你劝我对于朋友不要太多疑，我承认是我应该时常不可忘却的忠告，但我总是时时提心吊胆恐怕我的好朋友书呆子为政客所利用。我仍希望你非候病十分好了，不可上课、做文章，而且很想你来广东一游。

弟独秀白　二月十五日。

同一日，陈独秀还有信致周氏兄弟。说：

北京同人料无人肯做文章了，惟有求助于你两位。①

两相对照，可知不管胡适如何努力，有陈独秀在，《新青年》移京编辑与不谈政治都不可能。至此，《新青年》当初的北大同盟就宣告破裂②，尽管双方之措辞极其婉转与友好。

《新青年》之转向已成历史之必然，至于如何评论其转向，学界见仁见智，莫衷一是。我则就此打住，诸君且从历史的河流中去寻找答案……

---

① 此两信均见《陈独秀书信集》，第305—309页。

② 从此《新青年》正式成为共产党人的刊物，北京原有同人中胡适、周氏兄弟、刘半农仍有学术文艺性稿子给它发表，直到第9卷结束。其中钱玄同早于1920年底就不为它写稿，以为“无论谈什么‘主义’和‘问题’，都有流弊”（钱玄同1920年9月19日致周作人书）。

首举义旗之急先锋

——陈独秀与“我的朋友”胡适之

陈独秀在《文学革命论》中明确指出：“文学革命之气运，酝酿已非一日，其首举义旗之急先锋，则为吾友胡适。”

“吾友胡适”，白话化即“我的朋友胡适之”，立即成为中国近代文化史上的一个“新典”。

陈、胡的友谊与论争都起步于新文化运动，相克相生，直至生命的终结，几乎浓缩了一部中国近现代思想文化史，其中有极为珍贵的精神资源足以滋润灌溉当代的文明建设。

一、陈君望兄来文甚于望岁

众所周知，把陈独秀与胡适的名字连在一起的是“五四”新文化运动。新文化运动之兴，通常以陈独秀1915年9月在上海创办《新青年》杂志（其初名《青年杂志》，自第2卷始改名《新青年》）为标志。此前之1914年夏陈独秀赴日本协助章士钊创编《甲寅》杂志，留美的胡适即是其作者之一；他所译之都德《柏林之围》就刊于《甲寅》第4期。章士钊1915年3月14日致信胡适，说曾在他报获读胡适《论字学》一文“比傅中西，得未曾有，倾慕之意，始于是时”；对胡适译稿称是“高怀雅谊，倾感不胜”；尤望胡适于稗官而外更有论政论学之文见赐，说“此吾国社会所急需，非独一志之私也”。[①]可见章士钊对胡适的评价与期望是非常之高。那么，作为章氏同事陈独秀自然也会对这个“文才斐亹”的留学生刮目相看的。而就在刊胡适所译《柏林之围》的同期《甲寅》上，载有陈独秀那篇惊世骇俗的论文《爱国心与自觉

① 章士钊：《致胡适》，《胡适来往书信选》上册，中华书局1979年版（内部发行），第1页。

1921年，担任北大教授的胡适。

心》。陈于文中指出："国家者，保障人民之权利，谋益人民之幸福者也。不此之务，其国也存之无所荣，亡之无所惜。"[①]胡适不会不看，看了不会不对发此警世之言的陈独秀另眼相看。到1915年《甲寅》迁移上海，由亚东图书馆印行。亚东主人汪孟邹（名炼，以字行）是胡适的同乡，颇看重胡适其人。而汪又是陈独秀早年在芜湖创办《安徽俗话报》时的老朋友，患难与共，情同手足。汪将每期《甲寅》杂志寄若干份给胡适，请他在美分售给汉学界。待《青年杂志》创刊后，汪又充当了陈独秀与胡适交往的中介人。

1915年10月6日，汪孟邹将刚创办的《青年》杂志寄给胡适，并函告他，此杂志"乃炼友人皖城陈独秀主撰，与秋桐（即章士钊——引者注）亦是深交，曾为文载于《甲寅》者也。拟请吾兄于校课之暇，担任《青年》撰述，或论文，或小说戏曲，均所欢迎"。这自然是受陈独秀之托，向胡适约稿的。所以信中还说："炼亦知兄校课甚忙，但陈君之意甚诚，务希拨冗为之，是所感幸。"[②]

而两个月后，汪孟邹又写信给胡适，说："陈君望兄来文甚于望岁，见面时即问吾兄有文来否？故不得不为再三转达。每期不过一篇，且短篇亦无不可。务求拨冗为之，以增杂志光宠。至祷！至祷！否则陈君见面必问，炼将穷于应付也。"[③]期望之殷无以复加。由此足见陈独秀为人诚挚。

胡适当时正在忙于准备哲学博士论文，课暇有限，无奈年长老友（汪孟邹长胡适十三岁）催促再三，便于1916年2月初，赶译出俄国作家库普林的短篇小说《决斗》，寄给了陈独秀。从此，胡适与陈独秀及《新青年》结缘。[④]从这以后，他们在新文化运动中相辅相成，成为中国近代文化史上不可或缺亦不可多得的佳话。

二、以为改良文学之先导

胡适1916年2月3日寄译稿的同时，有信给陈独秀，云：

① 《陈独秀著作选》第1卷，上海人民出版社1993年版，第118页。
② 汪孟邹：《致胡适》，转见耿云志《胡适新论》，湖南出版社1996年版，第137页。
③ 汪孟邹：《致胡适》，转见耿云志《胡适新论》，第137页。
④ 近年海外有人考辨说，胡适早在上海编《竞业旬报》时即已与陈氏结识，然未提供依据。若然，则陈向胡约稿何必请汪孟邹作中介呢？

今日欲为祖国造新文学，宜从输入欧西名著入手，使国中人士有所取法，有所观摩，然后乃有自己创造之新文学可言也。

译事正未易言。倘不经意为之，将令奇文瑰宝化为粪壤，岂徒唐突西施而已乎？与其译而失真，不如不译。此适所以自律，而亦颇以律人者也。

正以此为标准，胡适同信中坦率地批评了《青年杂志》所载薛琪瑛译英国作家王尔德《意中人》。他说："译书须择其与国人心理接近者先译之"，而王尔德《意中人》"虽佳，然似非吾国今日士夫所能领会也。以适观之，即译此书者尚未能领会是书佳处，况其他乎！而遽译，岂非冤枉王尔德"。[①]

胡适到底眼界不一样，一出手就非常尖锐中肯。陈独秀自然十分重视胡适建设性的意见，然因战事延刊，直到8月13日才回信胡适，于认错告罪之余，表示"仰望足下甚殷"，并说：

尊论改造新文学意见，甚佩甚佩。足下功课之暇，尚求为《青年》多译短篇名著若《决斗》者，以为改良文学之先导。弟意此时华人之著述，宜多译不宜创作，文学且如此，他何待言。[②]

以西方文学名著作为中国文学改良之先导，是陈、胡之共识。只是陈独秀似乎更注重于中国社会之改造，因于信说："中国万病，根在社会太坏，足下能有暇就所见闻论述美国各种社会现象，登之《青年》，以告国人耶？"

8月21日，胡适又有信致陈独秀，批评了《青年》杂志所载谢无量之诗及陈的按语。原来《青年》第1卷第3号刊有谢无量一首五言长律《寄会稽山人八十四韵》，写其自芜湖溯江还蜀的见闻与感受。陈独秀以"记者"名义加了一段按语说："文学者，国民最高精神之表现也。国人此种精神委顿久矣。谢君之作，深文余味，希世之音也。子云相如而后，仅见斯篇，虽工部亦只有此工力无此佳丽。谢君自谓天下文章尽在蜀中，非夸矣。吾国人伟大精神，犹未丧失也欤，于此证之。"就在这首长诗之下，刊有陈独秀的《现代欧洲文

① 胡适：《寄陈独秀》，《胡适书信集》上册，北京大学出版社1996年版，第69页。

② 陈独秀：《致胡适》，《胡适来往书信选》上册第5页。其"认错"指未察薛女士于《意中人》"误译处甚多"，其"告罪"指胡适所译《决斗》迟迟未见刊。

艺史谭》，劈头即云："欧洲文艺思想之变迁，由古典主义（Classicalism）一变而为理想主义（Romanticism）……再变而为写实主义（Realism），更进而为自然主义（Naturalism）。"到第1卷第4号，陈独秀在答读者书信中，明确点题说："吾国文艺犹在古典主义理想主义时代，今后当趋向写实主义。文章以记事为重，绘画以写生为重，庶足挽今日浮华颓败之恶风。"

胡适则"细查谢君此诗，至少凡用古典套语一百事"，"以用典见长之诗，决无可传之价值"。于是他批评陈独秀"正以足下论文学已知古典主义之当废，而独啧啧称誉此古典主义之诗。窃谓足下难免自相矛盾之诮矣"。

接着胡适尖锐批评了"今日文学之腐败极矣"。他说："综观文学堕落之因，盖可以'文胜质'一语包之。文胜质者，有形式而无精神，貌似而神亏之谓也。"进而献计陈氏："适以足下洞晓世界文学之趋势，又有文学改革之宏愿，故敢贡其一得之愚。"这就是胡适在《四十自述》《逼上梁山》等文中所介绍的他在1915年夏到1916年春，与留美同学辩论中所得，以为今日欲言文学革命，须从八事入手：

> 一曰不用典。二曰不用陈套语。三曰不讲对仗，文当废骈，诗当废律。四曰不避俗字俗语，不嫌以白话作诗词。五曰须讲求文法之结构。此皆形式上之革命也。六曰不作无病之呻吟。七曰不摹仿古人，语语须有个我在。八曰须言之有物。此皆精神上之革命也。

信末，胡适不无谦逊地说："以上所言，或有过激之处，然心所谓是，不敢不言。倘蒙揭之贵报，或可供当世人士之讨论。此一问题关系甚大，当有直言不讳之讨论，始可定是非。"①

10月1日陈独秀答胡适信，先就称赞谢诗事略作解释："乃以其为写景叙情之作，非同无病而呻。其所以盛称谢诗者，谓其继迹古人，非谓其专美来者。"然后盛赞胡适"承示文学革命八事，除五、八二项，其余六事，仆无不合十赞叹，以为今日中国文界之雷音。倘能详其理由，指陈得失，衍为一文，以告当世，其业尤盛"。

陈独秀将此与胡适切磋"文学革命"的复信，连同胡适之原信刊之于

① 胡适：《致陈独秀》，《胡适书信集》，第82—84页。

《新青年》第2卷第2号（民国五年十月一日发行），实揭开了“文学革命”的序幕。

如此作答，意犹未尽，于是陈独秀10月5日又另寄一信给胡适，云：

> 文学改革，为吾国目前切要之事。此非戏言，更非空言，如何如何？《青年》文艺栏意在改革文艺，而实无办法。吾国无写实诗文以为模范，译西文又未能直接唤起国人写实主义之观念，此事务求足下赐以所作写实文字，切实作一文学改良论文，寄登下期《青年》，均所至盼。①

尽管胡适因同学发难，促使他对文学革命意见酝酿基本成熟，若没有陈独秀再三催促与坦诚切磋，他在忙于准备博士论文之际，未必能及时地“切实作一改良文学论文”。

三、今日中国文界之雷音

胡适接陈独秀信不久，就写了一篇《文学改良刍议》，用复写纸抄了两份，一份给《留美学生季刊》发表，一份寄给了陈独秀。陈独秀得之，“快慰无似”，立即刊之于《新青年》第2卷第5号。

胡适于“刍议”中仍倡言文学改良须从八事入手，但这八事的次序有大改变：一须言之有物，二不摹仿古人，三须讲求文法，四不作无病之呻吟，五务去烂调套语，六不用典，七不讲对仗，八不避俗字俗语。作为“文学革命”的第一篇公开宣言，其最重要的观点被置于“不摹仿古人”与“不避俗字俗语”两事之中。

其“不摹仿古人”说：

> 文学者，随时代而变迁者也。一时代有一时代之文学：周秦有周秦之文学，汉魏有汉魏之文学，唐宋元明有唐宋元明之文学。此非吾一人之私言，乃文明进化之公理也。……凡此诸时代，各因时势风会而变，各有其所长，吾辈以历史进化之眼光观之，决不可谓古人之文学皆胜于今人也。

---

①《陈独秀书信集》，新华出版社1987年版（内部发行），第46页。

既明文学进化之理，然后可言吾所谓“不摹仿古人之说”。今日之中国，当造今日之文学，不必摹仿唐宋，亦不必摹仿周秦也。……

吾每谓今日之文学，其足与世界“第一流”文学比较而无愧色者，独有白话小说（我佛山人、南亭亭长、洪都百炼生三人而已）一项。此无他故，此种小说皆不事摹仿古人（三人皆得力于《儒林外史》《水浒》《石头记》，然非摹仿之作也），而惟实写今日社会之情形，故能成真正文学。

其“不避俗字俗语”说：

吾惟以施耐庵、曹雪芹、吴趼人为文学正宗，故有“不避俗字俗语”之论也（参看上文第二条下）。盖吾国言文之背弛久矣。

及至元时，中国北部已在异族之下，三百余年矣（辽金元）。此三百年中，中国乃发生一种通俗行远之文学。文则有《水浒》《西游》《三国》……之类，[①]戏曲则尤不可胜计（关汉卿诸人，人各著剧数十种之多。吾国文人著作之富，未有过于此时者也）。以今世眼光观之，则中国文学当以元代为最盛；可传世不朽之作，当以元代为最多；此可无疑也。当是时，中国之文学最近言文合一，白话几成文学的语言矣。使此趋势不受阻遏，则中国几有一“活文学”出现，而但丁、路得之伟业几发生于神州。不意此趋势骤为明代所阻，政府既以八股取士，而当时文人如何、李七子之徒，又争以复古为高，于是此千年难遇言文合一之机会，遂中道夭折矣。

然以今世历史进化眼光观之，则白话文学之为中国文学之正宗，又为将来文学必用之利器，可断言也。以此之故，吾主张今日作文作诗，宜采用俗语俗字。与其作不能行远不能普及之秦汉六朝文字，不如作家喻户晓之《水浒》《西游》文字也。

这一期的《新青年》，正好出版于1917年1月1日。胡适寄自美国的“刍议”，不仅是对国内学界美好的元旦献礼，而且果成“今日中国文界之雷音”：

① 《水浒》《西游》为明代中叶之作品，《三国》虽有人认为是元代作品但仍无定论。

揭开了中国新文化运动之新的一幕。胡适因此“暴得大名”，新文化运动也因胡适之独特贡献而顿添异彩。

四、白话文学将为中国之正宗

陈独秀在胡适《文学改良刍议》后，以极其欢欣的笔调加了“编者按”（署“独秀识”）：

> 余恒谓中国近代文学史，施、曹价值远在归、姚之上。闻者咸大惊疑。今得胡君之论，窃喜所见不孤。白话文学，将为中国文学之正宗。余亦笃信而渴望之。吾生倘亲见其成，则大幸也。元代文学美术，本蔚然可观。余所最服膺者为东篱，词隽意远，又复雄富，余尝称为“中国之沙克士比亚”。质之胡君及读者诸君以为然否？

这篇短识意义重大：

其一，对胡适的“刍议”有画龙点睛作用，胡适所言文学改良之八事，虽具体却琐屑。陈独秀则快人快语，一语破的：“白话文学，将为中国文学之正宗”——既为文学纲领性口号，亦为文学革命之目标。文学改良——文学革命——新文化运动之发端：一言以蔽之，曰“白话文运动”。

其二，就陈氏自己而言，可见其对文学革命这一伟大命题于胸炉中酝酿已久，一经胡适提出，则有不谋而合、“深得我心”之感，自然“笃信而渴望之”。陈氏曾高度称赞元代文学，称元代戏曲家马致远为中国的“莎士比亚”，常道中国近代文学史，《水浒传》作者施耐庵、《红楼梦》作者曹雪芹的艺术价值，远在明代古文家归有光、桐城派集大成者姚鼐之上，即所谓“神圣施曹而土芥归方（苞）”。“闻者咸大惊疑”，此间当有许多生动的故事。唯陈独秀无如胡适有《逼上梁山》之类传记，因而后之学者言文学革命过程对胡适之参与始末知之甚详，对陈独秀几乎阙如。今则据现有文献补叙一二。

从宏观而言，推崇法兰西文明，呼唤科学民主；批判孔孟之道，反对文化专制主义，提出改造国民性，造就一代新青年，皆可作为陈独秀提倡文学革命所创造的文化背景。尤其是他在《东西民族根本思想之差异》中指出西洋民族以战争为本位，东洋民族以安息为本位；西洋民族以个人为本位，东洋民族以家族为本位；西洋民族以法治为本位、以实利为本位，东洋民族以盛情为本位、以虚文为本位。[1]在《敬告青年》中提出新青年的六项标准：自主的而非奴隶的；进步的而非保守的；进取的而非退隐的；世界的而非锁国的；实利的而非虚文的；科学的而非想象的。[2]这些都成为陈独秀提倡写实主义文学的理论依据与社会依据。

就文学革命前期的具体准备而言，除上述与胡适的反复切磋之外，陈独秀早在1915年就发表了《现代欧洲文艺史谭》，在当时的中国首次向国人勾勒了欧洲文学思潮发展的轮廓：

> 欧洲文艺思潮之变迁，由古典主义（Classicalism）一变而为理想主义（Romanticism），此在十八、十九世纪之交。文学者反对模拟希腊、罗马古典文体，所取材者，中世之传奇，以抒其理想耳，此盖影响于十八世纪政治社会之革新，黜古以崇今也。十九世纪之末，科学大兴，宇宙人生之真相，日益暴露，所谓赤裸时代，所谓揭开假面时代，宣传欧土自古相传之旧道德、旧思想、旧制度，一切破坏。文学艺术亦顺此潮流：由理想主义再变而为写实主义（Realism），更进而为自然主义（Naturalism）。

此文作为"五四"前夕第一篇文艺思潮研究论文，一经发表立即引起读者的关注。有读者致信陈独秀："贵杂志第三号论欧洲文艺，谓今日乃自然主义最盛时代，且历举古典主义等用相比较。仆意我国数千年文学屡有变迁，不知于此四主义中已居其几，而今后之自然主义，当以何法提倡之，贵杂志亦有意提倡此种主义否?"陈于复信中阐明了他的中国文艺发展观："文章以纪事为重，绘画以写生为重，庶足挽今日浮华颓败之恶风。各国教育趋重实用，与文学趋重写实，同一理由。正不独美国为然，特美国尤甚耳。高深之学，自有一部分人士力求之，至于普通国民教育，若轻视生活实用智能，而务高深之学，其何以利益其群，而争存于世界也。"他的结论是："吾国文艺，犹在古典主义、理想主义时代，今后当趋向写实主义。"[3]这在当时可谓惊人之论，读者于惊喜之余，就未能十分明了处"尚乞教之"，于是陈氏有复信进一步论证：

---

① 《东西民族根本思想之差异》，《青年杂志》第1卷第4号，1915年12月15日。
② 《敬告青年》，《青年杂志》第1卷第1号，1915年9月15日。
③ 陈独秀：《答张永言》，《青年杂志》第1卷第4号、第6号。

欧文中古典主义，乃模拟古代文体，语必典雅，援引希腊、罗马神话，以炫赡富，堆砌成篇，了无真意。吾国之文，举有此病，骈文尤尔。诗人拟古，画家仿古，亦复如此。理想主义，视此较有活气，不为古人所囿，然或悬拟人格，或描写神圣，脱离现实，梦入想象之黄金世界。写实主义、自然主义乃与自然科学、实证哲学同时进步，此乃人类思想由虚入实之一贯精神也。

自然主义尤趋现实，始于左喇时代，最近数十年来事耳。虽极淫鄙，亦所不讳，意在彻底暴露人生之真相，视写实主义更进一步。欧洲人或讥以破坏美术文艺之基础。自东洋人之眼观之，益属狂悖无伦。此日本政府所以明令禁止自然主义之文学之输入也。然于裸体绘画与雕塑，均之不禁，以其属于写实主义而非自然主义也。[①]

经过一番分辩，根据中国之国情，陈独秀极力推崇写实主义文学。文学当然不仅仅以写实为贵，但中国文学的历史以及20世纪的文学实践证明，陈独秀为“彻底暴露人生之真相”而提倡写实主义是富有远见的，甚至较胡适之“不摹仿古人”云云更富有文化哲学意义。

就在胡适《文学改良刍议》发表的前一期《新青年》上，陈氏还有答读者云：

惟鄙意固不承认文以载道之说，而以为文学美文之为美，却不在骈体与用典也。结构之佳，择词之丽（即俗语亦丽，非必骈与典也），文气之清新，表情之真切而动人：此四者，其为文学美文之要素乎？应用之文，以理为主；文学之文，以情为主。骈文用典，每易束缚情性，牵强失真。六朝之文，美则美矣，即犯此病。后人再踵为之，将日惟神话妄言是务；文学之天才与性情，必因以汩没也。[②]

这里关于“文学美文之为美”的观点，大概是1916年10月5日《致胡适信》中思索的延伸。那封信除上文所引之外，还有言云：“仆拟作《国文教授私议》一文，登之下期《青年》，然所论者应用文字，非言文学之文也。鄙

① 陈独秀：《答张永言》，《青年杂志》第1卷第4号、第6号。
② 陈独秀：《答常乃德》，《新青年》第2卷第4号，1916年12月1日。

意文学之文必与应用之文区以为二，应用之文但求朴实说理纪事，其道甚简。而文学之文，尚须有斟酌处，尊兄谓何？”[①]胡适在《刍议》中回答了陈氏的提问，认为文学须言之有物，这物“非”古人所谓“文以载道”之说，而是情与思二者，“情感者，文学之灵魂”，“思想不必皆赖文学而传，而文学以有思想而益贵”，“文学无此而物，便如无灵感无脑筋之美人，虽有称丽富厚之外观，抑亦末矣”。但未等胡适从容回答，他自己就在答读者信中叙说了一番，而与胡适的观点相似却更强调以情为主。只可惜他拟作的《国文教授私议》，或因为忙则终未见他写出。尽管如此，至此陈独秀的新文化观已基本形成。

对于陈独秀的新文化观的形成过程，我同意黄曼君们的描述，他们说：

> 陈独秀的文化思想在三维空间中构成，一维是西方近代文化，一维是中国古代文化，一维是“五四”新文化。他文化观的价值取向呈正、反、合的态势。所谓正，就是对西方近代文化的认同；所谓反，就是对中国传统文化的批判；所谓合，就是在肯定与否定的相互作用中建立起了第三种文化观——新文化观。[②]

应略加补充的是：一、陈氏对西方近代文化的认同，主体是法兰西文明，如他在《法兰西人与近世文明》中所说：“近世文明之特征，最足以变古之道，而使人心社会划然一新者，厥有三事：一曰人权说，一曰生物进化论，一曰社会主义是也”，“此近世三大文明，皆法兰西之赐。世界而无法兰西，今日之黑暗不识乃居何等”。[③]二、其于中国传统文化，即非如林毓生所谓全盘反传统，[④]亦非如周作人所谓与明代公安派（三袁）之“独抒性灵”说一脉相承，[⑤]而是有批判有继承，批判为主继承为辅，但批判是继承选择的前锋。三、其新文化观中亦批判地继承了康梁（尤其是梁启超）文化观中合理的因素。

这样或许就能更准确地反映陈独秀从1915年到1917年间其新文化观的形

---

① 陈独秀：《致胡适信》，《陈独秀书信集》第46页。
② 黄曼君主编：《中国近百年文学理论批评史》，湖北教育出版社1997年版，第217页。
③《陈独秀著作选》第1卷，第136—138页。
④ 参见林毓生：《中国传统的创造性转化》，三联书店1988年版，第149页。
⑤ 参阅周作人：《中国新文学的源流》，海南出版社1994年版，第27页。

成过程与基本结构。

五、高张"文学革命军"大旗

陈独秀的新文化观，既是新文化运动兴起的重要标志，又历史地构成了这一运动的理论成果。正是站在新文化的高度观照中外文化现象，阐述文化理论，陈独秀看问题就格外犀利而透彻，下判断也格外明快而果决。因而他一旦见到为他所催发的胡适的《文学改良刍议》，是何等欣喜，仅于文后加个"短识"犹未尽意，于是挥动如椽巨笔，写下了震撼文林的《文学革命论》，以空前的热情与胆略宣布：

> 文学革命之气运，酝酿已非一日，其首举义旗之急先锋，则为吾友胡适。余甘冒全国学究之敌，高张"文学革命军"大旗，以为吾友之声援。旗上大书特书吾革命军三大主义：曰，推倒雕琢的阿谀的贵族文学，建设平易的抒情的国民文学；曰，推倒陈腐的铺张的古典文学，建设新鲜的立诚的写实文学；曰，推倒迂晦的艰涩的山林文学，建设明了的通俗的社会文学。

这是"五四"文学革命的宣言书。但以往的研究对这份宣言书的思想内涵的估量很不够，仅视为对胡适《刍议》的响应或为文学革命鸣锣开道；其实陈文不仅对"五四"新文化运动有着极其现实的指导意义，也是一份极其珍贵的思想资源，其思想内涵是极为深刻而丰富的。

其一是在其首先为"革命"正名。中国人习惯将革命与朝代鼎革甚至暴力联系在一起，因而政客热衷于革命，平民与书生畏惧革命，直至20世纪末李泽厚、刘再复之《告别革命》①或未脱这种书生气，尽管他们是哲学家或美学家。

"革命"一词，在中国最早见之于《易》之"汤武革命，顺乎天而应乎人"及《尚书》之"革殷受命"，指的是改朝换代。近代日本，以"革命"二字译英语之"Revolution"一词，作"从根底处推翻之，而别造一新世界"解。但

① 李泽厚、刘再复：《告别革命——回望二十世纪中国》，（香港）天地图书有限公司1993年版。他们于序中说："我们所说的革命，是指以群众暴力等急剧方式推翻现有制度和现有权威的激烈行动（不包括反对侵略的所谓'民族革命'）"。由此义出发，他们既决心告别来自"左"的革命，也告别来自"右"的革命。

20世纪初，当“革命”一词在中国广为流行时，多取日译“Revolution”之义，而非《易》与《尚书》的原义。

陈独秀于此“共识”之余，参之以欧洲文艺复兴的新风，指出：

> 欧洲所谓革命者，为革故更新之义，与中土所谓朝代鼎革绝不相类；故自文艺复兴以来，政治界有革命，宗教界亦有革命，伦理道德亦有革命，文学艺术亦莫不有革命，莫不因革命而新兴而进化。近代欧洲文明史，宜可谓之革命史。故曰：今日庄严灿烂之欧洲，乃革命之赐也。

陈独秀倾心于“革命”的新义。1917年7月他在答读者信中又重申此义：“革命者，一切事物革故更新之谓也。中国政治革命，乃革故而未更新。严格言之，似不得谓之革命，其他革命，更无闻焉。”①直到1923年，他仍坚持说：“革命应以社会组织进化为条件，不应以武力暴动为特征”，其理由是“因为革命、反革命及内乱都要取武力暴动的手段，所以不但用武力改进社会组织是革命事业，凡是在社会组织进化上阶级争斗的日常工作都是革命事业。凡是一个革命家万不可误认为革命之手段（武力暴动）为革命之目的（社会组织进化）”。②或许正是这种思想引导着陈氏后来走向“枪杆子里面出政权”教义的反面，但此刻我们只看到他对文化意义上的革命，或革命意义上的文化的执着。

其二则明确文学革命与政治革新之关系。陈独秀明白“旧文学与旧道德，有相依为命之势”，③“旧文学、旧政治、旧伦理，本是一家眷属，固不得去此而取彼；欲谋改革，乃畏阻力而牵就之，此东方人之思想，此改革数十年而毫无进步之最大原因也”。④

他认为“文学者，国民最高精神之表现也”，“伦理的觉悟，为吾人最后觉悟之最后觉悟”。⑤而旧文学，“盖与吾阿谀夸张虚伪迂阔之国民性，互为因果”，因而“今欲革新政治，势不得不革新盘踞于运用此政治者精神界之文学。使吾人不张目以观世界社会文学之趋势，及时代之精神，日夜埋头故纸

---

① 陈独秀：《答卓鲁》，《新青年》第3卷第5号，1917年7月1日。
② 陈独秀：《革命与反革命》，《向导周报》第16期，1923年1月18日。
③ 陈独秀：《答张护兰》，《新青年》第3卷第3号，1917年5月1日。
④ 陈独秀：《答易宗夔》，《新青年》第5卷第4号，1918年10月15日。
⑤ 陈独秀：《吾人最后之觉悟》，《青年杂志》第1卷第6号，1916年2月15日。

堆中，所目注心营者不越帝王、权贵、鬼怪、神仙，与夫个人之穷通利达，以此而求革新文学、革新政治，是缚手足而敌孟贲也”。陈氏总结中国政治界虽经三次革命，而黑暗未尝稍减，“其原因小部分，则为三次革命，皆虎头蛇尾，未能充分以鲜血洗净旧污；其大部分，则为盘踞吾人精神界根深蒂固之伦理道德文学艺术诸端，莫不黑幕层张，垢污深积，并此虎头蛇尾之革命而未有焉。此单独政治革命所以于吾之社会，不生若何变化，不收若何效果也。推其总因，乃在吾人疾视革命，不知其为开发文明的利器故”。在陈氏看来，救国须先救人，救人须先救心，而新文学则为救人救心之良药利器。以此逻辑，与其说他在言文学革命与政治革命的关系，救亡与启蒙的关系，不如说是从这些关系的视角来谈文学革命的理由。

其三确立文学革命的对象。他说："际兹文学革新之时代，凡属贵族文学、古典文学、山林文学均在排斥之列。以何理由而排斥此三种文学耶？曰：贵族文学，藻饰依他，失独立自尊之气象也；古典文学，铺张堆砌，失抒情写实之旨也；山林文学，深晦艰涩，自以为名山著述，于其群之大多数无所裨益也。其形体则陈陈相因，有肉无骨，有形无神，乃装饰品而非实用品；其内容则目光不越帝王权贵、神仙鬼怪，及其个人之穷通利达。所谓宇宙，所谓人生，所谓社会，举非其构思所及，此三种文学共同之缺点也。”与此相应的片面师古、文以载道的文艺思潮，更在排斥之列。

有人据此断言陈独秀全盘反传统。其实你倒可以说陈氏过分强调了文学启蒙的实用价值，而忽视了其也可为“装饰品”的美学价值。至于全盘反传统却证据不力，因为即使在这篇张扬文学革命的宣言中，陈氏对中国古代文学也是有褒有贬，非全盘否定。尤为可贵的是，他能看到一种文学现象的两重性，如魏晋以下之五言诗的转换，如韩愈文起八代之衰的利弊。陈氏还充分肯定“《国风》多里巷猥辞，《楚辞》盛用土语方言，非不斐然可观”；“元明剧本，明清小说，乃近代文学之粲然可观者。惜为妖魔所厄，未及出胎，竟尔流产，以至今日中国之文学委琐陈腐，远不能与欧洲比肩”。

陈独秀的文学革命非专注于古代文学，而更立足于现实。他说："今日吾国文学，悉承前代之敝：所谓‘桐城派’者，八家与八股之混合体也；所谓‘骈体文’者，思绮堂与随园之四六也；所谓‘江西派’者，山谷之偶像也。求夫目无古人，赤裸裸的抒情写世，所谓代表时代之文豪者，不独全国无其人，而且举世无此想。文学之文，既不足观；应用之文，益复怪诞。”其中尤厌“桐城谬种”，他将“桐城三祖”方（苞）、刘（大魁）、姚（鼐）及明代唐宋派代表作家归有光、秦汉派作家前后七子称之为“十八妖魔”，对他们阻碍元明清戏曲小说的发展表示极大的愤慨。

其四则明确了文学革命的目标。显然陈独秀的文学革命是要以法兰西为主体的欧洲文明作榜样，来再造中国之新文学、新文化、新文明。亦即其“三大主义”中的建设方向：平易、抒情的国民文学，新鲜、立诚的写实文学，明了、通俗的社会文学。简而言之，就叫通俗文学或白话文学。在发表《文学革命论》的同期《新青年》上，有陈独秀《答程演生》说：“仆对于吾国国学及国文之主张，曰百家平等，不尚一尊；曰提出通俗国民文学。誓将此二义遍播国中，不独主张于大学文科也。”还有《答钱玄同》说：“以先生之声韵训诂大家，而提倡通俗新文学，何忧全国之不景从也？可为文学界浮一大白！”皆可以视作对《文学革命论》的补充与提要。

对于中国新文学的发展方向，陈独秀虽未如胡适提过“全盘西化”或“充分世界化”之类口号；但他同样是以欧洲文明为参照系，促进中国文学迅速从古典主义向现代化转型。他在《文学革命论》中首尾呼应地标举着欧洲文明。其首呼：“今日庄严灿烂之欧洲，何自而来乎？曰，革命之赐也。”尾应：“欧洲文化，受赐于政治科学者固多，受赐于文学者亦不少。予爱卢梭、巴士特之法兰西，予尤爱虞哥、左喇之法兰西；予爱康德、赫克尔之德意志，予尤爱桂特郝、卜特曼之德意志；予爱倍根、达尔文之英吉利，予尤爱狄铿士、王尔德之英吉利。吾国文学界豪杰之士，有自负为中国之虞哥、左喇、桂特郝、卜特曼、狄铿士、王尔德者乎？有不顾迂腐之毁誉，明目张胆以与十八妖魔宣战者乎？予愿拖四十二生的大炮，为之前驱！”

作为文学革命的前驱，陈独秀的“四十二生之大炮”，在中国文坛的轰鸣已成八九十年前的历史景观，但直至今日中国作家中有几人能称得上“中国之虞哥、左喇、桂特郝、卜特曼、狄铿士、王尔德”呢？对此，我只好说：革命尚未成功，作家仍须努力。

六、从“言之有物”到“文学独立”论

人们在比较胡适的《文学改良刍议》与陈独秀《文学革命论》之后，得

出些相互矛盾的观点。如有人说，胡适首倡文学革命时还只是就文学而谈文学，而没有像陈独秀那样将文学革命与政治革命联系起来思考。[①]而另有人说陈、胡之间存在着较为根本的分歧，即陈强调文学美术自身独立存在之价值，而胡适的“言之有物”论则有“文以载道”之嫌，甚至较王国维乃至袁宏道的文学观都有所后退。[②]

其实新文化运动之初，陈独秀与胡适推行白话文的基本立场与对传统文学的怀疑、批评精神是相同的。说胡适仅仅就文学谈文学，似不符合胡适性格实际，胡适虽曾信誓旦旦，“二十年不谈政治”，“正是要想从思想文艺方面替中国政治建筑一个非政治的基础”。[③]胡适早在编《竞业旬报》时就培育了从文化视角谈政治的胚芽。因而有人将胡适与陈独秀相比，说其差别不在乎是否谈政治，只在乎取何谈法，谁先谈谁后谈，怎么谈，谈什么以及与谁谈，并将胡适的谈法叫“潜政治性”。[④]

至于说陈独秀将胡适之文学“改良”改为“文学革命”，也不算大差异。因为胡适1915年到1916年间在美国酝酿文学革命就倡言革命：“文学革命其时矣！吾辈势不容坐视。且复号召二三子，革命家前杖马棰，鞭笞驱除一车鬼，再拜迎入新世纪！”[⑤]只是“受了在美国的朋友的反对，胆子变小了，态度变谦虚了，所以标题但称《文学改良刍议》，而全篇不敢提起‘文学革命’的旗子”。至于文末“伏惟国人同志有以匡纠是正之”云云，“这是一个国外留学生对于国内学者的谦逊态度。文字题为‘刍议’，诗集题为‘尝试’，是可以不引起很大的反感的了”。[⑥]可见其“比陈独秀有心机，有城府，有韬略”，也就不必“小不忍则乱大谋”了。[⑦]

“文学革命”之初，陈、胡之异可能更多地表现在提法是否到位。除了上述“白话文学说”之外，还有例如胡适“言之有物”说，以情感与思想为文学之“物”，在当时尚算先进思潮，既不同于“文以载道”说，更不会较王国维甚至袁宏道还有所倒退。但此说确不如陈独秀“文学独立论”能彻底堵住

① 余虹：《五四新文学理论的双重现代性追求》，《文艺研究》2000年第1期。
② 章培恒、谈蓓芳：《论五四新文学与古代文学的关系》，《复旦学报》1996年第4期。
③ 胡适：《我的歧路》，《胡适文存二集》第3卷，亚东图书馆1924年版，第108页。
④ 夏中义：《谒胡适书》，《九谒先哲书》，上海文化出版社2000年版，第133页。
⑤ 胡适：《四十自述·逼上梁山》，《胡适自传》，江苏文艺出版社1995年版，第102页。
⑥ 胡适：《四十自述·逼上梁山》，《胡适自传》，第127页。
⑦ 夏中义：《谒胡适书》，《九谒先哲书》，第123页。

“文以载道”观向新文学渗透。

当初胡适仅以文学革命须从八事入手的大纲通报陈独秀时，陈就担心“若专求‘言之有物’，其流弊将毋同于‘文以载道’之说”，因而提出“文学美术自身独立存在之价值”，“自然派文学义在如实描写社会，不许别有寄托，自堕理障”。在《文学革命论》中又特意指出：“文学本非为载道而设，而自昌黎以迄曾国藩所谓载道之文，不过抄袭孔、孟以来极肤浅极空泛之门面语而已。余尝谓唐、宋八家文之所谓‘文以载道’，直与八股家之所谓‘代圣贤立言’，同一鼻孔出气。”

在《答曾毅》信中，陈独秀还具体阐述了其“文学独立论”的内涵：

> 何谓文学之本义耶？窃以为文以代语而已，达意状物，为其本义。文学之文，特其描写美妙动人者耳。其本义原非为载道有物而设，更无所谓限制作用及正当的条件也。状物达意之外，倘加以他种作用，附以别项条件，则文学之为物其自身独立存在之价值，不已破坏无余乎？故不独代圣贤立言为八股文之陋习，即载道与否？有物与否？亦非文学根本作用存在与否之理由。

仅以“状物达意”“美妙动人”作为文学的本质，自然简陋了点。不过，陈氏之立足点在于以此对文以载道——文学工具论的彻底否定。以此为起点，他进而指出：“中国学术不发达之最大原因，莫如学者自身不知学术独立之神圣。譬如文学自有独立之价值也，而文学家自身不承认之，必欲攀附六经，妄称‘文以载道’，‘代圣贤立言’，以自贬抑。史学亦自有其独立之价值也，而史学家自身不承认之，必欲攀附《春秋》，着眼大义名分，甘以史学为伦理学之附属品。音乐亦自有其独立之价值也，而音乐家自身不承认之，必欲攀附圣功王道，甘以音乐家为政治学之附属品。医药拳技亦自有独立之价值也，而医家、拳术家自身不承认之，必欲攀附道术，如何养神，如何练气，‘与天地鬼神合德’，方称‘艺而近于道’。学者不自尊其所学，欲其发达，岂可得乎？”[①]

反过来说陈独秀正是从学科独立的现代意识出发，来看待与维护文学的

① 陈独秀：《学术独立》，《新青年》第5卷第1号，1918年7月15日。

独立性的，从而与文学之工具论——“文以载道”说划清界限，唯写实主义是尊。他在同篇《答曾毅》信中说：“仆之私意，固赞同自然主义者。惟衡以今日中国文学状况，陈义不欲过高，应首以掊击古典主义为急务。”他且以“不诚实三字，为吾国道德文学之共同病根”，[①]因而极举写实主义，甚至排斥理想色彩。他说：“实写社会，即近代文学家之大理想大本领。实写以外，别无所谓理想，别无所谓物也。”[②]他理解中的“欧洲自然派文学家，其目光惟在实写自然现象，绝无美丑善恶邪正惩劝之念存于胸中，彼所描写之自然现象即道即物，去自然现象外，无道无物”。[③]到了这种境界，自然就无“文以载道”观插足的余地。

凡此云云，实则都在为胡适“言之有物”说作补充，以及替胡适回答来自各方面的诘难。但他为排斥“文以载道”说，而远离文学中的理想与倾向，则似走向了极端；因为写实主义作品是隐藏了作者之理想与思想倾向，却不等于作品中无理想与思想倾向。同时，文学革命论与文学独立论之间如何统一，陈独秀似乎也未作精细思索与论证。因而陈独秀之所谓言论到位，则多为片面的深刻，或深刻的片面。

七、唯新文化运动方向“必不容反对者匡正”

还有明显的一例，即学术自由问题。胡适从1915年10月与陈独秀通信初呈文学革命八事时起，就不断希望对此“当有直言不讳之讨论”。《文学改良刍议》之末更云：“谓之刍议，犹云未定草也，伏惟国人同志有以匡纠是正之。”《刍议》发表之后，又寄信陈独秀表示“甚愿国中人士能平心静气与吾辈同力研究此问题，讨论既熟，是非自明。吾辈已张革命之旗，虽不容退缩，然亦决不敢以吾辈所主张必是，而不容他人之匡正也”。[④]

应该说，胡适受美国民主思想影响，他所提倡学术自由讨论的原则并没错，然陈独秀于回信中悍然答道：

改良文学之声，已起于国中，赞成反对者居其半。鄙意容纳异议，

---

① 陈独秀：《答张护兰》。
② 陈独秀：《答陈丹崖》，《新青年》第2卷第6号，1917年2月1日。
③ 陈独秀：《答曾毅》。
④ 胡适：《寄陈独秀》，《胡适学术文集·新文学运动》，中华书局1993年版，第29页。

自由讨论，固为学术发达之原则；独至改良中国文学，当以白话为文学正宗之说，其是非甚明，必不容反对者有讨论之余地，必以吾辈所主张者为绝对之是，而不容他人之匡正也。[①]

与胡适相比，陈独秀更坚定更老辣地捍卫着新文化运动的基本方向。他言下之意什么都可以自由讨论，“独至改良中国文学，当以白话为文学正宗之说，其是非甚明，必不容反对者有讨论之余地”。一个“独”、一个“当”、一个“必”，足见陈独秀在原则上决不让步。“其故何哉？”陈独秀在上书中坚定地回答说：

盖以吾国文化，倘已至文言一致地步，则以国语为文，达意状物，岂非天经地义，尚有何种疑义必待讨论乎？其必欲摈弃国语文学，而悍然以古文为文学正宗者，犹之清初历家排斥西法，乾嘉畴人非难地球绕日之说；吾辈实无余闲与之作此无谓之讨论也。

对于陈氏不容反对者讨论（实否定）新文化运动基本方向的观点，当时乃至今日的误解甚为严重，似乎陈氏于任何问题都不容他人自由讨论。其实他对来自各方面的意见，是有分析并区别对待的，他说：

本志自刊以来，对于反对之言论，非不欢迎；而答词之敬慢，略分三等：立论精到，足以正社论之失者，记者理应虚心受教；其次则是非未定者，苟反对者能言之成理，记者虽未敢苟同，亦必尊重讨论学理之自由，虚心请益；其不屑与辩者，则为世界学者业已公同辩明之常识，妄人尚复闭眼胡说，则唯有痛骂之一法。

对于第三种人，陈氏进而说：“讨论学理之自由，乃神圣自由也；倘对于毫无学理毫无常识之妄言，而滥用此神圣自由，致是非不明，真理隐晦，是曰‘学愿’；‘学愿’者，真理之贼也。”[②]

即使对于第三人（所谓“真理之贼”），其痛骂充其量也是如钱玄同所谓“桐城谬种”云云。对此，立即就有人指责为“骂人”，陈氏也立即作了答

① 陈独秀：《答胡适书》，《胡适学术文集·新文学运动》，第31页。
② 陈独秀：《答崇拜王敬轩者》，《新青年》第4卷第6号，1918年6月15日。

复，说：

> “骂人”本是恶俗，本志同志当有则改之，无则加勉，以答足下的盛意。但是到了辩论真理的时候，本志同人大半气量狭小，性情直率，就不免声色俱厉；宁肯旁人骂我们是暴徒是流氓，却不愿装出那绅士的腔调，出言吞吐，致使是非不明于天下。因为我们也都“抱了扫毒主义”，古人说得好，“除恶务尽”，还有什么客气呢？[①]

由此我想起了鲁迅于“辱骂和恐吓决不是战斗”的名言之外，还说过：“揭穿假面，就是指出了实际来，这不能混谓之骂。”[②]

其实，“五四”时代的陈独秀包括《新青年》同人，本无话语霸权，他们往往是以越位半步的话语来争得自由讨论的机会与权利。实践证明，慷慨激昂往往是弱者的作派与表现。虽然陈独秀在新文化运动的基本方向上不容反对者讨论，而实际上办不到，有关争论始终未停息过。因而在具体争论中，陈独秀又希望各方能遵循学术讨论的游戏规则。如即使有人提出文学不必革命，孔教不必排斥，“倘能持之有故，言之成理，记者当虚心欢迎之，决不效孔门专横口气，动以‘非圣者无法’五字，假君权以行教权，排异议而杜思想之自由”。[③]再如张厚载因为旧戏问题，和《新青年》反对，这事尽可以从容辩论，他“盼望大家只可据理争辩，不用那‘倚靠权势’‘暗地造谣’两种武器才好”。[④]即使对白话文写作，陈独秀虽在大声疾呼，也不急于求成，容有个过渡时期。他在《答曾毅》信中说：“鄙意今日之通俗文学，亦不必急切限以今语。惟今后语求近于文，文求近于语，使日赴‘文言一致’之途，较为妥适易行。”[⑤]在《答方孝岳》信中则说：“愚意白话文之推行，有三要件：首当有比较的统一之国语；其次则须创造国语文典；再其次国之闻人多以国语著书立说。兹事匪易，本未可一蹴而几者。”[⑥]有趣的是，陈独秀、胡适等呼唤白话文的文章也是用文言写的，因此1917年8月钱玄同出来呼吁：“我们既然

---

① 陈独秀：《答爱真》，《新青年》第5卷第6号，1918年12月15日。
② 鲁迅：《“招贴即扯”》，《鲁迅全集》第6卷，人民文学出版社1981年版，第181页。
③ 陈独秀：《答佩剑青年》，《陈独秀著作选》第1卷，第282页。
④ 陈独秀：《关于北京大学的谣言》，《每周评论》第13号，1919年3月16日。
⑤ 陈独秀：《答曾毅》，《新青年》第3卷第2号，1917年4月1日。
⑥ 陈独秀：《答方孝岳》，《新青年》第3卷第2号。

绝对主张用白话体做文章，则自己在《新青年》里面做的便应该渐渐的改用白话。”陈回信中还说“改用白话一层，似不必勉强一致，社友中倘有人绝对不能做白话文章的人，即偶用文言，也可登载。”①直到1918年5月，《新青年》才全部改用白话。

即使对他所深恶的滥用典故，陈独秀在《答陈丹崖》信中还是心平气和地说："行文原不必故意禁止用典。”他只反对“若古典主义之敝，乃在有意用典及模仿古人，以为非此则不高尚优美、隽永妍妙，以如是陈陈相因之文体，如何能代表文化”。②

可见陈独秀虽不及胡适颇有韬略，但作为一个从辛亥革命走过来的老革命家，他决不是个仅有“匹夫之勇”的莽夫；何况学术自由讨论，本是他所追求的民主与科学中应有之义。陈独秀实则非常热衷于学术讨论——辩论，同时乐于与各方对话，《新青年》自创刊始就有个非常有特色的专栏“通信”（或“读者论坛”）。③到1921年，这个专栏中共发表通信、议论约360余封（篇），平均每期有4封（篇），其中最多的一期刊有25封读者来信。

这些通信中，也有《新青年》同人的通信，如胡适的名文《文学改良刍议》、钱玄同与刘半农的“双簧信”（即托名“王敬轩”的来信与记者复信）；大量的是普通读者来信。来信中有称赞之辞，亦多商榷甚至斥责，陈独秀或以本人名义或以记者（实为编者）名义多有答复，有的是再四相复（如对常乃德），其间表示出极大的耐心，唯于《答张寿朋》信末说："像足下此次空空的颂圣文，以后恕不答复。”④在上海时代，陈氏是独编独答。待《新青年》迁到北京后，胡适、钱玄同、刘半农等编者也参与复信。致使“通信”专栏，成为深受读者喜爱的栏目："通信一门，尤足使仆心动”（第1卷第4号，张永言信），“备读大志造福青年无任崇仰，又辟通信一门以为读者析疑辩难之助，用意良盛”（第2卷第1号，程师葛信）。鲁迅在肯定之余犹嫌其过甚。他1918年11月在《新青年》“通信”栏中发表一封致钱玄同的信说：

> 《新青年》里的通信，现在颇觉发达。读者也都喜看。但据我个人意

---

① 陈独秀、钱玄同通信，《新青年》第3卷第6号，1917年8月1日。
② 陈独秀：《答陈丹崖》，《新青年》第2卷第6号，1917年2月1日。
③ 这个专栏，到1923年6月《新青年》改为季刊，成为共产党的党刊时才被取消。
④ 陈独秀：《答张寿朋》，《新青年》第5卷第6号，1918年12月15日。

见，以为还可酌减：只须将诚恳切实的讨论，按期登载；其他不负责任的随口批评，没有常识的问题，至多只要答他一回，此后便不必多说，省些纸墨，移作他用。

在刊物上开辟“通信”专栏，陈独秀1904年3月创办《安徽俗话报》时就做过尝试；办得最好最有影响的，当然是《新青年》的这个专栏。陈氏亦十分珍视这些与读者对话中激发出来的思想火花。他早年自编的《独秀文存》中，通信与论文、随感录各占三分之一。这在他同时代作者文集中并不多见，这也是陈独秀遵从学术讨论自由的见证。我不知道在有的学者心目中陈独秀怎么就成了文化专制者的形象，仿佛他曾搞过“一言堂”，随意迫使人“不理解也要执行”。这种以今拟昔的虚构，实在离题太远。

历史的真实倒是那些曾经拥有话语霸权的旧派绅士们，却不那么“绅士”，他们对陈独秀、胡适《新青年》同人极尽辱骂与恐吓之能事。对此，人们早从林纾的杰作《荆生》《妖梦》中领教过，这里仅从历史陈迹中择一则匿名信供今人玩味：

字付陈独秃、胡闹及狐群狗党知悉：汝等左道惑人，甚于黄巾、白莲。大逆灭亲，洋屁毁圣，肆无忌惮，大逞凶威，自谓真可矣了。不知人神共嫉，天地不容。汝等狗命不值一个小炸弹。但现在有欲花这冤枉钱的，将你们除削了，投诸豺犬。我看你们虽是捣乱分子，甘骂［冒］不韪，也是无见识，杀之亦可惜。然权不在我，你们可防备着点。见你阎王爷，教训教训你们。[①]

你看这是何等恶毒的语言！然“青山遮不住，毕竟东流去”。代表20世纪初先进文化的陈独秀、胡适在骂声中奋然前行。

八、新文化运动是人的运动

如果说在文学革命的发难期，陈独秀视尚未归国的胡适为急先锋，那么，在文学革命的实施期，陈独秀则更倚之为军师。

---

① 转引自耿云志：《胡适新论》，第141页。

归国后，胡适在与陈独秀、钱玄同等切磋下，将《文学改良刍议》中的“八不主义”，先变为“四条主张”：1. 要有话说，方才说话；2. 有什么话，说什么话，话怎么说，就怎么说；3. 要说我自己的话，别说别人的话；4. 是什么时代的人，说什么时代的话。再变为十个大字：国语的文学，文学的国语。这是胡适1918年4月所撰《建设的文学革命论》中所表述的观点，被郑振铎称之为“文学革命的最堂皇的宣言”。①到1922年2月，胡适在《五十年来中国之文学》中又说这“十个字，其实又只有‘国语的文学’五个字”。到1935年的《〈中国新文学大系〉第一集导言》，胡适则进而将此五个字通俗化为“活的文学”；并将之与周作人“人的文学”论相并列，称为“文学运动的中心理论”，说“前一理论是文字工具的革新，后一种是文学内容的革新。中国新文学运动的一切理论都包括在这两个中心思想的里面”。②

对于“活的文学”的理论，胡适清楚地认识了其破坏与建设的意义：“在破坏方面只是说‘死文字决不能产生活文学’，只是要用一种新的文学史观来打倒古文学的正统而建立白话文为中国文学的正宗；在建设方面只是要用那向来被文人轻视的白话来做一切文学的唯一工具，要认那流行最广而产生了许多第一流文学作品的白话有‘文学的国语’的资格的，可以用来创造中国现在和将来的新文学，并且要用那‘国语的文学’来做统一全民族的语言的唯一工具。”③

胡适他们建立“活的文学”的理论之原动力是历史进化的文学观。正是从历史进化的文学观出发，胡适他们认为：白话文乃文言之进化，白话文替代文言乃“自然趋势”，文学革命乃自然趋势上加“有意的主张”，所以收效最快。胡适高度评价说：“那历史进化的文学观，初看去好像貌不惊人，此实是一种‘哥白尼的天文革命’：哥白尼用太阳中心说代替了地球中心说，此说一出就使天地易位，宇宙变色；历史进化的文学观用白话正统代替了古文正统，就使那‘宇宙古今之至美’从那七层宝座上倒撞下来，变成了‘选学妖孽，桐城谬种’！（这两个名词是玄同创的。）从‘正宗’变成了‘谬种’，从‘宇宙古今之至美’变成了‘妖魔’‘妖孽’，这是我们的‘哥白尼

---

① 郑振铎：《中国新文学大系·文学论争集导言》，良友图书印刷公司1935年版，第4页。
②《胡适学术文集·新文学运动》，中华书局1993年版，第244页。
③ 胡适：《〈中国新文学大系〉第一集导言》，《胡适学术文集·新文学运动》，第254页。

革命'。"[①]

胡适不仅善于深化总结文学革命理论，更善于精细地设计创造新文学的进行程序。胡适在《建设的文学革命论》中明确指出创造国语的文学约有三步：一、工具；二、方法；三、创造。前两步是预备，第三步才是实行创造新文学。其中"方法"设计得更为精细，从搜集材料到文学结构到描写的方法，乃至如何翻译西方文学名著作新文学创作的模范，讲得空前周全与实在，操作性极强。尤为可贵的是，他要求新文学打破近代小说以官场、妓院和龌龊社会为题材的局限，而让今日的贫民社会：工厂之男女工人、人力车夫、内地农家、各处大商贩及小店铺，一切痛苦情形，都"在文学上占一位置"；新旧文明冲突中的种种变故："一切家庭惨变，婚姻苦痛，女子之位置，教育之不适宜……种种问题，都可供文学的材料。"这远非只是拓展了文学创作的视野，而是从源头上打造大众文学、平民文学以驱逐贵族文学。他强调搜集材料确立写作对象的过程中，还必须"注意实地的观察和个人的经验"，"要用周密的理想作观察经验的补助"。

此外，胡适还在《论短篇小说》《谈新诗》《文学进化观念与戏剧改良》等文中，分体裁为新文学创作作了细致入微的设计。这些理论虽为西学的中国式的表述（他将《木兰辞》《石壕吏》《长恨歌》之类叙事诗纳入短篇小说论述，可见其小说界定不严密），但它在新文学运动史上的开创意义与指导作用仍不可低估。不仅如此，胡适还率先在创作实践上为新文学作了尝试性的示范。他创作白话小说、戏剧，尤为引人注目的是创作"胡适之体"的新诗集——《尝试集》，从而证明白话文能创作美文。同时，他还努力翻译介绍了一些欧美文学作品。这样便从理论与实践上促进了新文学的发生、发展。[②]尽管他常慨叹："提倡有心，创作无力。"

一般描述"五四"新文化运动的论著，至此就会欢呼新文化运动的伟大胜利了。并以全国一时出现四百多家白话报刊，1920年1月教育部通令全国把国民学校（小学）的一、二年级国文改为国语，1923年起中学国文课本采

① 胡适：《〈中国新文学大系〉第一集导言》，《胡适学术文集·新文学运动》，第249页。

② 章士钊《评新文化运动》（见《中国新文学大系·文学论争集》）所讽刺与焦心的："以适之为上帝，绩溪为上京，遂乃一味于胡氏《文存》中求文章义法，于《尝试集》中求诗歌律令，目无旁骛，笔不暂停，以致酝酿成今日底他它吗呢吧咧之文变。"恰成为白话文胜利与胡适之影响的形象化概括。

用国语，作为“文学革命”打开一片新天地的例证。那么，在“军师”作新文学（文化）规范设计时，陈独秀除了让他们“悍”化之外还做了些什么？那些论著对此往往语焉不详，好像无可言说似的。

其实陈独秀在胡适设计新文化规范时，同样始终关注着新文化运动。他1919年1月发表的《〈新青年〉罪案答辩书》与同年12月发表的《〈新青年〉宣言》，都是高瞻远瞩极力鼓吹科学与民主，把握新文化运动的大方向不动摇，其意义是巨大的，是其他任何言论不可替代的。

陈独秀1920年2月初在武昌文华大学以“改用底理由”与“解释疑惑”为内容，作了《我们为什么要做白话文》的演讲。[①]这应该是一份全面阐述新文化运动理论与实践的学术报告，可惜仅存大纲，难见全豹。即使如此，仍能见到不少精彩见解，如说：“‘白描’是真美，是人人心中普遍的美，‘百战不许持寸铁’是白话文底特征，所以文学的白话文比古文更难做，决不是‘信口所说’，‘信笔所之’。”再如说：“现在的白话诗文不好：a. 作者底艺术不精；b. 真的白话文学年月还浅”，但“都和白话文体本身没有关系”。

尤其是1920年1月发表的《告新文化运动的诸同志》[②]和同年4月发表的《新文化运动是什么》，则于新文化运动渐见胜利的颂歌中，尖锐地指出它的缺点与误解。前者针对上海新文化运动同人出版许多性质相同的刊物，他“警告诸君的有三件事：（一）出版物是新文化运动底一端，不是全体；（二）新文化运动只当向前的发展，不当向后的反动；（三）不应该拿神圣的新文化运动做射利底器具”。这真不啻为“昏夜警钟”！

后者内容更丰富。着眼新文化运动的现状与发展，笔者以为有两点尤为重要：其一为他指出，“通俗易解是新文学的一种要素，不是全体要素”，“文学、美术、音乐，都是人类最高心情的表现，白话文若是只以通俗易解为止境，不注意文学的价值，那便只能算是通俗文，不配说是新文学，这也是新文化运动中一件容易误解的事”。其二他说新文化运动注重创造精神，离开创造便没有进化。因而“我们不但对于旧文化不满足，对于新文化也要不满足

---

① 据《胡适口述自传》云，原为武昌文华大学邀请他去作学术报告，但他在京陪杜威讲演并任翻译，他“转荐独秀前往”，于是有陈氏的武汉之行。

② 据《宗白华全集》（安徽教育出版社1994年版）第一卷之《答陈独秀先生》，知陈文原题为《告上海新文化运动的诸同志》，曾载1920年1月1日《时事新报·学灯》。

才好；不但对东方文化不满足，对于西洋文化也要不满足才好。不满足才有创造的余地”。

陈独秀不愧天生领袖之才，他总能站在时代最前列，独具只眼地发现事物易被掩盖的另一面，不失时机地给新文化运动的先锋们提供警戒。上述两点显然是要矫正新文化运动前期过分强调白话文之“白”以及全盘西化之偏。这对于正确处理新旧文化、中西文化的关系，努力提升白话文学的艺术境界，是何等重要的指导。

陈氏这些高论，自然是建立在其正确的新文化观的基础上。他说：“文化底内容，是包含着科学、宗教、道德、文学、美术、音乐这几样；新文化运动，是觉得旧文化还有不足的地方，更加上新的科学、宗教、道德、文学、美术、音乐等运动。”这是新文化观。至于科学，他说：“科学有广义、狭义：狭义的是指自然科学而言，广义的是指社会科学而言。社会科学是拿研究自然科学的方法，用在一切社会人事的学问上，像社会学、伦理学、历史学、法律学、经济学等，凡用自然科学方法来研究、说明的都算是科学；这乃是科学最大的效用。”同时批评“我们中国人向来不认识自然科学以外的学问，也有科学的威权；向来不认识自然科学以外的学问，也要受科学的洗礼”。正是以科学的新文化观反思新文化运动，陈独秀才能高屋建瓴地为新文化运动扶正纠偏。

不过，陈氏在《新文化运动是什么》中所热衷发挥团体公共心与将新文化运动引到政治、军事乃至产业领域，则属于另一个问题。但他说：“新文化运动是人的运动”，则是一个不可忽视的重要观点。这揭示新文化运动的本质是以科学、民主思想唤醒人、改造人的运动。

可见在新文化运动的行进途中，陈独秀与胡适都各自作出了自己的贡献。相对而言，陈独秀更注重宏观方向性问题，胡适则更擅长微观操作性问题。两者相辅相成，更有利于新文化运动的健全发展。

“江山代有才人出。”戊戌变法时期，维新派的首领是康有为和梁启超，世称“康梁”；辛亥革命时期，革命党人的核心为孙中山、黄兴，史家将孙、黄并列。“五四”时期，陈独秀、胡适共执牛耳，刚柔并济，“既开风气亦为师”，从文化意义上结束了一个旧时代，开创了一个新时代，改变了中国三千年传统文化的走向，从而使中国文化踏上了与世界文化接轨的现代化进程。

“当年四海称陈胡”，功不可没。没有他们天造地设般的配合，中国的新文化运动或许难以那么迅猛地兴起，即使迟早兴起也未必那么有声有色。陈独秀、胡适在新文化运动中的灿烂，未因历史逝去而褪色；反因历史久远，而更显现思想的魅力。

谁是“五四”时代的狂人

——陈独秀与《狂人日记》及鲁迅

鲁迅《狂人日记》中的狂人到底是谁?

回答这个问题，应有两个层面，一为生活原型，一为精神原型。生活原型学界多有考证，而精神原型却乏求索。找出“狂人”之精神原型，即回答了谁是“五四”时代的狂人。

一、审美第一印象：跟着疯子走

关于生活原型，周作人晚年在署名“周遐寿”的《鲁迅小说里的人物》中说，鲁迅《狂人日记》中狂人的模型，乃是鲁迅的表兄弟，我们姑且称他为刘四。后来又说他叫郁四。①这诱发了人们的考证欲。其中考据最翔实者，当数谷兴云的《关于〈狂人日记〉中“狂人”的原型阮久荪》。他指出周作人“姑且”云云为假托之辞，而那“狂人”之原型乃他们的姨表弟阮久荪。1916年10月30日阮因精神错乱到鲁迅住处，至11月6日鲁迅送其南归，前后共八天，其中住院五天五夜。病愈后先安住在家，到1923—1924年他已成为民校教师与学馆塾师。不过，这已是《狂人日记》以后的事了，鲁迅写这篇小说时无法预知。②周作人说：“因为（鲁迅）亲自见过‘迫害狂’的病人，又加了书本上的知识，所以才能写出这篇来，否则是很不容易下笔的。”③这说的是模特儿对鲁迅小说创作的作用。但模特儿只是模特儿，不能等同于作品中的人物形象。这层意思，周作人也说得很清楚。

周作人说，《狂人日记》“篇首有一节文言的附记，说明写日记的本人是

① 周作人：《关于鲁迅》，新疆人民出版社1997年版，第204、588页。
② 谷兴云：《关于〈狂人日记〉中‘狂人’的原型阮久荪》，《河北学刊》1983年第1期。
③ 周作人：《关于鲁迅》，第204页。

什么人，这当然是一种烟幕”，“附记中说‘以供医家研究’，也是一句幽默话，因为那时报纸上喜欢登载异闻，如三只脚的牛、两个头的胎儿等，末了必云‘以供博学家之研究’，所以这里也来这一句”。他进而说：“这篇文章虽然说是狂人的日记，其实思路清彻，有一贯的条理，不是精神病患者所能写得出来，这里迫害狂的名字原不过是作为一个楔子罢了。”[①]

热衷于考证，或从“烟幕”与“楔子”中寻得微言大义的先生们，对于周作人的这番有意义的解说，却不大理会。如新近有人特别看重附记，将之与文本打通，理出个狂人三部曲：

> 由激烈地反封建宗法制度及其文化开始，中经被迫害致狂，留下“语颇错杂无伦次，又多荒唐之言”的“日记二册”，最后病愈做官去了。狂人通过他的人生三部曲，走向了他的归宿，委曲求全，抛弃致狂前的思想立场和原则。

并将此视为一个重大发现，说是“这个关键问题往往被许多论者所回避，其实《狂人日记》的‘忧愤深广’恰恰最终寄寓在这里”。因而这位论者从这里发现了“‘狂人’反封建的不彻底性与妥协性”，并认为“‘狂人’的由轰轰烈烈的‘狂态’到规行矩步的‘官态’，由‘壮剧’演变为‘悲剧’，乃是鲁迅为五四新文学提供的一个具有特殊审美意义的悲剧形象”。[②]

这种研究，全然不顾周作人关于“烟幕”“楔子”的有益提示。按这种研究逻辑，则鲁迅当年供职北洋政府教育部岂不就成了“规行矩步的‘官态’”？岂不就表现为“反封建的不彻底性与妥协性”？候补、供职与人物的思想性格固然有联系，但又不能将两者混为一谈。否则你就无法理解旧时代革命家们的职业身份与革命信仰的关系。

至于“狂人”的精神原型，应更令人感兴趣，然却似乎无人问津。欲求索狂人的精神原型，则当先理清狂人的精神结构。

这还得从周作人的解读说起。周作人在《〈呐喊〉衍义》中有云：

> 《狂人日记》的中心思想是礼教吃人。这是鲁迅在《新青年》上所放

---

① 周作人：《关于鲁迅》，第203、205页。
② 李靖国：《鲁迅〈狂人日记〉重探》，《文学评论》2002年第4期。

的第一炮，目标是古来的封建道德，以后的攻击便一直都集中在那上面。第三节中云："我翻开历史一查，这历史没有年代。歪歪斜斜的每页上都写着'仁义道德'几个字。我横竖睡不着，仔细看了半夜，才从字缝里看出字，满本都写着两个字是'吃人'！"……礼教吃人，所包含甚广，这里借狂人说话，自然只可照题目实做，这是打倒礼教的一篇宣传文字，文艺与学术问题都是次要的事。①

应该说，周作人的把握还是准确的。为了进一步求索，只得借重《狂人日记》研究史上的审美第一印象。关于审美的第一印象，宁宗一曾有过妙论，云：

对于文艺爱好者来说，可能都有过这样的欣赏经验：读一篇文学作品（特别是那些叙事类作品）的第一次印象（心理学上叫"第一次感知"）往往会成为今后对这篇作品进行抑扬褒贬和审美判断的一个十分重要的关键。这也许是因为，对于读者来说，每篇作品只可能有一次"初次印象"。这如同人们看到一个性格特异的人，听到一个新鲜的故事，看到一个别致的事物，对他来说，这一切都是新鲜的。这个珍贵的新鲜感，在以后二次、三次接触中有时反而会淡漠了。这一规律常常出现在文艺鉴赏者的精神活动中。②

所谓《狂人日记》研究史上的审美第一印象，是指《狂人日记》问世后最早的反响，也就是对它最早最鲜活的评论，可能是最重要也是最准确的审美判断。尔后的有关评论虽多，也不排斥其中有迭出的新见，但新见过于拥挤，过于穿凿，就可能弄得玄之又玄，甚至于寻求微言大义的竞赛中离题万里。到头来，反不如那审美第一印象来得清晰与确切。

《狂人日记》的最早评论，来自傅斯年署名"记者"的《书报介绍·〈新青年〉杂志》。其中指出："就文章而论，唐俟君的《狂人日记》用写实笔法，达寄托（symbolism）的旨趣，诚然是中国近来第一篇好小说。"③他对《狂人

① 周作人：《关于鲁迅》，第204—205页。

② 宁宗一：《贵在写出人物的独特命运和灵魂——读〈莺莺传〉随想》，《唐传奇鉴赏集》，人民文学出版社1983年版，第111页。

③ 见《新潮》第1卷第2号，1919年2月1日出版。《新潮》是由陈独秀支持，以胡适、周作人为指导，以傅斯年、罗家伦为骨干的北大学生主办的刊物，时人誉之为《新青年》卫星。

日记》所作的第一声反响，虽然简略却中肯准确。

1919年4月，傅斯年又署名“孟真”在《新潮》第1卷第4号上发表了《一段疯话》，更详尽地发挥了其读《狂人日记》最早的感想：

> 鲁迅先生所作《狂人日记》的狂人，对于人世的见解，真个透彻极了；但是世人总不能不说他是狂人。哼哼！狂人，狂人！耶稣、苏格拉底在古代，托尔斯泰、尼采在近代，世人何尝不称他做狂人呢！但是过了些时，何以无数的非狂人跟着狂人走呢？文化的进步，都由于有若干狂人，不问能不能，不管大家愿不愿，一个人去辟不经人迹的路。最初大家笑他，厌他，恨他，一会儿便要惊怪他，佩服他，终结还是爱他，像神明一般的待他。所以我敢决然断定，疯子是乌托邦的发明家，未来社会的制造者。

傅斯年在这篇“疯子赞”中，还说：“在现在的社会求‘超人’，只有疯子当得起。疯子的思想，总比我们超过一层；疯子的感情，总比我们来得真挚；疯子的行事，更是可望而不可及的。疯子对于社会有一个透彻的见解，因而对于人生有一个透彻的觉悟；因而行事决绝，不受世间习俗的拘束。”他进而将常人与疯子相比较，说：“中国现在的世界里，是沉闷寂灭到极点了；其原因确是疯子太少。疯子能改换社会。非疯子头脑太清楚了，心里忘不了得失，忘不了能不能，就不免顺着社会的潮流，滚来滚去。”他说：“疯子以外，最可爱的人物，便是小孩子。”他翻古人诗句为：“时人不识余心苦，将谓偷闲学疯子。”文末疾呼：

> 我们应当敬从的是疯子，最当亲爱的是孩子。疯子是我们的老师，孩子是我们的朋友。
>
> 我们带着孩子，跟着疯子走——走向光明去。

更鲜明、更尖锐地揭示《狂人日记》主题的，是被胡适誉为“四川省只手打孔店的老英雄”[①]吴虞所写的《吃人与礼教》。他说：

---

① 胡适：《吴虞文录·序》，《胡适文存》第4卷，亚东图书馆1921年版，第259页。

我读《新青年》里鲁迅君的《狂人日记》，不觉得发生了许多感想。我们中国人，最妙是一面会吃人，一面又能够讲礼教，吃人与礼教，本来是极相矛盾的事。然而他们在当时历史上，却认为并行不悖的，这真正奇怪了。《狂人日记》内说："我翻开历史一查，这历史每页上都写着'仁义道德'几个字。仔细看了半夜，才从字缝里看出字来，满本都写着两个字，是'吃人'。"我觉得他这日记，把吃人的内容，和仁义道德的表面，看得清清楚楚。那些戴着礼教假面具吃人的滑头伎俩，都被他把黑幕揭破了。

接着吴虞于下文举了几个历史上的典型事例，来证明鲁迅《狂人日记》中的说法。至文末，吴虞则慷慨激昂地说：

到了如今，我们应该觉悟！我们不是为君主而生的！不是为圣贤而生的！也不是为纲常礼教而生的！什么"文节公"呀，"忠烈会"呀，都是那些吃人的人设的圈套，来诳骗我们的！我们如今应该明白了！吃人的就是讲礼教的！讲礼教的就是吃人的呀！①

如果说傅斯年所言是《狂人日记》的第一声反响，吴虞所言则是《狂人日记》主题的第一次被揭示；那么，茅盾（署名"雁冰"）则准确地描述了其对《狂人日记》艺术世界的第一印象：

那时我对于这古怪的《狂人日记》起了怎样的感想呢，现在已经不大记得了；大概当时亦未必发生如何明确的印象，只觉得受着一种痛快的刺戟，犹如久处黑暗的人们骤然看了绚丽的阳光。这奇文中冷隽的句子，挺峭的文词，对照着那含蓄半吐的意义，和淡淡的象征主义的色彩，便构成了异样的风格，使人一见就感着不可言喻的悲哀的愉快。这种快感正像爱于吃辣的人所感到的"愈辣愈爽快"的感觉。我想当日如果竟有若干国粹派读者把这《狂人日记》反复读至五六遍之多，那我就敢断定他们（国粹派）一定不会默默的看它（《狂人日记》）产生，而要把恶骂来欢迎它（《狂人日记》）的生辰了。因为这篇文章，除了古怪的不足

① 吴虞：《吃人与礼教》，《新青年》第6卷第6号，1919年11月1日。

为训的体式外，还颇有些“离经叛道”的思想，传统的旧礼教，在这里受着最刻薄的攻击，蒙上了“吃人”的罪名了。……中国人一向自诩的精神文明第一次受了最“无赖”的怒骂。①

将傅、吴、沈三者所言相加，或许就可作为最早一批读者对这古怪的《狂人日记》，“愈辣愈爽快”的审美第一印象。我相信，作为一种独特的精神活动，他们在审美过程中，是一只眼看着文本中的狂人，一只眼望着社会上的狂士——文化革命的先驱，且立足于黑暗的现实而向往着光明的未来，从而倾情地欢呼，讴歌这位离经叛道的狂人。因此，综上所述，在他们审美第一印象中的狂人有两个最显著特点：

其一，狂人敢于揭破封建礼教的假面具，指出礼教吃人。早在《狂人日记》发表之初，鲁迅就在《致许寿裳信》中说：“前曾言中国根柢全在道教，此说近颇广行。以此读史，有多种问题可以迎刃而解。后以偶阅《通鉴》，乃悟中国人尚是食人民族，因成此篇。此种发现，关系亦甚大，而知者尚寥寥也。”②足见鲁迅对“礼教吃人”这一发现的重视。

其二，狂人是尼采式的超人，其思想、感情、行事都超乎常人，是乌托邦的发明家，未来社会的制造者，是我们应当敬从的老师（领袖）。我们应“带着孩子，跟着疯子走——走向光明去”。

对于狂人这两个特点，以往的研究关注的多为第一点，而对第二点在傅斯年之后似尚无人论及。而这两个特点，恰为狂人精神世界不可分割的组成部分。

以这两点格之，鲁迅生活的时代谁配当其精神原型呢？且让我们来慢慢分解。

二、问苍茫大地：疯子谁属？

鲁迅《狂人日记》问世之前，中国近代思想史上曾颇有几个狂人。到鲁迅写作《狂人日记》时，他们都还健在，不过此时他们或已失去光泽，或转

---

① 雁冰：《读〈呐喊〉》，《文学旬刊》第91期，1923年10月。
② 鲁迅：《致许寿裳信》，吴子敏等编《鲁迅论文学与艺术》，人民文学出版社1980年版，第41页。

向自己的反面。

例如严复（1854—1921），因曾“做”过《天演论》，给近代中国人以进化论的新世界观，被鲁迅誉为“十九世纪末年中国感觉锐敏的人”[①]。民国后，“终觉共和政体，非吾种所宜”。1913年成为孔教会首领，以为孔丘思想乃“救中国救世界的丹方”[②]，而咒提倡以美育代替宗教的蔡元培为“神经病”[③]。

康有为（1858—1927）在维新变法运动中，声名大震，“四年之间，凡七上书，其不达也如故，其频上也如故，举国俗流非笑之，唾骂之，或谓为热中，或斥为狂病”[④]。然进入民国以后，仍眷恋清帝，转而诋毁共和，组织保皇会、孔教会，“定孔教为国教”，甚至参加张勋复辟活动。因而屡遭章太炎、陈独秀等人的批判。

梁启超（1873—1929），曾以卤莽疏阔手段，烈山泽以辟新局，自誉为近代思想界之陈涉[⑤]；与乃师齐名，世称康梁。凡所著述，“条理明晰，笔端常带感情，对于读者别有一种魔力”[⑥]。然变法失败之后，仍主张君主立宪，与袁世凯政府、北洋政府皆有染。言行多变且常自相矛盾，虽有“不惜以今日之我，难昔日之我”之类托辞，仍不免朝野訾议。

章太炎（1869—1936），乃辛亥革命名流，“考其生平，以大勋章作扇坠，临总统府之门，大诟袁世凯的包藏祸心者，并世无第二人；七被追捕，三入牢狱，而革命之志，终不屈挠者，并世亦无第二人”[⑦]，人称章疯子。然武昌起义后，竟散布“革命军兴，革命党消”的言论，力主孙中山让位于袁世凯，直至袁暗杀宋教仁才如梦初醒而讨袁，为袁禁锢，袁死后方获释。诚如他的学生鲁迅所云：“太炎先生虽先前也以革命家现身，后来却退居于宁静的学者，用自己所手造的和别人所帮造的墙，和时代隔绝了。”[⑧]

对于上述种种狂人（亦即风流人物），鲁迅都有过评说：

> 广东举人多得很，为什么康有为独独那么有名呢？因为他是公车上

---

① 鲁迅：《热风·随感录二十五》（1918年）。
② 王栻：《严复传》，见李泽厚《中国近代思想史论》，人民出版社1979年版，第256页。
③ 参见周策纵：《五四运动：现代中国的思想革命》，江苏人民出版社1996年版，第81页。
④ 王森然：《近代二十家评传》，书目文献出版社1987年版，第109页。
⑤ 梁启超：《清代学术概论》，东方出版社1996年版，第81页。
⑥ 梁启超：《清代学术概论》，第77页。
⑦ 鲁迅：《关于太炎先生两三事》，见《鲁迅论文学与艺术》，第1000—1001页。
⑧ 鲁迅：《关于太炎先生两三事》，见《鲁迅论文学与艺术》，第999页。

书的头儿，戊戌政变的主角，趋时；留英学生也不希罕，严复的姓名还没有消失，就在他先前认真的译过的好几部鬼子书，趋时；清末，治朴学的不止太炎先生一个人，而他的声名，远在孙诒让之上者，其实是为了他提倡种族革命，趋时，而且还“造反”。后来“时”也“趋”了过来，他们就成为活的纯正的先贤。但是，晦气也夹屁股跟到，康有为永定为复辟的祖师，袁皇帝要严复劝进，孙传芳大帅也来请太炎先生投壶了。原来拉车前进的好身手，腿肚大，臂膊也粗，这回还是请他拉，拉还是拉，然而是拉车屁股向后，这里只好用古文，“呜呼哀哉，尚飨”了。①

说这些话时，鲁迅虽已近晚年，但这类思想可能积聚于早年。因为上述种种人物，在“五四”前夕皆纷纷落伍。虽然他们都程度不同地影响过前期鲁迅思想，但在写《狂人日记》时，他们都不配充当其主人公的精神原型。借用一下毛泽东氏的豪言，可谓“俱往矣，数风流人物还看今朝”。

到了陈独秀时代，于《狂人日记》问世前夕，已涌现出一大批文化新人：陈独秀、蔡元培、李大钊、胡适、鲁迅、吴虞、周作人等。

他们中蔡元培、李大钊有领袖资格，然不属“狂”之列。因为蔡元培如陈独秀所说：“是一个无可无不可的老好人”，他令人佩服处在于有坚守大节的倔强，容纳异己的雅量，尊重学术思想自由的卓见。②这也大致可代表鲁迅的蔡元培观。而李大钊在鲁迅心目中的印象是“诚实，谦和”，模样“有些儒雅，有些朴质，也有些凡俗。所以既像文士，也像官吏，又有些像商人”③。尽管蔡元培曾被严复视为“神经病”，李大钊后来被军阀所绞杀，但他们却不曾有过狂态。

钱玄同、吴虞反孔且有狂态，却无领袖资格。钱玄同在《新青年》前期曾是个“扎硬寨，打死战，一点也不肯表示退让”的角色④。鲁迅与钱玄同交谊甚笃。鲁迅曾高度评价钱在新文化运动的作用：“在中国，刚刚提起文学革新，就有反动了。不过白话文却渐渐风行起来，不大受阻碍。这是怎么一回

---

① 鲁迅：《趋时和复古》，《鲁迅论文学与艺术》，第722—723页。
② 陈独秀：《蔡孑民先生逝世后感言》，原载1940年3月24日重庆《中央日报》。
③ 鲁迅：《〈守常全集〉题记》，《鲁迅全集》第4卷，人民文学出版社1981年版，第523页。
④ 郑振铎：《中国新文学大系·文学论争集导言》，良友图书印刷公司1935年版。

事呢？就是因为当时又有钱玄同先生提倡废止汉字，用罗马字母来替代。这本不过是一种文字革新，很平常的，但被不喜欢改革的中国人听见，就大不得了了，于是就便放过了比较的平和的文学革命，而竭力来骂钱玄同。白话文乘了这一个机会，居然减去了许多敌人，反而没有阻碍，能够流行了。”①吴虞早年于理论上鼓吹非孝非礼，于行为上与父亲反目，拔剑而起，挺身而斗，直至诉诸公堂。在四川被视为大逆不道，终至被赶出成都教育界。钱、吴二人反孔，狂态有余，而领袖气质不足。

胡适于新文化运动之初，虽“暴得大名”，且陈独秀誉之为首举义旗的急先锋；但如鲁迅所言：“五四运动前一年，胡适之先生所提倡的‘文学革命’”，“却没有法国革命的‘革命’那么可怕，不过是革新，改换一个字，就很平和了，我们就称为‘文学革新’罢”；“那大意也并不可怕，不过说，我们不必再去费尽心机，学说古代的死人的话，要说现代的活人的话；不要将文章看做古董，要做容易懂得的白话的文章”。②所以在鲁迅心目中，胡适“很平和”，还算不上“狂”，尽管当时社会上也有人呼之为“过激派”，作为领袖，也似乎嫩了点。至于周氏兄弟自己，虽骨子里都有点狂，但表相都很温厚（周作人尤然），更无领袖欲。鲁迅充当左翼作家盟主则是十多年后的事。

三、数疯狂人物，唯我独秀

如此道来，新文化运动中的狂人兼领袖，则非陈独秀莫属。如陈木辛所说：“陈独秀之狂，在中国现代文化、政治史上罕有可比肩者。”③

陈独秀从小就倔强而且狂。他祖父曾预言：此儿不成龙即成蛇④。他青年时代的朋友汪孟邹说他无法无天⑤，章士钊视之为“不羁之马”⑥。“酒旗风暖少年狂”⑦，则为其自喻。民国初，陈氏撰奇文《爱国心与自觉心》，说：“或谓恶国家胜于无国家，予则云残民之祸，恶国家甚于无国家。”⑧一时“读者大病”，

---

① 鲁迅：《无声的中国》，《鲁迅全集》第4卷，第13页。
② 鲁迅：《无声的中国》，《鲁迅全集》第4卷，第13页。
③ 陈木辛编：《陈独秀印象》卷首，学林出版社1997年版。
④ 濮清泉：《我所知道的陈独秀》，《文史资料选辑》第71辑，中华书局1980年版。
⑤ 据郑超麟回忆，见任建树：《陈独秀大传》，上海人民出版社1999年版，第1页。
⑥ 章士钊：《吴敬恒——梁启超——陈独秀》，《甲寅》周刊第1卷第30号。
⑦ 陈独秀：《灵隐寺前》，任建树等编注《陈独秀诗集》，时代文艺出版社1995年版，第88页。
⑧ 陈独秀：《爱国心和自觉心》，《甲寅》杂志第1卷第4号，1914年11月10日。

1904年4月鲁迅于弘文学院速成普通科卒业。这是他的毕业照。

纷纷致书责难："不知爱国，宁复为人，何物狂徒，敢为是论。"但数月之后，国内政情每况愈下。章士钊作《国家与我》指出："爱国之心为物，不幸率如独秀所言，渐次为自觉心所排而去。甲乙递染，如中恶疾，流行之广，速于置邮。特独秀为汝南晨鸡，先登坛唤耳。"①

鲁迅曾慨叹自己在新文化运动中非振臂一呼、应者云集的英雄。那么，彼时振臂一呼、应者云集的英雄，盖唯狂飙型的陈独秀。这位辛亥革命、二次革命时代的老革命，1915年9月创办《新青年》（始名《青年杂志》），改变了中国千年传统文化的走向，开辟了中国文化的新纪元，实现中国文化史上的"哥白尼式"的革命，没有"断头流血，都不推辞"的疯狂"悍劲"②，在积重难返的中国是寸步难行的。"胡适自己常说他的历史癖太深，故不配做革命的事业。文学革命的进行，最重要的急先锋是他的朋友陈独秀。陈独秀接着《文学改良刍议》之后，发表了一篇《文学革命论》，正式举起'文学革命'的旗子"；"陈独秀的特别性质是他的一往直前的定力"，而胡适的"态度太和平了。若照他这个态度做去，文学革命至少还须经过十年的讨论与尝试，但陈独秀的勇气恰好补救这个太持重的缺点"，"当日若没有陈独秀'必不容反对者有讨论之余地'的精神，文学革命的运动决不能引起那样大的注意"。③陈独秀也因此理所当然地成为新文化运动的精神领袖。这从当时正反两方面的舆论即可确证。无须多述，仅从《湘江评论》创刊号上（1919年7月14日）所发表的毛泽东《陈独秀之被捕及营救》所引当时文献就可见一端："陈先生夙负学界重望，其言论思想，皆见称于国内外"；"陈先生向以提倡新文学现代思想见忌于一般守旧者"；"陈独秀氏为提倡近代思想最力之人，实学界重镇"；"陈君英姿挺秀，学贯中西。皖省地绾南北，每产材武之士，如斯学者，诚叹难能。……远而一国，近而一省，育一人才，至为不易"。上为引述章士钊等诸人之说，接着毛泽东自谓："我们对于陈君，认他为思想界的明星"；文末情不自禁地高呼："我祝陈君万岁！我祝陈君至坚至高的精神万岁！"

我相信陈独秀那狂飙式的精神领袖气质，早在鲁迅《狂人日记》写作之

---

① 章士钊：《国家与我》，《甲寅》杂志第1卷第8号。

② "悍"乃钱玄同、胡适对陈独秀的独特评价。胡适《〈中国新文学大系〉第一集导言》中说钱玄同极端赞成陈氏"必不容反对者有讨论之余地"这种"过悍"的话，"我受了他们'悍'化，也更自信了"。

③ 胡适：《五十年来中国之文学》，《胡适学术文集·新文学运动》，中华书局1993年版，第151—152页。

前，就已弥漫在他的言行之中，广为当时文化思想界所熟知。毛泽东所引云云，只是通过营救被捕的陈独秀集中表述出来而已。

值得一提的是，陈独秀与鲁迅一样，早期受尼采影响颇深。早在1932年傅斯年在《陈独秀案》中说："陈独秀的思想中这个'尼采层'是使他最不能对中国固有不合理的事物因循妥协的，也正是他的文学革命与伦理改造两运动中之原动力。"[①]然鲁迅与尼采之研究者甚多，而陈独秀与尼采，傅斯年之后则似唯有陈鼓应在《悲剧哲学家尼采》一书中有一章文字论及。他说：

> 陈独秀在对中国传统文化所从事的"价值重估"，一如尼采对西方传统文化所提出的"价值转换"，他们在各自的思想文化界的影响都是划时代意义的。
>
> 尼采指称西方传统道德为"奴隶道德"之说，为陈独秀所借用。他在《青年杂志》创刊号的《敬告青年》一文抨击儒家伦理之为"奴隶道德"说："忠孝节义，奴隶之道德也；德国大哲尼采分道德为二类，有独立心而勇敢者曰贵族道德，谦逊而服从者曰奴隶道德。轻刑薄赋，奴隶之幸福也；称颂功德，奴隶之文章也；拜爵赐第，奴隶之光荣也；丰碑高墓，奴隶之纪念物也。"他在给读者的信上又说："宗法社会之奴隶道德，病在分别尊卑，课卑者以片面之义务。"(《答傅桂馨》)
>
> 儒家的纲常伦教说，几乎成为所有五四人物共同攻击的焦点。如陈独秀的观点认为："儒者三纲之说，为一切道德政治之大原：君为臣纲，则民于君为附属品，而无独立自主之人格也；父为子纲，则子于父为附属品，而无独立自主之人格也；夫为妻纲，则妻于夫为附属物，而无独立自主之人格也。"(《一九一六》)他在给吴虞的信上说："窃以为无论何种学派，均不能定为一尊，以阻碍思想文化之自由发展。况儒术孔道，非无优点而缺点则正多。尤与近代文明社会绝不相容者，其一贯伦理政治之纲常阶级说也。"(《答吴又陵书》)
>
> 陈独秀之攻击儒家纲常伦理，除了两千年来儒家伦理在政治与社会文化上之沦为"奴隶道德"的原因之外，主要是基于这两方面的现实动

① 傅斯年：《陈独秀案》，岳玉玺等编《傅斯年选集》，天津人民出版社1996年版，第320页。

机：一是孔教与帝制，有不可离散因缘（参看《驳康有为致总理书》等文）；二是孔子之道不合现代生活（参看《孔子之道与现代生活》等文）。

五四人物的反传统，有陈独秀首开其端，鲁迅、胡适、吴虞等继之而掀起一股巨大的思潮。五四人物的反传统，主要是集中在抨击主流文化之一的儒家。[①]

同受尼采影响，陈独秀与鲁迅有所不同。陈鼓应说："尼采对鲁迅的影响，在于个性张扬方面；对于陈独秀的作用，则在伦理方面。个性的张扬，可以说是所有创作者共有的特质，就这方面言，鲁迅并未把握尼采思想的核心问题。尼采学说的核心问题是对西方传统文化（尤其是传统道德）之'价值重估'，陈独秀把握了这个最为关键的要点，并借用尼采学说中的这一基本概念作为助力来改造中国传统文化，以此来与鲁迅相比，则意义更为显著。"陈鼓应进而将陈独秀与尼采作了比较，指出"就作品而言尼采的《查拉图斯特拉如是说》，这部富有哲理性的散文诗，其思想内涵之丰富，及其高度的艺术性，在当代是独一无二的；当然陈独秀的论著是难以望其项背的。就知识分子的角度而言，陈独秀的时代使命感显然要胜过强调自我提升的尼采"，"作为中国的知识分子,在国家危难的时代处境下,除了重视个体自由、权利之外，在民族危机的激发下，会很自然关心群体的走向。所以，陈独秀的组党并积极的介入政治社会改革运动，这是时代的浪潮把他推向历史的舞台，虽然他并非政治人物，从他的反帝意识，以及对基层贫苦人的关怀（比如，他在1919年写的《贫民的哭声》等文）这些都不是尼采的视觉所接触的。陈独秀的反对以强凌弱，正是道德正义感的表现，他在政治上主张国民改造运动，都比尼采的个人主义为进步。"[②]当然，陈鼓应着眼的是陈独秀的生命全程，而本章着眼的仅为《狂人日记》发表前夕的陈独秀。就整体而言，我怀疑陈独秀《实庵自传》第一章的标题"没有父亲的孩子"，即由尼采之名言"上帝死了"脱胎而来。"没有父亲的孩子"乃父权倒塌之谓，这大概就是陈独秀充当"终身的反对派"的心理逻辑起点，也是他作为中国的尼采式悲剧革命家的心灵独

① 陈鼓应：《悲剧哲学家尼采》，三联书店1994年第2版，第300—302页。至于陈独秀的反孔，胡适在《〈吴虞文录〉序》中也说过："吴先生和我的朋友陈独秀是近年来攻击孔教最有力的两位健将。"

② 陈鼓应：《悲剧哲学家尼采》，第304—305页。

白。正是这种独特的心理逻辑起点，使陈独秀在“五四”前夕也即《狂人日记》发表前夕成为中国独一无二的尼采式的狂人（或曰超人）。关于陈氏与尼采的关系，濮清泉还提供了一个应证材料，他说陈氏很赞赏易卜生与尼采。陈盛赞尼采是“批判万恶社会的哲人”；陈说，尼采提倡超人哲学“正因为世界上没有超人，所以他要把人类提高到超人的地步”；陈曾在尼采代表作《查拉图斯特拉如是说》上写道：“此声何声也，汹涌澎湃，荡尽人间污浊……”[①]

作家的取人为模特儿，大体有两法，一是专用一个人，二是杂取众人。鲁迅之小说创作多取第二法。他说：

> 所写的事迹，大抵有一点见过或听到过的缘由，但决不全用这个事实，只是采取一端，加以改造，或生发开去，到足以几乎完全发表我的意思为止。人物的模特儿也一样，没有专用过一个人，往往嘴在浙江，脸在北京，衣服在山西，是个拼凑起来的脚色。[②]

鲁迅的《狂人日记》创作也大抵如此。我估计他“杂取种种人”又以陈独秀的事迹为主体。不敢说鲁迅的《狂人日记》就是在给陈独秀画像，但其间有陈独秀的影子，则是毋庸置疑的。除了上述大幅度的推理之外，我想小说中“狂人”自幼丧父，由“大哥”来扮演“代父”角色，承担起父亲的责任；与现实中陈独秀三岁时父亲客死苏州，因而他自称是“一个没有父亲的孩子”，然后由绰号“白胡爹爹”的祖父以毒打的方式与一个阿弥陀佛的大哥以敷衍的态度教他读书，两者不无相似处，则可作为《狂人日记》中有陈独秀影子的旁证。细心的读者还应看到《狂人日记》中有段写大哥教“狂人”作文的诀窍：“我还记得大哥教我做论，无论怎样好人，翻他几句，便打上几个圈；原谅坏人几句，他便说‘翻天妙手，与众不同’。”竟与陈独秀《实庵自传》中记他少时考八股的情景依稀相似：

> 像我那样的八股文程度，县考、府考自然名次都考得很低，到了院试，宗师（安徽语称学院为宗师）出的题目是什么“鱼鳖不可胜食也材木”的截搭题，我对于这样不通的题目，也就用不通的文章来对

① 濮清泉：《我所知道的陈独秀》。
② 鲁迅：《我怎么做起小说来》，《鲁迅论文学与艺术》，第517—518页。

付，把《文选》上所有鸟兽草木的难字和《康熙字典》上荒谬的古文，不管三七二十一，牛头不对马嘴，上文不接下文地填满了一篇皇皇大文。……我回家把文章稿子交给大哥看，大哥看完文稿，皱着眉头足足有个把钟头一声不响……谁也想不到我那篇不通的文章，竟蒙住了不通的大宗师，把我取了第一名，这件事使我更加一层鄙薄科举。

只是《狂人日记》中的大哥之好恶，竟似乎有似《实庵自传》中的宗师。或许是巧合，或许陈独秀平日就与《新青年》同人讲过此等趣事，鲁迅闻之，随手拈入文中，涉笔成趣。

王一川在《历史真实的共时化变形——“狂人”典型的修辞论阐释》一文中，引进“卡里斯马”理论，对鲁迅《狂人日记》中“狂人”纳入20世纪中国现代卡里斯马典型传统中考察，指出“‘五四’时期（1915—1925），不用说，是需要并成批涌现卡里斯马人物的特殊年代”。并以陈独秀申述的“六义”：（1）自主的而非奴隶的；（2）进步的而非保守的；（3）进取的而非退隐的；（4）世界的而非锁国的；（5）实利的而非虚文的；（6）科学的而非想象的，作为“五四”时期现代卡里斯马人物具体行为规范。尔后说：“这样的卡里斯马人物规范，不仅在李大钊、陈独秀等一代新文化主将的实践中得到集中呈现，而且也在‘五四’新文学运动中获得完美的无意识镜象。”[①]借鉴这种新理论，我更坚信陈独秀与《狂人日记》中的狂人有着不解之缘。

人道是艺术源于生活高于生活。平心而论，《狂人日记》的狂人其思想与行为较之“五四”时代的狂人陈独秀实逊色得多。青年学者摩罗认为：《狂人日记》中的狂人“他内心充盈劝转吃人者的责任感，和希望未来者不要继续吃人的善心”，“狂人的反叛就不带有一丝恶魔的气质和狰狞的面目，他只是一个彬彬有礼的反叛者”。[②]

鲁迅的《狂人日记》中最醒目的是，借狂人之口道破“礼教吃人”的主题与喊出“救救孩子”的呼唤，但这些观念并未与形象作充分的艺术融合。

---

① 王一川：《历史真实的共时化变形——“狂人”典型的修辞论阐释》，《天津社会科学》1995年第5期。王文中谓：“卡里斯马（charisma）在当代社会学中指某种具有原创性、神圣性和感召力的特殊人物、符号等，它是文化的中心价值体系赖以维系或巩固的强大的革命力量。这里将其引进文学中，指20世纪中国文学的一种特有的正面英雄化典型：具有原创性、神圣素质和感染力的主人公或帮手，他们被赋予拯救文化危机、开创新文化的重大使命。”

② 摩罗：《狂人：彬彬有礼的反叛者》，《鲁迅研究月刊》2000年第4期。

如周作人所言："这是打倒孔教的一篇宣传文字，文学与艺术问题都是次要的事。"鲁迅自己也多次自道其缺陷，1919年4月与友人说："《狂人日记》很幼稚，而且太逼促，照艺术上说，是不应该的。"①1927年9月又说："现在倘再发那些四平八稳的'救救孩子'似的议论，连我自己听去，也觉得空空洞洞了。"②以往人们只将这些话视为鲁迅的伟大谦虚，未当真作为《狂人日记》的缺陷去研究。

不过，本章旨在借此展现陈独秀精神风貌中极为独特的一面，而非具体研究《狂人日记》之艺术得失。

四、《新青年》与"鲁迅"诞生记

《狂人日记》1918年5月15日发表于《新青年》第4卷第5号，并首次署上尔后成为中国现代小说象征的笔名——鲁迅。

关于这篇小说的产生，鲁迅1922年底在《呐喊·自序》中，记录了"五四"前夕发生在北京宣武门外绍兴会馆的一个具有历史意义的场面：

> 那时偶或来谈的是一个老朋友金心异，将手提的大皮夹放在破桌上，脱下长衫，对面坐下了，因为怕狗，似乎心房还在怦怦的跳动。
>
> ……
>
> 我懂得他的意思了，他们正办《新青年》，然而那时仿佛不特没有人来赞同，并且也还没有人来反对，我想，他们许是感到寂寞了，但是说：
>
> "假如一间铁屋子，是绝无窗户而万难破毁的，里面有许多熟睡的人们，不久都要闷死了，然而是从昏睡入死灭，并不感到死的悲哀。现在你大嚷起来，惊起了较为清醒的几个人，使这不幸的少数者来受无可挽救的临终的苦楚，你倒以为对得起他们么？"
>
> "然而几个人既然起来，你不能说决没有毁坏这铁屋的希望。"
>
> 是的，我虽然自有我的确信，然而说到希望，却是不能抹杀的，因为希望是在于将来，决不能以我之必无的证明，来折服了他之所谓可有，于是我终于答应他也做文章了，这便是最初的一篇《狂人日记》。从此以

① 鲁迅：《致傅斯年信》，《鲁迅论文学与艺术》，第50页。
② 鲁迅：《答有恒先生》，《鲁迅论文学与艺术》，第266页。

后，便一发而不可收……[①]

这里有几点需要说明。其一，鲁迅的这位老朋友“金心异”，即钱玄同。“金心异”之名源自林纾的小说《荆生》。小说中以田其美影射陈独秀，以狄莫影射胡适，以金心异影射钱玄同，极尽辱骂之能事[②]。鲁迅称钱玄同为老朋友，一则因为同乡（皆为浙江人），一则都曾为章太炎的学生（1907年，与钱等留学日本，同在章门听讲中国语言文字之学[③]）。

鲁迅的这位老朋友钱玄同本为文字音韵学家，1915年即任教北京大学，1917年初积极投入陈独秀、胡适掀起的新文学运动。他曾说：“我因为我的理智告诉我，旧文化之不合理应该打倒，文章应该用白话做，所以我是十分赞同陈仲甫所办的《新青年》杂志，愿意给他当一名摇旗呐喊的小卒。”[④]钱“摇旗呐喊”时曾提出过“桐城谬种，选学妖孽”“汉字不废，中国必亡”等惊世骇俗的口号。出于友谊，更为加强新派力量，钱积极主动地去“劝驾”，让周氏兄弟为《新青年》写稿。[⑤]

其二，鲁迅1912年2月应教育总长蔡元培之邀，从绍兴到南京中华民国临时政府的教育部任职。同年5月因教育部北迁，他只身前往北京，住进宣武门外的绍兴会馆（鲁迅称之为“S会馆”）。许多年，鲁迅便在那里抄古碑。“客中少有人来，古碑中也遇不到什么问题和主义，而我的生命却居然暗暗的消去了，这也就是我唯一的愿望”[⑥]——这就是鲁迅未与“金心异”接谈前的真实心境。

因为他“见过辛亥革命，见过二次革命，见过袁世凯称帝，张勋复辟，看来看去，就看得怀疑起来，于是失望，颓唐的很了”。[⑦]于是对陈独秀、胡适兴起的“文学革命”，“其实并没有怎样的热情”，无论是对主义派还是问题派都如此。并非如有的学者所云，鲁迅捎带讽刺了主张“多研究些问题，少

---

① 鲁迅：《〈呐喊〉自序》，《鲁迅论文学与艺术》，第91—92页。
② 参阅周作人：《知堂回想录》，敦煌文艺出版社1998年版，第226页。
③ 参阅钱玄同：《我对于周豫才君之追忆与略评》，《师大月刊》第30期（1936年）。
④ 钱玄同：《论今古文经学及辨伪丛书》，见《古史辨》1921年第1册。
⑤ 周作人：《知堂回想录》第225页，摘旧时日记，知钱1917年8月9日、17日、27日及9月中的某日皆访问过周氏兄弟，“大抵午后四时来，吃过晚饭，谈到十一二点方回师大寄宿舍”。《鲁迅日记》1917年到1919年“晚钱玄同来”的记述更多。
⑥ 鲁迅：《呐喊·自序》，《鲁迅论文学与艺术》，第91页。
⑦ 鲁迅：《自选集·自序》，《鲁迅论文学与艺术》，第498页。

谈些主义”的胡适。

然而热衷于“抄古碑”的鲁迅，却不会未看过《新青年》。周作人说：“我初来北京，鲁迅以《新青年》数册见示，并且述许季茀的话道，‘这里边颇有一些谬论，可以一驳’。大概许君是用民报社时代的眼光去看它，所以这么说的吧。”[①]鲁迅转述许寿裳的话，大概也代表了他当时的眼光。相对而言，周作人当初对《新青年》的态度似乎比鲁迅还积极些。弟弟的先行，对鲁迅肯定有所促进。

其三，周作人在回想录中曾用“隐默”这么个特殊字眼，来概括索居绍兴会馆时的鲁迅的孤寂心态。“这种孤独悲凉感由于他对整个人生荒谬的形上感受中的孤独、悲凉纠缠溶合在一起，才更使它具有了那强有力的深刻度和生命力的。”[②]诚如胡适所欣赏的“人民公敌”斯铎曼医生说的：“世界上最强有力的人就是那个最孤立的人。”[③]隐默孤独的鲁迅不鸣则已，一鸣惊人。《狂人日记》就是隐默心灵深处爆发出来的震天动地的伟大呐喊。

与《狂人日记》同期发表的，还有鲁迅的三首新诗（《梦》《爱之神》《桃花》，署名“唐俟”）。两者相加，诗文并茂，或许可以视为鲁迅加盟《新青年》派的最佳“投名状”。

与《新青年》结盟时期，鲁迅几乎是全方位地参与了《新青年》种种革命性尝试。以文章《我之节烈观》《我们现在怎样做父亲》，参与伦理革命；以《他们的花园》《人与时》《他》等，参与了白话诗的尝试。当然，他最大的成就还是“随感录”与小说创作。

鲁迅在《新青年》发表“随感录”凡27篇。这些鲁字号的“随感录”，实将陈独秀开创的这一专栏与文体写到了极致，也为其后来的“鲁迅风”杂文创作导乎先路。

鲁迅于《狂人日记》之后，小说创作一发而不可收：1919年4月有《孔乙己》，发表于《新青年》第6卷第4号；同年5月有《药》，发表于《新青年》第6卷第5号；1920年9月，有《风波》发表于《新青年》第8卷第1号；1921年5月有《故乡》，发表于《新青年》第9卷第1号。他的第一部短篇小

---

① 周作人：《知堂回想录》，第224页。
② 李泽厚：《胡适·陈独秀·鲁迅》，《中国现代思想史论》，东方出版社1987年版，第112页。
③ 胡适：《易卜生主义》，《新青年》第4卷第6号。

说集《呐喊》，收作品14篇，其中《新青年》上的作品占三分之一强。

不管人们怎样讨论作为文学家的鲁迅诞生的历史背景与原因，都不应忽视一个不争的事实：那就是《新青年》为他大显身手提供了一个千载难逢的理想基地，人们是通过《新青年》认识鲁迅的。他1918年8月20日致信许寿裳说："《狂人日记》实为拙作，又有白话诗署'唐俟'者，亦仆所为。"[①]可见正是在《新青年》首次亮相的"鲁迅"，令老朋友刮目相看，惊喜以询，才引来他不无自豪地回答"实为拙作"。

鲁迅在《新青年》上发表诗文、"随感录"多署名"唐俟"，唯小说一律署名"鲁迅"。这大概是陈独秀们看重《狂人日记》的社会效应并想努力拓展它。果不出所料，"鲁迅"立即引起社会广泛的关注。还是看鲁迅的自白吧："我就从不曾插了鲁迅的旗去访过一次人，'鲁迅即周树人'，是别人查出来的。这些人有四类：一类是为要研究小说，因而要知道作者的身世；一类单是好奇；一类是因为我也作短评，所以特地揭出来，想让我受点祸；一类是以为于他有用处，想要钻进来。"[②]这四类人当然不包括本来就知道"鲁迅即周树人"的《新青年》《新潮》社里的人们。或许可以说，没有《新青年》，就未必有作为中国现代小说之父的鲁迅。

就新文学运动而言，陈独秀、胡适于文学创作皆属"提倡有心，创作无力"。所以胡适从"五四"当年直至晚年不断地说，新文学运动之初小说创作"成绩最大的却是一位托名'鲁迅'的"。鲁迅自己也曾说：

> 凡是关心现代中国文学的人，谁都知道《新青年》是提倡"文学改良"，后来更进一步号召"文学革命"的发难者。但当一九一五年九月中在上海开始出版的时候，却全部是文言的。苏曼殊的创作小说，陈嘏和刘半农的翻译小说，都是文言。到第二年，胡适的《文学改良刍议》发表了，作品也只有胡适的诗文和小说是白话。后来白话作者逐渐多了起来，但又因为《新青年》其实是一个议论的刊物，所以创作并不怎样看重，比较旺盛的只有白话诗；至于戏曲和小说，也依然大抵是翻译。
>
> 在这里发表了创作的短篇小说的，是鲁迅。从一九一八年五月起，

---

① 鲁迅：《致许寿裳书》，《鲁迅论文学与艺术》，第41页。
② 鲁迅：《〈阿Q正传〉的成因》，《鲁迅论文学与艺术》，第226页。

《狂人日记》《孔乙己》《药》等，陆续的出现了，算是显示了“文学革命”的实绩，又因为那时的认为“表现的深切和格式的特点”，颇激动了一部分青年读者的心。①

那么，鲁迅小说之后呢？鲁迅曾明确地说：“从《新青年》上，此外也没有养成什么小说的作家。”②尽管到《狂人日记》问世的1918年5月，文学革命已轰轰烈烈兴起，赞成者与反对者都很投入。并非如鲁迅在《〈呐喊〉自序》中所说的那么“寂寞”。但就小说创作而言，则唯以鲁迅“虽然不多，差不多没有不好的”小说创作去显示文学革命的实绩。足见这位鲁迅先生，在新文学运动历史上是何等珍贵。

这段与《新青年》相辅相成、相得益彰的历史，鲁迅是终身难忘的，而且每每言及他总是无限深情地怀念《新青年》的灵魂人物陈独秀。

因为当初“金心异”频频劝驾的背后，实有着《新青年》主编陈独秀的频频嘱咐与催促。个中原委，且听下文分解。

五、“白话则始于《新青年》，而《新青年》乃独秀所办”

《鲁迅全集》中有数十处言及陈独秀（包括与陈氏密不可分的《新青年》）。前期是对《新青年》的关注及有关稿件的处理，后期则对“五四”文学革命情景的怀念与对陈氏的感激之辞。

鲁迅1918年1月4日有信致许寿裳云：“《新青年》已不能广行，书肆拟中止；独秀辈与之交涉，已允续刊，定于本月十五出版云。”③——是为关心《新青年》之印行。同年3月10日致信许寿裳：“《新青年》第二期已出，别封寄上。今年群益社见贻甚多，不取值，故亦不必以值见返耳。”④——《新青年》社对鲁迅赠刊甚多，鲁迅则作为精神佳品转赠友人。6月19日致许氏：“《新青年》第五期及启孟讲义前日已寄上。”⑤8月20日致许氏欣喜地告诉他：“《狂人日记》实为拙作。”⑥8月29日再致许氏：“《新青年》第五期不久可出，内有拙作少

---

① 鲁迅：《中国新文学大系·小说二集序》，《鲁迅论文学与艺术》，第806—807页。
② 鲁迅：《中国新文学大系·小说二集序》，《鲁迅论文学与艺术》，第807页。
③《鲁迅书信集》，人民文学出版社1976年版，第14页。
④《鲁迅书信集》，第15页。
⑤《鲁迅书信集》，第16页。
⑥《鲁迅书信集》，第18页。

许。该杂志销路闻大不佳，而今之青年皆比我辈更为顽固，真是无法。”[①]——由《新青年》的销路想到青年的思想现状，想到启蒙的艰难与迫切。

值得注意的是，鲁迅在致许寿裳信中两次说到自己的思想变迁。一于1918年8月20日信中说：“历观国内无一佳象，而仆则思想颇变迁，毫不悲观。”[②]一于1919年1月16日信中说：“仆年来仍事嬉游，一无善状，但思想似稍变迁。”[③]这种变迁显然是受《新青年》影响而发生的。他以《新青年》为参照系，对当时社会思潮进行审视，说：“仆审现在所出书，无不大害青年，其十恶不赦之思想，令人肉颤。沪上一班昏虫，又大捣鬼，至于为徐班侯之灵魂照相，其状乃如鼻烟壶。人事不修，群趋鬼道，所谓国将亡听命于神者哉！”[④]甚至说：“中国古书，叶叶害人，而新出诸书亦多妄人所为，毫无是处……汉文终当废去，盖人存则文必废，文存则人当亡，此时代，已无幸存之道。”[⑤]至此，已有如同独秀之“悍”玄同之“绝”。他更有云：“盖国之观念，其愚亦与省界相类。若以人类为着眼点，则中国若改良，固足为人类进步之验（以如此国而尚能改良故）；若其灭亡，亦是人类向上之验，缘如此国人竟不能生存，是人类进步之故也。大约将来人道主义终当胜利，中国虽然不改进，而他人更不欲用奴隶；则虽渴望请安，亦是不得主顾，止能佗傺而死。如是数代，则请安磕头之瘾渐淡，终必难免于进步矣。此仆之所为乐也。”[⑥]——真与陈独秀此前不久之名文《爱国心与自觉心》中惊人之论，何其相似乃尔。

正因为如此，此时的鲁迅几乎与《新青年》共同命运。他与许寿裳说：“主张用白话者，近来似亦日多，但敌亦群起，四面八方攻击者众而应援者则甚少，所以当作之事甚多，而万不举一，颇不禁人才寥落之叹。”[⑦]并以《新青年》之敌为敌。1918年8月闻刘师培等欲复刊《国粹学刊》和《国粹汇编》[⑧]，即致书钱玄同说：“中国国粹，虽然等于放屁，而一种坏种，要刊丛编，却也毫不足怪”；“但该坏种等之创刊屁志，系专对《新青年》而发，则略以为异，

---

①《鲁迅书信集》，第19页。
②《鲁迅书信集》，第18页。
③《鲁迅书信集》，第21页。
④《鲁迅书信集》，第15—16页。
⑤《鲁迅书信集》，第20页。
⑥《鲁迅书信集》，第18—19页。
⑦《鲁迅书信集》，第20页。
⑧ 刘师培等筹计欲复刊《国粹学刊》和《国粹汇编》未果，至1919年3月他们另创办《国故》月刊，鼓吹“昌明中国固有之学术”，与新文化运动对抗。

初不料《新青年》之于他们，竟如此其难过也。然既将刊之，则听其刊之，且看其刊之，看其如何国法，如何粹法，如何发昏，如何放屁，如何做梦，如何探龙，亦一大快事也。国粹丛编万岁！老小昏虫万岁！！”①愤慨之情，无以复加。这才是鲁迅接受陈独秀之邀（通过钱玄同）为《新青年》写稿的思想基础。虽然他于“一发不可收”的涌流之前，尚颇有踌躇，如上信中说：“至于敝人的一篇，却恐怕有点靠不住，因为敝人嘴里要做的东西，向来很多，然而从来未尝动手，照例类推，未免不做的点，在六十分以上了。”②话是这么说，但一旦动手，就出手不凡，即有《狂人日记》之诞生也。

《狂人日记》发表之后，鲁迅立即成为《新青年》的主要撰稿人。从此他更对《新青年》维护有加。《新青年》自第6卷设立由陈独秀、钱玄同、高一涵、胡适、李大钊、沈尹默组成的编委会，六人轮流执编。③鲁迅虽不是编委（有些论著径写鲁迅为编委，缺乏依据），但也参与一些有关活动。如他在《〈守常全集〉题记》中说：“我最初看见守常先生的时候，是独秀先生邀去商量怎样进行《新青年》的集会上，这样就算认识了。”④在《忆刘半农君》中说：“《新青年》每出一期，就开一次编辑会，商定下一期的稿件，其时最惹我注意的是陈独秀和胡适之。”⑤鲁迅未必每次编辑会都参加。周作人曾说：“关于《新青年》的编辑会议，我一直没有参加过，《每周评论》的也是如此。因为我们是客员，平常写点稿子，只是遇着兴废的重要关头，才会被邀列席罢了。”⑥这里的“我们”，自然是指周氏兄弟二人；“兴废的重要关头”，则指《新青年》转向继而由京迁沪之类的大事。不过，即使是“《新青年》的编辑中枢不得不复归上海”⑦，北京同人纷纷离它而去，鲁迅一度还是坚持为之写稿，直

---

①《鲁迅书信集》，第17页。

②《鲁迅书信集》，第17页。按，周作人《知堂回想录》记载，鲁迅《狂人日记》创作于1918年的“初春”。则其与钱说：“至于敝人的一篇，却恐怕有点靠不住”时，则实已写成《狂人日记》初稿，可能还在修琢之中。

③《新青年》并未正式取用过“编委会”的名称，只是第6卷第1号扉页上公布了“本杂志第六卷分期编辑表”。具体操作时也未必很严格。周作人在《知堂回想录》中就说：“在这以前（1919年10月5日——引者按），大约是第五、六卷吧，曾议决由几个人轮流担任编辑，记得有独秀、适之、守常、半农、玄同和陶孟和这六个人，此外有没有沈尹默，那就记不得了。我特别记得是陶孟和主编的这一回。我送去一篇译稿，是日本江马修的小说，题目是‘小的一个人’，无论怎么总是译不好，陶君给我加了一个字，改作‘小小的一个人’，这个我至今不能忘记。真可以说是‘一字师’了。”周作人所云，聊备一说。

④ 鲁迅：《〈守常全集〉题记》，《鲁迅全集》第4卷，第523页。

⑤ 鲁迅：《忆刘半农君》，《鲁迅全集》第6卷，第71—72页。

⑥ 周作人：《知堂回想录》，第240页。

⑦ 鲁迅：《中国新文学大系·小说二集序》，《鲁迅论文学与艺术》，第809页。

到1921年9月。他1921年8月17日致信周作人说："子佩代买来《新青年》九の一（即第9卷第1号——引者注）（便中当带上），据云九の二亦出，而只有一本为分馆买之，拟尚托出往寻。每书坊中殆必不止一本，而不肯多拿出者，盖防侦探，虑其一起拿去也。"则见其在《新青年》迁沪后，仍何等关注着它。鲁迅于此信中接着说："九の一后，（编辑室杂记）有云：本社社员某人因患肋膜炎不能执笔，我们很希望他早日痊愈，本志次期就登出他的著作。我想：你也不能不给他作或译了，否则《说报》之类中太多，而于此没有，也不甚好。"①周作人1921年6月至9月因患肋膜炎未给《新青年》写稿，令陈独秀很着急，以致诉诸编者手记。鲁迅则劝周作人早日为之写稿，以释陈独秀之悬念。同信中说："我想老三（指周建人——引者注）于显克微支不甚有趣味，不如不译，而由你选译之，现在可登《新青年》，将来可出单行本。"

同年8月25日夜致信周作人说："你为《新青年》译イバネヅ也好，"②"《新》九の二已出，今附上，无甚可观，唯独秀随感究竟爽快耳。"③同月29日致信周作人说："老三来，接到稿并信，仲甫信件当于明日寄去矣。"④同年9月11日致信周作人说："报上又说仲甫走出了，但记者诸公之说，不足深信"，"现在译好的一篇エロ君之《沼ノホトリ》拟予孙公，此后则译《狭ノ笼》可予仲甫也"。⑤同月19日又有信与周作人商量他"为《新青年》译《狭ノ笼》"的注释以及作人、建人予《新青年》稿件的处理。从鲁迅的字里行间，不难看出他在《新青年》转向之后仍不断地为之写稿，除了珍视这块可贵的阵地，更缘于与陈独秀之间有一种不能割舍的情感。

《新青年》派真的分裂之后，鲁迅长期摆脱不掉一种失落与孤独感。他曾不无沉痛地说："后来《新青年》的团体散掉了，有的高升，有的隐退，有的前进，我又经验了一回同一阵战中的伙伴还是会这么变化，并且落得一个'作家'的头衔，依然在沙漠中走来走去"，"只因为成了游勇，布不成阵了，

---

① 鲁迅：《致周作人书》，《鲁迅书信集》，第38页。

②《鲁迅书信集》第39页，イバネヅ即伊巴涅思（V. B. Ibaáñez 1867—1928），西班牙作家。周作人译了他的《癞狗病》，载《新青年》第9卷第5号，1921年9月。

③ 独秀随感，指《新青年》第9卷第2号，1921年6月。所载陈的随感录三篇：《下品的无政府党》《青年底误会》和《反抗舆论的勇气》。

④《鲁迅全集》第11卷，第394页。

⑤《鲁迅全集》第11卷，第403页，《沼ノホトリ》即《池边》，《狭ノ笼》即《狭的笼》，都是俄国盲人作家爱罗先珂（1889—1952）的童话，鲁迅译文后者载于《新青年》第9卷第4号，1921年8月。

所以技术虽然比先前好一些，思路也似乎毫无拘束，而战斗的意气却冷得不少”。他因此彷徨而呼唤："新的战友在哪里呢？" [①]

有了对陈独秀与《新青年》的这份眷恋之情，所以，鲁迅期待人们对新文化运动有公正的总结与评价。1922年8月鲁迅见到胡适《五十年来中国之文学》初稿，就致信胡适说："大稿已经读讫，警辟之至，大快人心！我很希望早日印成，因为这种历史的提示，胜于许多空理论。但白话的生长，总当以《新青年》主张以后为大关键，因为态度很平正，若夫以前文豪之偶用白话入诗文者，看起来总觉得和运用‘僻典’有同等之精神也。" [②]胡文洋洋洒洒，鲁迅最关注的是"白话的生长，总当以《新青年》主张以后为大关键"。这期间自然以陈独秀为关键之关键。因为鲁迅的逻辑是："而白话则始于《新青年》，而《新青年》乃独秀所办。" [③]但他更反对投机家的窃名："五四运动之后……革新运动表面上却颇有些成功，于是主张革新的也就蓬蓬勃勃，而且有许多还就是在先讥笑嘲骂《新青年》的人们，但他们却是另起一个冠冕堂皇的名目：新文化运动。这也就是后来又将这名目反套在《新青年》身上，而又加以嘲骂讥笑的，正如笑骂白话文的人，往往自称最得风气之先，早经主张过白话文一样。" [④]或许也有曾反陈独秀的人，日后却谬托知己。

六、遵命文学：陈独秀是催我做小说最有力的一个

轮到鲁迅自己回顾评价陈独秀和《新青年》时，其印象是愈久愈清晰，其情感是愈久愈强烈。

1922年12月3日，鲁迅在《〈呐喊〉自序》中谈到自己作品风格及其形成原因时说：

在我自己，本以为现在是已经并非一个切迫而不能已于言的人了，但是或者也还未能忘怀于当日自己的寂寞的悲哀里，所以有时候不免呐喊几声，聊以慰藉那在寂寞里奔驰的猛士，使他不惮于前驱。至于我的喊声是勇猛或是悲哀，是可憎或是可笑，那倒是不暇顾及的；但既然是

---

① 鲁迅：《〈自选集〉自序》，《鲁迅论文学与艺术》，第499页。
② 鲁迅：《致胡适书》，《鲁迅书信集》，第48页。
③ 鲁迅：《扣丝杂感》1927年9月15日，《鲁迅论文学与艺术》，第269页。
④ 鲁迅：《〈热风〉题记》1925年11月3日，《鲁迅论文学与艺术》，第181—182页。

呐喊，则当应须听将令的了，所以我往往不恤用了曲笔，在《药》的瑜儿的坟上平空添上一个花环，在《明天》里叙单四嫂子竟没有做到看见儿子的梦，因为那时的主将是不主张消极的。①

这里“在寂寞里奔驰的猛士”与“主将”，理所当然是指陈独秀。然而自1940年1月毛泽东发表《新民主主义论》以后，人们长期只把鲁迅作为新文化运动的主将，而对陈独秀则避而不谈，以致人民文学出版社1981年出版的《鲁迅全集》的相关注释对鲁迅自己所奉“五四”新文化运动主将的陈独秀也讳莫如深，这实无必要。因为如果说鲁迅是“左联”时期革命文学的主将，大致尚能成立；若说“五四”新文化运动的主将，当然是非陈独秀莫属，这是任何稍有实事求是之心的人都会承认的，包括研究中国近代文化思想史的西方学者。众所周知，中国新文化运动以1915年9月陈独秀创办的《新青年》为起端，鲁迅至1918年5月以《狂人日记》为“投名状”才加入《新青年》团体。鲁迅在《新青年》时代自有其独特的贡献，但尚不是主将，如他自己所言："我做小说，是开手于一九一八年，《新青年》上提倡‘文学革命’的时候的……我的作品在《新青年》上，步调是和大家大概一致的，所以我想，这些确可以算作那时的‘革命文学’。”②又曾说："我在《新青年》的《随感录》中做些短评……记得当时的《新青年》是正在四面受敌之中，我所对付的不过一小部分。”③鲁迅是尊重历史的，不仅奉陈独秀为主将（虽然陈氏未必在意这顶桂冠），而且心悦诚服地称自己的创作（小说与随感录）是“听将令的”。鲁迅因而称自己的创作为“遵命文学”。他说："不过我所遵奉的，是那时革命的前驱者的命令，也是我自己所愿意遵奉的命令，决不是皇上的圣旨，也不是金元和真的指挥刀。”④

其实只有鲁迅深知狂飚式的主将陈独秀，如何深刻地影响一度在铁屋中与寂寞悲哀为伍的他的创作风格。我甚至认为“在《药》的瑜儿的坟上平空添上一个花环”之类的描写，或许就来自陈独秀终审文稿时的意见。这样，鲁迅所云“那时的主将不主张消极”这话后面就有着更具体的故事。鲁迅后

---

① 鲁迅：《〈呐喊〉自序》，《鲁迅论文学与艺术》，第92页。
② 鲁迅：《〈自选集〉自序》，《鲁迅论文学与艺术》，第498页。
③ 鲁迅：《〈热风〉题记》1925年11月3日，《鲁迅论文学与艺术》，第181页。
④ 鲁迅：《〈自选集〉自序》，《鲁迅论文学与艺术》，第499页。

来还说，为“与前驱者取同一的步调”，并为之“助助威”，“我于是删削些黑暗，装点些欢容，使作品比较的显出若干亮色”。[①]可见他是何等看重主将的意见与风格啊！这自然指《呐喊》时代至《彷徨》时代，他作品风格为之一变。

顺便说，有人说鲁迅所云“主将”当为李大钊；此说似难成立。请看鲁迅论李大钊的专文：《〈守常全集〉题记》。鲁迅于文中虽称赞李大钊的遗文是“先驱者的遗产，革命史上的丰碑”，但又说：“不幸对于遗文，我却很难讲什么话。因为所执的业彼此不同，在《新青年》时代，我虽以他为站在同一战线上的伙伴，却并未留心他的文章”，“他的理论，在现在看起来，当然未必是精当的。”[②]由此可见，鲁迅当年仅视李大钊为“站在同一战线上的伙伴”，而非主将，而且在《新青年》时代，鲁迅“并未留心他的文章”，事后看他的理论也未必精当，因而李大钊及其理论对鲁迅的作品乃至思想并未产生过明显的影响。

长期以来人们夺陈独秀“主将”之冠，摒其于新文化运动之外，其根本原因在于他曾一度为托派首领，成为共产党的反对派。有趣的是，陈独秀被驱逐出党之日，恰为鲁迅加入左联为其盟主之时。然而，鲁迅并未因此而改变了他的陈独秀观。

陈独秀1932年10月15日为国民党政府逮捕。鲁迅“遵命文学”说即发表于此年的12月14日，这自然与胡适的著名讲演《陈独秀与文学革命》一样，是对身陷囹圄的陈独秀的一种道义上的声援与怀念。鲁迅似乎觉得如此说说，犹嫌乏力，于是1933年5月3日灯下所作《我怎么做起小说来》中直截了当地说：

> 但是《新青年》的编辑者，却一回一回的来催，催几回，我就做一篇，这里我必得纪念陈独秀先生，他是催我做小说最着力的一个。[③]

多少年来，人们只知道是那“金心异”先生邀鲁迅为《新青年》写稿的。如今鲁迅自己揭开谜底，“（陈独秀先生）他是催我做小说最着力的一个”，原来当初“金心异”之频频催稿是奉主将陈独秀的“将令”而去的。此事藏于

---

① 鲁迅：《〈自选集〉自序》，《鲁迅论文学与艺术》，第498页。
② 鲁迅：《〈守常全集〉题记》，《鲁迅全集》第4卷，第524—525页。
③ 鲁迅：《我怎样做小说来》，《鲁迅论文学与艺术》，第517页。

鲁迅心中多年，不吐不快。趁陈独秀最危难之际，打开这个心结，鲁迅之用心是良苦的。

1934年8月1日，鲁迅又有名文《忆刘半农君》云：

> （刘半农）他到北京，恐怕是在《新青年》投稿之后，由蔡孑民先生或陈独秀先生去请来的，到了之后，当然更是《新青年》里的一个战士。他活泼，勇敢，很打了几次大仗。《新青年》每出一期，就开一次编辑会，商定下一期的稿件。其时最惹我注意的是陈独秀和胡适之。假如将韬略比作一间仓库罢，独秀先生的外面竖一面大旗，大书道："内皆武器，来者小心！"但那门却开着的，里面有几支枪，几把刀，一目了然，用不着提防。适之先生的是紧紧的关着门，门上贴着一条小纸条道："内无武器，请勿疑虑。"这自然可以是真的，但有些人——至少是我这样的人，——有时总不免要侧着头想一想。半农却是令人不觉其有"武库"的一个人，所以我很佩服陈、胡，却亲近半农。

我们不必根据这段话，将鲁迅与胡适的关系描写成如何如何地不协调。但我们在惊讶鲁迅善于捕捉人物个性之余，又不能不承认鲁迅对陈、胡二位之评价有明显的感情倾斜。这在鲁迅谈刘半农之浅得可爱时也流露了其倾向："但他的浅，却如一条清溪，澄彻见底，纵有多少沉渣和腐草，也不掩其大体的清。倘使装的是烂泥，一时看不出它的深浅来了；如果是烂泥的深渊呢，那就更不如浅一点的好。"[①]他爱刘半农《新青年》时代的"浅"，而憎恶他后来"渐渐地据了要津"。由此可见鲁迅于人的审美倾向。其实当初陈独秀开着门让人一目了然的"武库"，与刘半农"令人不觉其有'武库'"庶几相似；不同的是对陈不能如刘可用"浅而清"来形容他。因此鲁迅这段名言的结语似可读作：佩服胡适，亲近独秀。只是佩服之余未必能亲近，而亲近之中却不妨碍其佩服。这大概可表达鲁迅对陈、胡的感情倾斜的立体角度。或许正是基于对陈独秀刻骨铭心的印象，不管风吹浪打，鲁迅从未改变过对陈的好感与感激之情。尽管他们之间未发生如陈、胡那么多传奇故事。

---

① 鲁迅：《忆刘半农君》，《鲁迅论文学与艺术》，第715—716页。

七、独秀狱中说鲁迅：我认他为畏友

陈独秀晚年的鲁迅观，一见诸其于南京狱中与濮清泉的谈话，一见诸1937年所撰《我对于鲁迅之认识》。

濮清泉在《我所认识的陈独秀》中，关于陈独秀对鲁迅的评价，有如下的叙述：

> 谈到鲁迅，陈独秀说，首先必须承认，他在中国现代作家中，是首屈一指的人物。他的中短篇小说，无论在内容、形式、结构、表达各方面，都超上乘，比其他作家要深刻得多，因而也沉重得多。不过，就我浅薄的看法，比起世界一流作家和中国古典作家来，似觉还有一段距离。《新青年》上，他是一名战将，但不是主将。我们欢迎他写稿，也欢迎他的二弟周建人（当为周作人——引者注）写稿，历史事实，就是如此。现在有人说他是《新青年》主将，其余的人，似乎是喽罗，渺不足道。言论自由，我极端赞成，不过对一个人的过誉或过毁，都不是忠于历史的态度。

陈氏于此不仅有对鲁迅的评价，也有评价鲁迅的基本方法。濮似乎觉得陈对鲁迅之评价偏低，于是问陈："是不是因为鲁迅骂你是焦大，因此你就贬他呢？"濮解释说："陈入狱后，鲁迅曾以何家干的笔名在《申报·自由谈》上，骂陈是《红楼梦》中的焦大，焦大因为骂了主子王熙凤落得吃马屎。"陈氏回答说："我决不是这样小气的人，他若骂得对，那是应该的；若骂得不对，只好任他去骂。我一生挨人骂多矣，我从没有计较过。我决不会反骂他是妙玉，鲁迅自己也说，谩骂决不是战斗，我很钦佩他这句话，毁誉一个人，不是当代就能作出定论的，要看天下后世评论如何，还要看大众的看法如何。"陈氏这种平静的态度是难能可贵的。然鲁迅1933年4月22日署名"何家干"发表于《申报·自由谈》的《言论自由的界限》，则似乎不涉及陈独秀。鲁迅于此文中有云：

> 看《红楼梦》，觉得贾府上是言论颇不自由的地方。焦大以奴才的身份，仗着酒醉，从主子骂起，直到别的一切奴才，说只有两个石狮子干

> 净。结果怎样呢，结果是主子深恶，奴才痛嫉，给他塞了一嘴马粪。
>
> 其实是，焦大的骂，并非要打倒贾府，倒是要贾府好，不过说主奴如此，贾府就要弄不下去罢了。然而得到的报酬是马粪。所以这焦大，实在是贾府的屈原，假使他能做文章，我想，恐怕也会有一篇《离骚》之类。

鲁迅在这段名言后有云："三年前的新月社诸君子，不幸和焦大有了相类的境遇。"[①]这已点明鲁迅心中活焦大是谁。文里文外，似乎都难找到证据说鲁迅"骂陈是《红楼梦》中的焦大"。陈独秀1932年10月15日被捕，1933年4月14日出庭受审，4月26日被判有期徒刑13年。陈案开庭前的1933年3月5日，鲁迅在《我怎么做起小说来》一文中深情地说："这里我必得纪念陈独秀先生，他是催促我做小说最着力的一个。"[②]鲁迅虽有刻薄的一面，但他对陈独秀却一直是敬重的。试想鲁迅怎么可能在陈案审判期间，"骂陈是《红楼梦》中的焦大"呢？若然岂不是成了投井下石？若然则鲁迅的人格魅力何在？因而对濮氏之言不能全不加分析地听信。濮还转述了陈对鲁迅的总体看法：

> 总之，我对鲁迅是相当钦佩的，我认他为畏友，他的文字之锋利、深刻，我是自愧不及的。人们说他的短文似匕首，我说他的文章胜大刀。他晚年放弃文学，从事政论，不能说不是一个损失，我是期待他有伟大作品问世的，我希望我这个期待不会落空。[③]

陈独秀讲这段话的具体时间虽不甚明了，但其中既有对鲁迅创作伟大作品的期望，那自然就只能是在鲁迅的生前。

即使在鲁迅方阵里发生过令陈独秀非常难堪的事，也没有动摇他对鲁迅的基本评价。如1936年6月3日，托派中央（临时委员会）书记陈其昌化名陈仲山给鲁迅写信，希望他在抗日联合战线问题上支持他们的观点。因为"鲁迅自1926年3月10日作《中山先生逝世后一周年》……到1932年9月19

---

① 鲁迅：《言论自由的界限》，《鲁迅论文学与艺术》，第526页。
② 吴子敏等编：《鲁迅论文学与艺术》，第517页。
③ 濮清泉：《我所知道的陈独秀》。

日写《〈一天的工作〉后记》，在十几篇著述中反复引用或提到托洛茨基的观点。从这些文章中可以看到鲁迅对托洛茨基的肯定”，甚至“可以看出他受到了托洛茨基文艺理论的直接而深刻的影响”。托洛茨基1927年被斯大林从苏共除名，1929年被驱逐出国，“鲁迅的托洛茨基观没有因此而改变”。直到“左联”受瞿秋白影响，“在写完上述《〈一天的工作〉后记》之后，鲁迅不再引用和提及托洛茨基的观点”。[①]陈其昌曾是鲁迅的崇拜者，对之心存幻想，才有上述那封信。然后1936年7月出版的《文学丛报》(月刊)第四期和《现实文学》(月刊)第一期同时有署名“鲁迅”的《答托洛茨基派的信》的发表。

这封信曾被视为作为“党外布尔什维克”的鲁迅早在1936年就明确拥护中共的重要文献。但这封信的基本观点，一直使中国托派尤其是陈独秀深感被诬陷而表示强烈不满。

直到1993年初《新文学史料》第一期上，发表胡风遗著《鲁迅先生》，才真相大白。胡风以当事人的身份证明，鲁迅那篇著名的答托派的信，不是鲁迅自己写的，也不是鲁迅“口述”的[②]，而是冯雪峰以鲁迅的名义代写的。“当时鲁迅在重病中，无力起坐，也无力说话，连和他商量一下都不可能。”冯雪峰“把拟稿念给他听了。鲁迅闭着眼睛听了，没有说什么，只简单的点了点头，表示了同意”。第二天，冯又向鲁迅念了内容与此相关的另一代拟文章(即《论现在我们的文学运动》——引者注)，“鲁迅显得比昨夜更衰弱一些，更没有力气说什么，只是点了点头，表示同意，但略微现出了一点不耐烦的神色”。事后，鲁迅病情稍好转，胡风问他：“雪峰模仿周先生的语气倒很像。”鲁迅淡淡地笑了笑说：“我看一点也不像。”胡风还说“(鲁迅)他对《新青年》编辑同人，五四文学革命领导者之一的陈独秀，始终表示敬重的态度，并不因陈独秀后来政治上的变化而否认他的革命功绩，提到他的名字时总称为独秀先生或独秀，这表示了他的有功论功，有过论过，不能彼此互掩的战斗道德”。这样的鲁迅怎么可能去辱骂陈独秀及其友人？冯雪峰曾对胡风说：“鲁迅还是不行，不如高尔基。高尔基那些政论，都是党派给他的秘书写的，他只

---

①(日本)长崛祐造：《试论鲁迅托洛茨基观的转变》，《鲁迅研究月刊》1996年第3期。

②《鲁迅全信》第6卷收录此文后有说明：“这信由先生口授，O. V笔写”。O. V即冯雪峰(1903—1976)。

是签个名。”胡风听后感到“有点意外”。问题是谁让冯雪峰越俎代庖，“代圣立言”的？信中的观点是冯的创造还是另有来头？则有待进一步的研究与发掘史料。然仅胡风的遗著，就叫几个托派老人激动不已。郑超麟说，读了胡风遗著“顿使鲁迅在我心目中形象高大起来，回到了我在国民监狱中看到这封有名的信以前的地位”。[①]王凡西肯定地说：“可惜陈独秀未能生前见到胡风的这一证言，不然的话，他一定会像现在的我们一样”，撤回将鲁迅比作“白色老狗”吴稚晖相似的“红色老狗”那样的“愤慨语”。

此为后话。陈独秀毕竟未活到可看到胡风证言的日子，他虽无法了解鲁迅的真正处境，然而署名鲁迅的《答托洛茨基派的信》，并未影响他对鲁迅大致公平的评价。

八、我对于鲁迅的认识：不是神，不是狗，而是人

1936年10月19日鲁迅逝世。1937年11月21日，陈独秀发表《我对于鲁迅之认识》：

> 世之毁誉过当者，莫如对于鲁迅先生。鲁迅先生和他的弟弟启明先生（即周作人——引者注），都是《新青年》作者之一人，虽然不是最主要的作者，发表的文字也很不少，尤其是启明先生；然而他们两位，都有他们自己独立的思想，不是因为附和《新青年》作者中哪一个人而参加的。所以他们的作品在《新青年》中特别有价值，这是我个人的私见。
>
> 鲁迅先生的短篇幽默文章，在中国有空前的天才，思想也是前进的。在民国十六七年，他还没有接近政党以前，党中一班无知妄人，把他骂得一文不值，那时我曾为他大抱不平。后来他接近了政党，同是那一班无知妄人，忽然把他抬到三十三层天以上，仿佛鲁迅先生从前是个狗，后来是个神。我却以为真实的鲁迅并不是神，也不是狗，而是个人，有文学天才的人。
>
> 最后，有几个诚实的人，告诉我一点关于鲁迅先生大约可信的消息：鲁迅对于他所接近的政党之联合战线政策，并不根本反对，他所反对的

① 郑超麟：《读胡风长文〈鲁迅先生〉有感》，《鲁迅研究月刊》1993年第10期。

乃是对于土豪、劣绅、政客、奸商都一概联合，以此怀恨而终。在现时全国军人的血战，竟有了上海的商人接济敌人以食粮和秘密推销大批日货来认购救国公债的怪现象。由此看来，鲁迅先生的意见，未必全无理由吧！在这一点，这位老文学家终于还保持着一点独立思想的精神，不肯轻于随声附和，是值得我们钦佩的。①

陈独秀于1937年8月23日出狱，9月9日离南京赴武汉。这篇文章之写作与发表于他在武汉期间，当为纪念鲁迅逝世一周年而作的。

此时的陈独秀已平息了因《答托洛茨基派的信》带来的情绪波动，而能高度理智而公正地评价鲁迅，认为“真实的鲁迅并不是神，也不是狗，而是个人，有文学天才的人”。陈独秀如此理智地评价鲁迅，说明这位刚烈的革命家尚有难得的容人之雅量与宽广的文化视野。

---

① 陈独秀：《我对于鲁迅之认识》，《宇宙风》（散文旬刊）第52期，1937年11月21日。

他是怎么加盟《新青年》团队的

——陈独秀与“苦雨斋”主周作人

林语堂在《记周氏弟兄》中有云：“周氏弟兄，趋两极端。鲁迅极热，作人极冷。两人都有天才，而冷不如热。”若将鲁迅换成独秀亦庶几近之。

那么，极热之独秀与极冷之作人，怎么交往呢？

一、周作人是谁？

子在川上曰，逝者如斯。

时间的河流，竟如此无情。在逝川的冲刷下，“周作人是谁”？好在有舒芜经典之作《周作人概观》在，让他来回答这个问题：

> 周作人是谁？今天中国青年读者恐怕不少人答不上来；有些人能答出一点，大概也只说得出他是鲁迅的弟弟，也是个作家，很不争气，堕落成了汉奸，如此而已。如果告诉他们：周作人在“五四”时期曾经是中国新青年心目中一个辉煌的名字，后来虽然逐渐暗淡了，但是，据周建人回忆，抗战前不久，冯雪峰还表示过这样的意思：“周作人是中国第一流的文学家，鲁迅去世后，他的学识文章，没有人能相比。”后来，抗战爆发，周作人留在沦陷了的北平，全国文艺界和广大读者十分关心他的安危出处，郭沫若在上海发表了怀念周作人的文章，引用古诗“如何赎兮，人百其身”，说是只要周作人脱险南来，“比如就像我这样的人，为了掉换他，就死上几千百个都是不算一回事的”。可是，五个月后周作人就辜负了这些关心，背叛了祖国；而郭沫若当时正是冒险从日本潜回祖国来参加抗战，为爱国青年所敬仰的。今天的青年听到这些情况，恐怕吃惊不小，将信将疑。其实，这都不是太远的事，文艺界八十岁以上

周作人（1885—1967）

的老前辈们，都亲身经历过周作人的名字闪闪发光的时代。

那么，是不是要责怪青年对历史的无知，和极左文艺思想对历史的歪曲呢？当然二者都是事实，但是，还有另一个事实：周作人的确在祖国呼吸存亡之际，背叛了祖国，背叛了受难的人民，这是无可原谅的，不能不受到惩罚的，历史是无情的。

然而，历史又是有情的，公正的，这也常常是一个"曲线中的直线"的进程。近些年来，研究周作人的论著陆续发表了，周作人的历史功绩逐步透露给青年读者了，周作人作品的选集也开始公开出版了。周作人这一本账，现在看来是可以动手清理的时候了。这是很值得做的。因为周作人的身上，就有中国新文学史和新文化运动史的一半，不了解周作人，就不可能了解一部完整的中国新文学史和新文化运动史。鲁迅的存在，离不开他毕生和周作人的相依存相矛盾的关系，不了解周作人，也不可能了解一个完整的鲁迅。至于周作人的悲剧，则是和中国文化传统、中国知识分子历史性格有着甚深的联系，不了解周作人，就不可能了解什么是真正的中国文化，什么是中国知识分子的命运和道路。①

不说周氏兄弟相克相生的关系，也不说中国知识分子的历史性格与命运，仅"周作人的身上，就有中国新文学史和新文化运动史的一半，不了解周作人就不可能了解一部完整的中国新文学史和新文运动史"云云，就是近百年来惊天动地之宏论。

窃以为舒芜其人虽屡遭争议，其为文章高手或无可非议。其文于"回归五四"的主题下大抵有三部曲：一鸣惊人的《论主观》，世说新语式的《说梦录》，大彻大悟的《周作人概观》。《周作人概观》不仅为舒文之巅峰，也是周作人研究百年无二的杰构。要读懂周作人，则不妨先看《周作人概观》。

为先从感性上认识周作人，我于此录几则其形象资料。刘半农在《记砚兄之称》中有则文字周作人甚为喜欢，多次引用：

---

① 舒芜：《周作人概观》，首见《中国社会科学》1986年第4、5期（此文1986年由湖南人民出版社出单行本，后收入人民文学出版社1993年版《周作人的是非功过》）。

余与知堂老人每以砚兄相称，不知者或以为儿时同窗友也。其实余二人相识，余已二十七，岂明年三十三。时余穿鱼皮鞋，犹存上海少年滑头气。岂明则蓄浓髯，戴大绒帽，披马夫式大衣，俨然一俄国英雄也。[①]

“岂明”（亦作启明）为作人别名，“知堂”则其书斋名。周作人说：“半农于民国六年（1917年）秋来北京大学，比我要迟五个月。”刘半农也是“卯字号”名人之一，他写的是1917年秋所见作人形象。碧云《周作人印象记》则是另一番光景：

他是一位矮小，嘴边有着小胡子像一个十足的日本式的中国人。[②]

梁实秋在清华读书时曾到八道湾周寓请周作人去讲演。请看他第一印象中的周作人：

进门去，一个冷冷落落的院子，多半个院子积存着雨水，我想这就是“苦雨斋”命名的由来了。

我没想到，他是这样清癯的一个人，戴着高度近视眼镜，头顶上的毛发稀稀的，除了上唇一小撮髭须之外好像还有半脸的胡子碴儿，脸色是苍白的，说起话来有气无力的，而且是绍兴官话。[③]

作人1934年1月13日有《所谓五十自寿打油诗》自我画相：

前世出家今在家，不将袍子换袈裟。
街头终日听谈鬼，窗下通年学画蛇。
老去无端玩骨董，闲来随分种胡麻。
旁人若问其中意，请到寒斋吃苦茶。[④]

首句自注：“家中传说余系老僧转世。”这自寿诗因和者讽者皆众，曾酿成

① 转见周作人《曲庵的尺牍》，《过去的工作》，河北教育出版社2002年版，第75页。
② 碧云：《周作人印象记》，《读书月刊》第3卷第1、2期合刊，1932年6月1日。
③ 梁实秋：《忆岂明老人》，台湾《传记文学》第11卷第3期，1967年9月。
④ 王仲三笺注：《周作人诗全编笺注》，学林出版社1995年版，第280—281页。

一文坛公案。而这位在苦雨斋品着苦茶的名士于“五四”运动与新文化运动中曾有何作为或动作呢？他身上怎么就承载着“中国新文学史和新文化运动史的一半”呢？[①]

二、何谓“六三”事件？

回答这问题之前，先当把文抄公。且看周作人的一篇小品文：

前门遇马队记

中华民国八年六月五日下午三时后，我从北池子往南走，想出前门买点什物。走到宗人府夹道，看见行人非常的多，我就觉得有点古怪。到了警察所前面，两旁的步道都挤满了，马路中间站立着许多军警。再往前看，见有几队穿长衫的少年，每队里有一张国旗，站在街心，周围也是军警。我还想上前，就被几个兵拦住。人家提起兵来，便觉得害怕。但我想兵和我同是一样的中国人，有什么可怕呢？那几位兵士果然很和气，说请你不要再上前去。我对他说，“那班人都是我们中国的公民，又没有拿着武器，我走过去有什么危险呢？”他说，“你别要见怪，我们也是没法，请你略候一候，就可以过去了。”我听了也便安心站着，却不料忽听得一声怪叫，说道什么“往北走！”后面就是一阵铁蹄声。我仿佛见我的右肩旁边，撞到了一个黄的马头。那时大家发了慌，一齐向北直奔，后面还听得一阵马蹄声响和怪叫。等到觉得危险已过，立定看时，已经在“履中”两个字的牌楼底下了。我定一定神，再计算出前门的方法，不知如何是好，须得向哪里走才免得被马队来冲。于是便去请教那站岗的警察，他很和善的指导我，教我从天安门往南走，穿过中华门，可以安全出去。我谢了他，便照他指导的走去，果然毫无危险。我在甬道上走着，一面想着，照我今天遇到的情形，那兵警都待我很好，确是本国人的样子，只有那一队马煞是可怕。那马是无知的畜生，他自然直冲过来，不知道什么是共和，什么是法律。但我仿佛记得那马上似乎也骑着人，当然是个兵士或警察了。那些人虽然骑在马上，也应该还有自己的

① 林语堂：《记周氏弟兄》，《无所不谈合集》，台湾开明书店1975年版。

思想和主意，何至任凭马匹来践踏我们自己的人呢？我当时理应不要逃走，该去和马上的“人”说话，谅他也一定很和善，懂得道理，能够保护我们。我很懊悔没有这样做，被马吓慌了，只顾逃命，把我衣袋里的十几个铜元都丢了。想到这里，不觉已经到了天安门外第三十九个帐篷的面前，要再回过去和他们说，也来不及了。晚上坐在家里，回想下午的事，似乎又气又喜。气的是自己没用，不和骑马的人说理；喜的是侥幸没有被马踏坏，也是一件幸事。于是提起笔来，写这一篇做个纪念。从前中国文人遇到一番危险，事后往往做一篇《思痛记》或《虎口余生记》之类。我这一回虽然算不得什么了不得的大事，但在我却是初次。我从前在外国走路，也不曾受过兵警的呵叱驱逐，至于性命交关的追赶，更是没有遇着过。如今在本国的首都却吃了这一大惊吓，真是“出人意表之外”，所以不免大惊小怪，写了这许多话。可是我决不悔此一行，因为这一回所得的教训与觉悟比所受的侮辱更大。①

1919年“五四”期间，周作人在日本探亲，5月18日才回北京。他没赶上“五四”，却“亲眼目睹”了“六三”事件。

何谓“六三”事件？本来“五四”事件经游行——逮捕——营救——释放，高潮似已过去。但六月一日北京政府颁布两道命令，一道称曹汝霖、陆宗舆、章宗祥在任职期间，“各能尽维持补救之力，案牍具在，无难复按”；另一道责成教育部门“警饬各校职员，约束诸生”，一律上课，对学生组织“切实查禁”，对“纠众滋事，扰及公安者，仍依前令办理”。

天下本无事，脑残政客偏添乱。国家既是阶级矛盾不可调和的产物，它的首要功能就应是调和矛盾。但北京政府两令一出立即激化了矛盾，因为前者是为卖国贼作辩护，后者是在恫吓爱国学生。被正义的怒火与激情燃烧的青年学生岂怕恫吓，次日北大讲演部长张国焘带领七名铁嘴上街了，果然被捕。当夜，学生会召开紧急会议，决定从6月3日起全面恢复街头演讲，内容只说提倡国货，不提抵制日货，以免授人以柄。每次派50人去演讲，如果这50人被捕，则再派50人去；如有一人被捕，其他人则一起去自首；如果今天

① 周作人：《知堂回想录》，安徽教育出版社2008年版，第263—264页。

遭逮，明天则加倍派人上街，直到所有学生被捕为止。学生中不乏战略家。

六月三日就这样到来了。“民国八年6月3日，就是端午节的后一日，离学生的五四运动刚满一个月，政府里因为学生团又上街演说，下令派军警严拿多人。这时候陡打大雷刮大风，黑云遮天。灰尘满目，对面不见人，是何等阴惨暗淡。”[①]这是陈独秀《六月三日的北京》的纪实镜头。

周作人认定：“五四是大学生干预国政运动的开始，所以意义很是重大，六三则是运动的扩大。”六月三日下午，他听说军警抓了许多大学生，包括前来声援的中小学生，一部分关在北大第三院法科。于是他即与陈伯年、刘半农、王星拱等前往法科，“自称系北大教员代表，慰问被捕学生”，军警却拒不让他们进去。他在日记中写道：“三日晴，下午又至校，值军警围法科，至晚尚无解决，七时半回寓，大风雨。”[②]

六月四日，军警与学生的冲突升级。学生们背带行囊上街演讲，做好随时入狱的准备，抱着“其理所在，死生以之”的决心。“街心的警察比平常增加好几倍”，北大“文科门外已驻兵五棚”。这天，周作人“下午二时至第二院理科赴职教员会，没什么结果”，“七时回寓，玄同来，十时半去”（《周作人日记》），当为营救学生而奔波。钱玄同是“五四”追随学生上街的唯一教授，与作人相处最为契合。

六月五日日记：“下午三时半出校，步行至警署前，因为学生讲演围阻不能前，忽有马队驱众北退，遂由天安门出城。四时半回寓。”当夜作人于灯下写了这篇《前门遇马队记》。

北京当为中国首善之区，前门或天安门更是国家颜面所在，这里出现马队通常为某大典仪式。[③]而在“六三”事件中却是政府以“马队驱众”，堪称“出人意表”的行径。《新青年》同人如何看待这奇异事件？可惜的是胡适日记1919年11月12日缺失，钱玄同日记从2月12日到9月11日缺失，鲁迅日记完整但对此无记载。陈独秀无日记，他利用《每周评论》对之作了跟踪报道。且看《每周评论》之“六四”报道：

---

①《每周评论》第25号，1919年6月8日。

②《周作人日记》中册，大象出版社1996年版，第30页。

③ 中外学者都有以“天安门”为题的著作。名著则有美国耶鲁大学教授史景迁《天安门：知识分子与中国革命》（中央编译出版社1998年版），费正清教授誉之为：“西方对中国问题研究的一个里程碑。”

4日上午十点时候，各（校）学生怀里藏着白旗，上写某校讲演团字样，或五六人或十几人不等，静悄悄的出去，走到行人多的地方，就从怀中摸出白旗子，大声疾呼的演说。这个时候街心的警察比平常增加好几倍，又有穿灰衫的马队，背着枪，骑着马，四处乱跑。遇到有人讲演，不问他人多人少，放马过去左冲右突也不知道踏伤了几个人。把听的人冲散之后，便让游缉队保安队把演说的学生两人一夹，送到北河沿法科大学里监禁起来。

这天，北河东西两岸作为驻军之地，东华门一带交通完全断绝，“首都像前敌战线上的防备一般”。《每周评论》述说：“四日晚上天气忽然大变，大风大雷大雨，竟把一个首善的京城，闹成了黑暗的世界。尘土大起，飞沙走石之中，看见多少学生，对着路上的行人演说，电光闪闪，隐隐约约之中，看见二十个帐棚（驻兵），把大学法科团团围住……”

独秀文字字里行间迸射着“愤火”，他用愤火照出北京政府的丑态与军警的暴行。若让鲁迅下笔当是“投枪与匕首”，如《为了忘却的纪念》那样；若胡适来写则应是理性的布道，如他的《纪念“五四”》那样。而周作人则别具一格，他一味平静地写军警的“和善”，甚至指导他如何脱险，前门的骚乱似乎全是马的责任：“只有那一队马煞是可怕。那马是无知的畜生，他自然直冲过来，不知道什么是共和，什么是法律。”他甚至气“自己没用，不和骑马的人说理”，如果和他说理，“谅他也一定很和善，懂得道理，能够保护我们”。在清冷苦涩的作人小品中，此篇就算辛辣之作了。“这是压缩着极大的悲愤，而出之以诙诡的形式，它不能代替义正词严的申讨挞伐，但是另有一种忘不掉排不去的力量。”[①]此亦即郁达夫所云：“湛然和蔼，出诸反语。”[②]

周作人在《知堂回想录》第129节之末说：“这篇文章写的并不怎么的精采，只是装痴假呆的说些讽刺的话，可是不意从相反的方面得到了赏音，因为警察所注意《每周评论》，时常派人到编辑部去查问，有一天他对守常说道：‘你们的评论不知怎么总是不正派，有些文章看不出毛病来，实际上全是要不得。’据守常说，所谓有些文章即是指的那篇《遇马队记》，看来那骑在

---

① 舒芜：《周作人的功过是非》，第34页。
② 郁达夫：《中国新文学大系·散文二案导言》，良友图书印刷公司1935年版。

马上的人也隔衣觉着针刺了吧。”让被讽刺的对象“看不出毛病来”，找不到还手的口实，又“隔衣觉着针刺”，正是作人小品的风格与力量。

作人颇看重这篇小品文，六月五日当夜写就，次日即送交李大钊发表于《每周评论》，后收入《谈虎集》，晚年又录入回想录。仅此小品即可见周作人之“五四”观，也能见其人为“温和中蕴藏着刚强”①，“温雅中有铁”②。不必贴上人道主义或无政府主义之类的标签，由此也可找到他与“五四运动”精神领袖、新文化运动旗手陈独秀交往的精神契合点，尽管他们性格迥异。

三、他是怎么加盟《新青年》团队的？

蔡元培于1917年1月就任北京大学校长，奉行“循自由思想原则，取兼容并包主义”的办学方针，首先是“三顾茅庐”聘陈独秀为文科学长，进而“网罗众家”，延聘各种人才；周作人应蔡元培之邀于1917年4月1日由绍兴来到北京。同月10日即与文科学长陈独秀见面。

这是独秀、作人首次相会。此前的1917年1月周作人就读过陈独秀主编主撰的《新青年》。据鲁迅日记，他在北京于1917年1月19日，给在绍兴的周作人寄《青年杂志》一包共十本。《新青年》初名《青年杂志》（1915年9月15日创刊），从第2卷起才改名为《新青年》，1916年12月正好出到总第10期，可见大哥是一本不落地寄给了作人。周作人1月24日收到，他当天有日记：“晴。上午地震。得北京十九日寄书一包，内《教育公报》二本，《青年》十本……晚阅《青年杂志》，多可读。子谷（按，即苏曼殊）有《断簪记》，（按，当为《碎簪记》，见《新青年》第2卷第3、4期）颇佳。”他不仅与周建人一起共读，还借给别的朋友看，可见他对这份刊物的重视，并愿接近陈独秀营造的精神世界。③

周作人在4月10日日记中记载了与陈独秀首次见面：“十日晴。午至益昌同大哥午饭。下午乘车至大学谒蔡先生辞国文事，又告南行。见陈独秀、沈君默（按，后更名为沈尹默）二君。又回至教育部一谈。”这天周作人是到蔡

---

① 何容：《丑》，转见舒芜《周作人的是非功过》，第68页。
② 转见钱理群《周作人论》，上海人民出版社1981年版，第287页。
③ 周作人到北京后逐期购买《新青年》，1917年4月20日、8月3日、8月14日、9月3日、10月6日日记中都有记载。

元培校长那儿辞行准备南下绍兴的档上，去见文科学长陈独秀的。周作人与蔡元培同为绍兴人，且“两家向有世谊”[①]，兼有鲁迅与许寿裳推荐，北大又是用人之际，蔡元培当然看重周作人。但四月乃学期中间，课程不好安排，蔡元培希望他先在预科教国文。而作人擅长英文、希腊文，原议任希腊和欧洲文学史及古英文课。他对教国文不感兴趣，与其在北大预科教国文还不如回绍兴教中学英文，于是有此打道南行之动意。见陈独秀也是告辞的意思。校长挽留无效，学长再作挽留也被婉言谢绝。此亦可见性格一斑。

课程安排应是文科学长的事。何况蔡元培对文科的“人事、行政，一切由陈独秀主持，不稍加干涉”。但作为校长他又特有担当，凡有棘手的事他都主动帮助解决。用人不疑，遇事不推，唯蔡校长有此风范。周作人课程安排有困难，校长亲自出面协调。国文教学既不能留住周作人，那么就在他即将南行的第二天（4月11日），蔡元培致函周作人，聘他做国史编纂处编纂员，每日工作四个小时，月薪120元。他与在教育部上班的大哥商量后，就答应了。这当是校长与学长相商的留人方式。过了五个月，9月4日北大正式聘请周作人担任文科教授兼国史编纂处编纂员，课程安排也如愿以偿。从此，他与陈独秀的关系日趋密切。周作人日记1917年9月24日：“上午访蔡先生，不值。见陈君独秀而返。”10月6日：“上午得陈君独秀函，下午往大学访之。至图书馆借《罗马文学史》一本，又取《新青年》三之六来即阅之。”11月19日：“上午往校访陈独秀君。”那是后话，还是回到周作人初入北大那档故事去吧。

周作人1917年4月16日起，到国史编纂处上班。中央政府原有国史编纂馆，因经费不济即下放到北京大学，由馆变成处了。编纂处设在北大图书馆，图书馆原是有名的四公主梳妆楼，广阔华丽，而编纂处偏居一隅，周作人办公地点竟是一个堆满英文杂志的小房间。那年接到聘书的编纂员仅周作人与沈兼士两人，沈负责收集日文资料，他收集、翻译英文资料。沈当时在西山养病，实际上班就周作人自己。面对堆积如山的英文杂志，经不住诱惑，不免捎带干点私活了。所以他日后说，那间小屋虽然“有点儿气闷，但是我在那里却也过了些有趣的时光”。

周作人在那些旧杂志上找到几篇论文，用白话翻译出来。他第一篇白话

---

① 周作人：《药味集·记蔡孑民先生的事》。

译文《陀思妥也夫斯奇之小说》，发表在1918年1月14日出版的《新青年》第4卷第1号上。而《新青年》从这一期起有两项改革：一是改用白话文（也就是说此前他们是用文言文来倡言文学革命和提倡白话文）；二是从这期起，“所有撰译，由编辑部同人共同担任，不另购稿”（也就是说杂志从前是付稿酬的，从此同人共担道义，不购外稿）。机缘巧合，周作人此前之译撰也是用文言文，第一篇白话译文恰与《新青年》改革合拍。依第二项改革视之，则表明从此周作人已成《新青年》编辑部同人了。这一时期周作人相当热衷于介绍俄国文学作品，也与当时《新青年》的兴奋点相吻合。此篇之后，他连续翻译了梭罗古勃《童子林之奇迹》（1918年3月15日《新青年》第4卷第3号）、库普林《皇帝之公园》（1918年4月15日《新青年》第4卷第4号）、列夫·托尔斯泰《空大鼓》（1918年11月15日《新青年》第5卷第5号）等。这一年，周作人在《新青年》上发表的译著共有十八篇，从而成为其主要撰稿人之一。

《新青年》以“改造青年之思想”为天职，“批评时政，非其旨也”。但1917年苏俄十月事变之后，中国社会形势也在瞬息万变。1918年底《新青年》同人在陈独秀主持下共同筹资创办《每周评论》，以求及时“批评时政”。周作人11月27日日记：“下午至学长室议创刊《每周评论》，十二月十四日出版，任月助刊资三元。”为支持《每周评论》，在它出版之前周作人就为之写了《人的文学》这篇力作。从他日记就可见其写作情景。1918年12月5日：“下午起草小论，未了。”12月7日：“下午续作小论《人的文学》，至晚了。”12月8日：“晚抄《人的文学》七纸，夜为猫所扰不能安睡。”12月10日：“上午往校访独秀，交予《人的文学》一篇。”

陈独秀得稿盛赞“做得极好”，12月14日致信周作人，《人的文学》适合刊于《新青年》，《每周评论》“文艺时评”专栏文章则“望先生有一实物批评之文”。独秀到底是编辑行家，一文到手就知道它该发哪里，作人可能对《新青年》与《每周评论》功能区别没有透彻理解。他12月15日收到陈信立即另起炉灶。12月17日作人日记：“下午作小文了，予《每周评论》，定二十一日首期出版，晚录文未了。”这就是其新作的《平民文学》。《每周评论》原定12月14日出版，因等批文而推到这月的21日出版。其日记12月18日：“录前文，至晚了。……连日觉胃不适，又颇困倦，早睡。”12月19日：“上午寄仲甫稿一篇。”即此《平民文学》。《每周评论》于21日如期出版，作人日记12月23日：“上午往校寄仲甫稿，得《每周评论》六份。”即刊有《平民文学》的《每周评论》创刊号。周作人文思泉涌，一篇刚刊又寄一篇。此后又有《论黑幕》《祖先崇拜》《思想革命》等文，在《每周评论》上连续发表，与陈独秀《文学革命论》相呼应，产生了很大的影响。

四、他支持“由仲甫一人编辑”

陈独秀不仅是个思想家，而且是个行为艺术家。“五四”时期他密切关注着学生运动动向，以《每周评论》为阵地予以跟踪报道，1919年6月11日他则以超前的行为模仿学生运动，在北京新世界顶楼散发《北京市民宣言》，宣告：“倘政府不愿和平，不完全听从市民之愿望，我等学生、商人、劳工、军人等，惟有直接行动，以图根本之改造。”如果说从“五四”到“六三”学生的游行请愿是作为表达民意的一种特殊形式；而陈独秀的《北京市民宣言》之所谓“图根本之改造”，则已升级为颠覆政府之嫌疑了。这天，陈独秀却被警察厅密探在现场逮个正着。

次日，周作人就知道这个消息。他在日记中写道：“福源来说仲甫被捕。”又两日，他去探监。6月14日日记：“下午同李辛白、王抚五等六君至警所访仲甫，不得见。七时返，晚小雨。”

如果说《新青年》是用思想火花点燃了“五四”烈火，陈独秀的《北京市民宣言》则是以大无畏精神道出了普通市民的积愤。身受牢狱之苦的陈独秀牵动了国人的心。作为“五四”精神领袖的陈独秀犹如一座火山，立即诱发了一场以学生为主体的声势浩大的营救运动。兼有南方政府敦促北京政府尽快释放陈独秀，北京政府终于9月16日释放了被囚98天的陈独秀。陈独秀视监狱与科学研究室为世界文明的两大发源地。他从监狱回归科学研究室，竟成了《新青年》同人的盛大节日，他们弹冠相庆，李大钊、刘半农、胡适都有诗志之。周作人是9月17日闻此喜讯，日记记载：“下午一时返，知仲甫昨日出狱，晚大风。”他第二天（18日）即“至箭杆胡同，访仲甫”。（按，《知堂日想录》于此多一句：“一切尚好，唯因粗食，故胃肠受病。”）“箭杆胡同”是陈独秀的住宅与《新青年》编辑部所在地。

陈独秀出狱后无法忍受警察的监控，于是南下上海（1920年2月12日）。

当时南北政府分裂，正好为陈独秀们提供了生存空间。陈独秀是《新青年》的灵魂人物，当初是他从上海将之带到北京的，而今他南下了，《新青年》怎么办？

陈独秀出狱后的1919年10月5日，《新青年》同人讨论了杂志编辑出版事宜。作人日记："下午二时至适之寓，议《新青年》事。自七卷始由仲甫一人编辑。六时散，适之赠《实验主义》一册。"也就是说从第7卷始，取消了第6卷由陈独秀、钱玄同、高一涵、胡适、李大钊、沈尹默轮流编辑制，又回归到"由仲甫一人编辑"的状态。

"由仲甫一人编辑"的《新青年》，渐离"趋重哲学文学"的宗旨，到第7卷第6号的"劳动节纪念号"则更显"特别色彩"，引起同人的忧虑，特别是胡适的不满。行将考虑第8卷的编辑时，陈独秀1920年4月26日给包括周作人在内十二位同人写信，说：发行部合同已满期，杂志是否接续出版，若出则编辑人员有三个方案供选择：一、由在京诸人轮流担任，二、由在京一人担任，三、由弟在沪担任。对此，北京同人有次讨论。周作人日记1920年5月11日："晴。上午风，收《新青年》七卷六号二册。下午至公园赴适之约，共议《新青年》八卷事，共十二人，七时散。"讨论结果，仍由陈独秀在上海主编。

此时陈独秀住上海法租界渔阳里二号。这里，不仅是《新青年》编辑部，也是中共之发祥地。《新青年》从此成了中共发起组的机关刊物了。从第8卷起，北京同人多不再为之写稿了。唯周作人对之支持最力。除第1号无稿之外，他在第8卷第2号有1篇翻译小说，第3号2种：译诗23首、译剧一篇，第4号3种：论文1篇、诗作3首、翻译小说1篇，第5号3种：论文1篇、翻译小说1篇、随感录3篇，第6号翻译小说3篇。[①] 即使《新青年》随陈独秀再次南下到广州，"特别色彩"更加浓重，周作人仍在为之撰稿，直到1921年10月出满第9卷（6号）停刊为止。也属一种"倔强的坚持"。可见陈独秀与《新青年》在周作人心中的分量。

《周作人日记》中对陈独秀的称谓由陈君独秀（陈独秀君）到陈独秀到独秀到仲甫（独秀之字）之变迁，亦可见他们友谊之进程。

---

① 此统计见倪墨炎：《苦雨斋主人周作人》，上海人民出版社2003年版，第133—134页。

五、“看看‘中国列宁’的言论，真觉害怕”

1922年4月，陈独秀与周作人围绕“非宗教同盟”运动展开了一场论战。

1922年1月，在京的基督教学生在清华大学举行“世界基督教学生同盟”第十一次大会。这一举动引起京沪反宗教学生们的反对，先是在报刊上发表抨击文字，接着成立“非基督教学生同盟”。文化界人士予以支持并升级于3月间成立“反宗教大同盟”，在北大召开成立大会，到会五百多人，选举李大钊、蔡元培、陈独秀、汪精卫、邓中夏等三十多人为干事。会后发表《非宗教者宣言》。①国内几个大城市连锁反应，纷纷成立分盟，发布声明，一时形成较大声势。②

但这非宗教运动在周作人及其朋友那里，却引起了完全不同的反应。3月29日，周作人在《晨报副刊》上发表《报应》一文，批评北京非宗教同盟宣言“声讨的口气的太旧——太威严”，“感到一种迫压与恐怖”。3月31日，由周作人领衔，与钱玄同、沈兼士、沈士远、马裕藻4人联合发表《主张信教自由宣言》，宣称：“我们不是任何宗教的信徒，我们不拥护任何宗教，也不赞成挑战的反对任何宗教。我们认为人们的信仰，应当有绝对的自由，不受任何人的干涉，除去法律的制裁以外。信教自由，载在约法，知识阶级的人应首先遵守，至少也不应首先破坏。我们因此对于现在非基督教的同盟运动表示反对。”③

4月2日，陈独秀致书周作人等，指出：“无论何种主义学说皆应许人有赞成反对之自由；公等宣言颇尊重信教者自由，但对于反宗教者的自由何以不加以容许？宗教果神圣不可侵犯么？”“此间非基督教学生开会已被禁止，我们的言论集会的自由在那里？”“请尊重弱者的自由，勿拿自由、人道主义作为礼物向强者献媚。”④周作人也于6日作《复陈仲甫先生信》，进行反击：“先生们对于我们正当的私人言论反对，不特不蒙‘加以容许’，反以恶声见报，即明达如见者，尚不免痛骂我们为‘献媚’，其余更不必说；我相信不能不说

---

① 宣言载1922年4月4日《晨报》。

② 罗章龙：《忆北京大学新闻研究会与邵振青》，《新闻研究资料》第4辑。

③ 宣言载1922年3月31日《晨报》。

④ 文载1922年4月11日《晨报》。

是对于个人思想自由的压迫的起头了。”[①]陈独秀又于4月21日作《再致周作人》，指出周作人的观点的实质是“主张一切思想皆有不许别人反对之自由”，这与周作人等自己“反对过旧思想、神鬼、孔教、军阀主义、复辟主义、古典文学及妇女守节等等”的斗争实践是相矛盾的。[②]

在周、陈论战中，钱玄同先曾致书周作人，说非基督教同盟宣言有“改良拳匪”的味道；后又致书于周，认为争论信件似无发表之必要，以免“遭出许多不相干的人的口舌来”[③]。在陈独秀《再致》之后，周作人就不再著文辩驳。此后，非宗教运动一度沉寂了。至于日后“非基督教同盟”再掀波涛，周作人甚至单枪匹马再予应战，据理驳议，则是另一个问题，于此不表。

周作人不信任何宗教，却很重视宗教文化。他认为基督教之经典《圣书》（今称为《圣经》），不仅是欧洲文明的源泉，也能从人文精神与新兴形式上启迪着中国的新文学。他还说《旧约》的《雅歌》的价值全是文学上的，因为他本是恋爱歌集，如《诗经》中的许多情诗。而陈独秀对基督教也并无成见，尤其是1919年“在拘禁期中没有书报可读，只有一本基督教的《旧约》《新约》，全书的官话译本是不禁阅读的。他本是一位很富于感情的人，这回读了基督教的圣约，很受了感动”。[④]他出狱后所写《答半农的诗人〈D—！〉》：

> 那里有什么威权？不过几个顽皮的小弟兄弄把戏。
> 他们一旦成了人，自然会明白，自然向他戏弄过的人赔礼。
> 那时我们答道：好兄弟，这算什么，何必客气！
> 他们虽然糊涂，我们又何尝彻底！
> 当真彻底地人，只看见可怜的弟兄，不看见可恨的仇敌。[⑤]

这实则《马太福音》:“不要与恶人作对”，“要爱你的仇敌，为那逼迫你们的（人）祷告”教义的诗化表达。他在这首诗中甚至奉劝心地明白的姊妹弟

---

① 周作人：《复陈仲甫先生》，载1922年4月11日《晨报》。在此前后，周作人还发表了《各随己便》（《北京周报》第12期）、《思想压迫的黎明》（1922年4月15日《晨报》）、《思想界的倾向》（载4月22日《晨报》），继续批评“非宗教同盟”。

② 陈独秀：《再致周作人》，载1922年4月23日《觉悟》。

③ 钱玄同：《致周作人书（1922年4月8日）》，载《鲁迅研究资料》第9辑。

④《胡适手稿》第九卷（下），台湾胡适纪念馆1970年版，第545页。

⑤《陈独秀诗存》，安徽教育出版社2003年版，第147页。

兄们，对“可恨的仇敌”，“不要恨他、怨他、气他、骂他；只要倾出满腔同情的热泪，做他们成人的洗礼。受过洗礼的弟兄，自然会放下枪，放下祖宗牌，自然会和作工的不说假话的弟兄，一同走向光明里”。1920年初他还呼吁：“我们不用请教什么神学，也不用依赖什么教仪，也不用藉用什么教派；我们直接去敲耶稣自己的门，要求他崇高的、伟大的人格和热烈的深厚的情感与我合而为一。”[①]此则见独秀性格“刚烈而又温情”（陈万雄语）的一面。如果说周作人性格是“温雅中有铁”，独秀性格则是“铁中有温雅”。尽管性格组合的侧重点不一样，却有契合点，至少在“五四”时期他俩之基督教观没有分歧。

至于1922年陈独秀与周作人关于基督教争论的内容与情节，钱理群《周作人论》中之《周作人与陈独秀》有着翔实之论述[②]，于此不赘。作为一个自由主义的知识分子周作人，既不拥护任何宗教，更不是基督教徒，为何不惜撕开脸与老朋友一争呢？周作人未必知道这场争议的背后“实际主持与组织者为中共北大支部诸同志”，“是当时中共北方区领导下的革命思想战线上的伟大斗争”[③]。他一门心思为思想自由、信仰自由（包括信教自由）而争，《新青年》团队原是一群好辩之士，朋友间据理力争不足为奇，但他不能接受朋友戴帽子打棒子的行为。“请尊重弱者的自由，勿拿自由、人道主义许多礼物向强者献媚”。

没到更遥远的“日后”，就在1925年11月，胡适通过火烧《晨报》事件以及他饱受陈“同党少年丑诋”的经历，深刻地感受到：“不容忍的空气充满了国中。并不是旧势力的‘不’容忍，他们早已没有摧残异己的能力了。最不容忍的乃是一般自命为最新人物的人。”他进而说：“我怕的是这种不容忍的风气造成之后，这个社会要变成一个更残忍、更残酷的社会，我们爱自由、争自由的人，怕没有立足容身之地了。”与周作人们的“杞忧”一脉相承，从而提出一个著名观点：“凡不承认异己者的自由的人，就不配争自由，就不配谈自由。”[④]陈独秀不久也受他“同党少年丑诋”，尝到了左倾幼稚病带来的苦头，晚

---

① 陈独秀：《基督教与中国人》，《新青年》第7卷第3号，1920年2月1日。
② 钱理群：《周作人论》，上海人民出版社1991年版。
③ 罗章龙：《忆北京大学新闻研究会与邵振青》，《新闻研究资料》第4辑。
④ 胡适：《致陈独秀》（稿），《胡适来往书信集》（上），第355—356页。

年以苦痛的觉悟重探民主自由问题时，付出的代价则甚为惨重。历史就是这般无情。

好在“五四”学人交谊之道为既不以私交损真理，也不以争议碍私交。陈周之争后，并非如钱理群所说：自1922年论战以后，周作人与陈独秀之间的交往也就中止了①。

周作人1932年12月9日日记：“上午八时往北大上课，为仲甫捐洋十元。”陈独秀1932年10月15日在上海被捕，19日解押南京。老北大有个好传统，对落难的校友总要伸出援助之手。李大钊就义时如此，陈独秀入狱后也如此。周作人这次为在南京狱中的陈独秀“捐洋十元”，应不是他独自一个的行为，当是北大校友会为狱中的陈独秀安排的一次捐款活动。不过，尚不见有别的材料来支持我的推测。

以上主体以《周作人日记》为线索来发覆陈周之交往。但大象出版社1996年版的《周作人日记》只收从1898年到1934年的，从1935年到1968年的尚未出版，不知其间有无与独秀相关的内容。

六、实庵的尺牍：隔世“以慰远怀”

令人惊讶的是，在周作人《过去的工作》杂文集里，有《实庵的尺牍》②，收录陈独秀致周作人的信竟有十六封之多，展示了周陈之交的更多情节。

《实庵的尺牍》前有极为简短的说明：

> 陈独秀先生初名仲，字仲子，通称仲甫，民国六年来北京大学任文科学长，名为独秀，其后在《东方杂志》上写关于文字学的文章，署名实庵，今沿用之。仲甫来信今于纸堆中检得十六封，皆是民七至民十这四年中所寄。七八两年因为在校常见面，故信只四通，用文科学长室信封，都无年月，大抵是关于《新青年》的。

“实庵”乃陈独秀之别号或笔名。陈独秀最早使用“实庵”署名通信或写“寸铁”杂文系列是1923年的事。而用“实庵”署名在《东方杂志》发表文字

---

① 钱理群：《周作人论》，第321页。
② 周作人：《过去的工作》，河北教育出版社2002年版。

学文章《实庵字说》，则是其在南京老虎桥狱中的事。周作人将陈独秀通信命名为《实庵的尺牍》，显然是对落难朋友的怀念。

周作人收藏的陈独秀给他的十六封信，属民国七年（1918年）至民国十年（1921年）这四年间所寄的。其中民国七、八（1918年、1919年）两年，他们作为北大文科同事，虽时常见面，仍有信四通。这四封信为：

1.《新青年》稿纸弟处亦不多，乞向玄同兄取用。此复启明先生，弟独秀白。

2. 五号《新青年》之勘误表（关于大作者），希望送下，以便汇寄。此上启明兄，弟独秀。

3.《新青年》六卷一号稿子，至迟十五日须寄出，先生文章望早日赐下。商务出板书事，已函询编译处高一涵君矣。（周作人有按语："所云出板书，大概即是当初的大学丛书也。"）

4. 启明先生左右：大著《人的文学》做得极好，唯此种材料以载月刊为宜，拟登入《新青年》，先生以为如何？周刊已批准，定于本月二十一日出版，印刷所之要求，下星期三即须交稿（唯纪事文可在星期五交稿）。文艺时评一栏，望先生有一实物批评之文。豫才先生处，亦求先生转达。此颂健康，弟独秀，十四日。

最后一封是1920年12月14日的信。

周作人于此信下有按语："这里写有日子，是七年（按，即1918年）十二月的事，我于七日写了那篇《人的文学》，后又改写《平民的文学》，与《论黑幕》一文，先后在《每周评论》第四、五两期上发表。这种评论总共出了三十六期，至八年（按，即1919年）八月三十日被禁止出板。是年夏间学生运动发作，五四之后继以六三，《每周评论》甚为出力，仲甫据说在市场发什么传单，被警察所捕，其时大概是六月十一日。查旧日记云：

'六月十四日，同李辛白、王抚五等六人至警厅访仲甫，不得见。'

'九月十七日，知仲甫昨出狱。'

'十八日下午，至箭竿胡同访仲甫。'隔了十几天，又记着一项云：

'十月五日，至适之处议《新青年》事，自七卷起由仲甫一人编辑。'仲甫自此离开北京，在上海及广州办《新青年》，所以九年寄来的信都从上海来的，今择录数通于后。”

《人的文学》是周作人一生中最重要的文章之一，原拟投《每周评论》。是陈独秀慧眼识珠，移刊之于1918年12月出版的《新青年》第5卷第6号。何谓人的文学？周作人说："用这人道主义为本，对于人生诸问题，加以记录研究的文字，便谓之人的文学"；而"妨碍人性的生长，破坏人类的平和的东西"即非人的文学。提倡人的文学，排斥非人的文学乃新文化运动之使命所在。"人的文学"观，不仅将陈独秀的《文学革命论》明细化，而且启迪着人的发现、女性的发现、儿童的发现，因而胡适视之为"最平实伟大的宣言"，将"人的文学"与"活的文学"称为文学革命的两个中心理论。[①]

"人的文学"观，是周作人对新文化运动最大的理论贡献（20世纪50年代钱谷融《论"文学是人学"》，当为其历史回响），是陈独秀激发出来并发现的。这是他们交往契合之关键所在，所以双方终生难以忘怀。

《新青年》分裂，陈独秀离京南下的1920年仍有信寄周作人。他择录数通（就是说并未照本全收，而且编号也有跳跃，我仍依其旧）。

> 5. 启明兄：五号报去出版期（四月一日）只四十日，三月一日左右必须齐稿。《一个青年的梦》望豫才先生速将全稿译了，交洛声兄寄沪。六号报打算做劳动节纪念号，所以不便杂登他种文章。《青年梦》是四幕，大约五号报可以登了。豫才先生均此不另。弟仲上，二月十九夜。
>
> 我很平安，请兄等放心，见玄同兄请告诉他。

这是1920年2月19日夜的信。"五号报"指将于1920年4月1日出版的《新青年》第7卷第5号。他们通常将杂志也叫报。

《一个青年的梦》，是鲁迅（豫才）所译日本作家（亦即日本新村运动的发起者）武者小路实笃的剧本，连载于《新青年》第7卷第2至5号。

> 二月廿九日来信收到了。《青年梦》已收到了，先生译的小说还未收

---

① 胡适：《中国新文学大系·建设理论集·导言》，上海良友图书印刷公司1935年版，第29页。

到。重印《域外小说集》的事，群益很感谢你的好意。《新青年》七卷六号的出板期是五月一日，正逢Mayday佳节，故决计做一本纪念号，请先生或译或述一篇托尔斯泰的泛劳动，如何？

守常兄久未到京，不知是何缘故？

昨接新村支那支部的告白，不知只是一个通讯机关，或有实际事业在北京左近，此事请你告诉我。我们很盼望豫才先生为《新青年》创作小说，请先生告诉他。

前回有一信寄玄同兄，不知收到否，请你见面时问他一声，我很盼望他的回信。三月十一日。（周作人案，信中上下款均略，以下同。）

这是1920年3月11日的信。

"五一"劳动节纪念专号的编辑与出版，是《新青年》转向的标志。即使如此，陈独秀仍希望周作人或译或述一篇托尔斯泰的泛劳动观的文章，也盼望鲁迅为《新青年》创作小说。

10. 本月六日的信收到了。我现在盼望你的文章甚急，务必请你早点动手，望必在二十号以前寄到上海才好，因为下一月出版，最后的稿子至迟二十号必须交付印局才可排出。豫才先生有文章没有，也请你问他一声。玄同兄顶爱作随感录，现在怎么样。七月九日。

这是1920年7月9日的信。

此前的4月26日，陈独秀有信给北京同人，讨论《新青年》之何去何从。北京同人给稿件渐稀，因而陈氏催稿甚急。同年8月2日有信给胡适云："八卷一号文稿，我已张罗略齐；兄想必很忙，此期不做可以，二号报要强迫你做一篇有精彩的文章才好。"并为胡适定题："这攻击老子学说及形而上学的司令，非请吾兄担任不可。"①然胡适未应诺。因而催周作人早点动手写稿，指定日子寄稿，有点等米下锅的味道。同时希望鲁迅、钱玄同为之作文。

11. 两先生的文章今天都收到了。《风波》在这号报上印出，先生译的那篇，打算印在二号报上，一是因为印刷来不及，二是因为节省一

① 陈独秀：《致胡适》，《陈独秀书信集》，新华出版社1987年版（内部发行），第257页。

点，免得暑天要先生多写文章。倘两位先生高兴要再做一篇在二号报上发表，不用说更是好极了。玄同兄总是无信来，他何以如此无兴致？无兴致是我们不应该取的态度，我无论如何挫折，总觉得很有兴致。八月十三日。

这是1920年8月13日的信。信中的“两先生”自然是周氏兄弟。鲁迅小说《风波》刊于9月1日出版的《新青年》第8卷第1号，第2、3、4、5、6号皆有周作人之译撰。

“无兴致是我们不应该取的态度，我无论如何挫折，总觉得很有兴致”云云，恰是陈独秀的人生态度。

12. 十五日的明信片收到了。前稿收到时已复一信，收到否？《风波》在一号报上登出，九月一号准能出板。兄译的一篇长的小说请即寄下，以便同前稿都在二号报上登出。稿纸此间还没有印，请替用他纸，或俟洛声兄回京向他取用，此间印好时也可寄上，不过恐怕太迟了。八月廿二日。

鲁迅兄做的小说，我实在五体投地的佩服。

这是1920年8月22日的信，是对8月13日信中提到稿件的交代，顺便对鲁迅小说作了高度评价。

13. 二七来信已收到了。先生的文章当照来信所说的次序登出。渔阳里是编辑部，大自鸣钟是发行部，寄稿仍以渔阳里二号为宜，只要挂号，中邮也无妨。玄同兄何以如此无兴致，我真不解，请先生要时常鼓动他的兴致才好。请先生代我问候他。

《新青年》一号出板，已寄百本到守常兄处，转编辑部同人，已到否？九月四日。

这是1920年9月4日的信，是对周作人8月27日来信的答复。钱玄同是“五四”时期最激昂的角色，到1920年《新青年》转向后他已了无兴致，让陈独秀不免悬念。

15. 二号报准可如期出板。你尚有一篇小说在这里，大概另外没有文章了，不晓得豫才兄怎么样？随感录本是一个很有生气的东西，现在为我一个人独占了，不好不好，我希望你和豫才、玄同二位有工夫都写点来。豫才兄做的小说实在有集拢来重印的价值，请你问他倘若以为然，可就《新潮》《新青年》剪下自加订正，寄来付印。中秋后二日。

这是1920年中秋后二日（即9月28日）的信。

众所周知，鲁迅的第一个小说集于1923年8月由北京新潮社出版，即著名的《呐喊》。但很少有人知道，陈独秀是呼吁鲁迅将小说结集出版的第一人；当时陈于上海成立了新青年社，他欲以此社名义出版鲁迅的第一个小说集。

“随感录”是《新青年》最有特色的栏目，是“仲甫体”“鲁迅风”杂文的发祥地。到1920年，陈独秀仍希望当年的同人为之写点“很有生气的东西”，以免他“一个人独占了”。

16. 久不接你的来信，近几天在报上看见你病的消息，不知现在可好点没有？我从前也经过很剧烈的肋膜炎症，乃以外敷药及闭目息念静坐治好了，现在小发时，静坐数十分或一点钟便好了，稍剧烈便须敷药，已成慢性，倒无大妨碍了。现在最讨厌的，却是前年在警察厅得来之胃肠病，现在为他所缠扰，但还不像先生睡倒罢了。先生倘好一点能写信时，请复我数行，以慰远怀。弟独秀，六月廿九日。

这是1921年6月29日的信。这年年初，陈独秀应广东省省长陈炯明之邀，出任广东全省教育委员会委员长。周作人对这封信有按语说明：

这是民国十年的来信，从广州发出，用的是广东全省教育委员会用笺，那时新青年社移在广州，仲甫在那会里大概也有任务，或者是个委员吧。我于九年年底患肋膜炎，在家卧病三月，住医院两月，在香山碧云寺养病四月，至九月末始回家，仲甫寄这封信的时候，我正在写《山中杂信》，其三的末尾正署着六月廿九日。这信是寄给豫才转交的，我在下山之后才看见，所以山中日记上不曾记有收信的日子，但在八月廿九日、九月廿六日项下均有得仲甫来信的记录，原函却都已找不着了，所以这里可以抄录的也就只得以此为止了。

陈独秀对病中的周作人细致入微的体贴与指导，则恰见独秀性格的另一面。

周作人这篇《实庵的尺牍》作于“乙酉八月廿九日”，即1945年8月29日。此夕为何夕？

周作人在抗战期间的1940年附逆充当汪伪政府之“教育总署督办”，尽管于1943年初被免，这历史污迹却百口难辩。1945年8月14日，日本天皇正式宣布无条件投降，蒋介石即在电台发表演说，对汉奸的惩处“不论职守，只问行为”。周作人自忖“行为”无大的罪恶，这年的8月22日他接受了北大文学院国文系主任的任职，9月末新学期开始了，他为自己安排了两门课：佛教文学与国文研究法。他侥幸地期待与抗战前一样，在北大教书，在苦雨斋品茶写作。新学期伊始，他真的在大一讲了三次国文研究法。此时，检举汉奸运动开始了，周作人被停课。

也就是说，《实庵的尺牍》是在周作人重新走上北大讲堂之前且对未来的汉奸检举运动毫无心理准备时写的。而老友陈独秀已在三年前的1942年5月27日逝世于四川江津。他对独秀之死虽未置一辞，而对老友以及与老友相处的《新青年》时代的怀念，却弥漫于字里行间。“未著一字，尽得风流”，是周作人小品作法之一绝。

收有包括《实庵的尺牍》在内十五篇文章的杂文集《过去的工作》，是周作人1945年4月至11月间的作品。书稿由曹聚仁携赴香港，1959年11月出版于香港新地出版社，署名知堂。我们知道此时周作人先以“通谋敌国”罪在南京老虎桥监狱坐了三年多的牢（陈独秀在《东方杂志》发表《实庵字说》时也在这老虎桥监狱），后又以戴罪之身在新政权下苟且偷生了十年，这文集中他所寄托的感慨应相当复杂；而《实庵的尺牍》更是对老友独秀隔世“以慰远怀”了。

七、最后回想中的“卯字号名人”

《过去的工作》还有一篇《曲庵的尺牍》，收录刘半农的信。周作人在一则按语中盛赞“五四”学人：

> 其时正属《新青年》时代，大抵以五四为中心前后数年，约计自民六至民十，此六七年间改革空气起于文化界各方面，而《新青年》实为

前驱，论文之外有随感录尤为精锐，对于陈旧物事无所不攻，亦攻无不破，写作者甚多，最有力者独秀、玄同、半农，余悉在其次。随感录的目标既无限制，虽然当时所攻击者只是旧道德、旧文学以及旧剧，其手法亦无限制，嬉笑怒骂，无所不可，宁失之苛，不可轻纵，后来回顾颇有幼稚处，唯其时对于遗老遗少实只有敌意，也是莫怪的。

此后周作人怀念独秀的文字，多见于其《知堂回想录》。《知堂回想录》初名《药堂谈往》，是周作人晚年应老友曹聚仁之邀，为香港《新晚报》撰写的一组自述文章。从1960年末开始，陆续写了两年时间，于1962年12月完成，共四卷207节，近40万字。《新晚报》连载了一部分，1970年5月由香港三育图书文具公司出版了单行本，此时作人已经去世近三年了。

《知堂回想录》是周作人最后一部作品，也是他所有著作中篇幅最长的一部。周在“缘起”“后序”中一再申说，虽然“寿则多辱”，他用余生所记录的都是事实，绝没有“诗化”的成分。

《知堂回想录》中的重头戏是写老北大故事，北大人中写得最多的自然是北大校长蔡元培，其次就是北大文科学长、《新青年》主编陈独秀。

北大文科教员预备室被称为“卯字号”，“卯字号”最有名的逸事，是这里有两个老兔子和三个小兔子：陈独秀与朱希祖是己卯年（1879年）生的，又有三人则是辛卯年（1891年）生，那是胡适之、刘半农和刘文典，在民国六年（1917年）才只二十七岁，少老兔子一轮。周作人依年齿为序对卯字号名人一一介绍。在第三卷第122节“卯字号名人二”介绍陈独秀。

这里第二位的名人乃是陈独秀。他是蔡孑民校长以后所聘的文科学长，大约当初也认识吧，但是他进北大去，据说是由沈君默（当时他不叫尹默，后来因为有人名沈默君，所以他把口字去了，改作尹默，老朋友叫他却仍然是君默，他也不得不答应）的推荐。其时他还没有什么急进的主张，不过是一个新的名士而已，看早期的《青年杂志》当可明了，及至杂志改称《新青年》，大概在民六这一年里逐渐有新的发展，胡适之在美国，刘半农在上海，校内则有钱玄同，起而响应，由文体改革进而为对于旧思想之攻击，便造成所谓文学革命运动。到了学年开始，胡适之、刘半农都来北大任教，于是《新青年》的阵容愈加完整，而且这与北大也就发生不可分的关系了。但是月刊的效力还觉得是缓慢，何况《新青年》又并不能按时每月出版，所以大家商量再来办一个周刊之类的东西，可以更为灵活方便一点。这事仍由《新青年》同人主持，在民七（一九一八）的冬天筹备起来，在日记上找到这一点记录：

“十一月廿七日，晴。上午往校，下午至学长室议创刊《每周评论》，十二月十四日出版，任月助刊资三元。”那时与会的人记不得了，主要的是陈独秀、李守常、胡适之等人。结果是十四日来不及出，延至廿一日方才出第一号，也是印刷得很不整齐。当初我做了一篇《人的文学》，送给每周评论，得独秀复信云：

“大著《人的文学》做得极好，唯此种材料以载月刊为宜，拟登入新青年，先生以为如何？……”我接到此信，改写《平民的文学》与《论黑幕》二文，先后在第四、五两期上发表。随后接连地遇见“五四”和“六三”两次风潮，《每周评论》着实发挥了实力，其间以陈独秀守常之力为多。但是北洋的反动派，却总是对于独秀眈眈虎视，欲得而甘心，六月十二日独秀在东安市场散放传单，遂被警厅逮捕，拘押了起来。日记上说：

“六月十四日，同李辛白王抚等五六人至警厅，以北大代表名义访问仲甫，不得见。”

“九月十七日，知仲甫昨出狱。”

“十八日下午，至箭竿胡同访仲甫，一切尚好，唯因粗食，故胃肠受病。”在这以前，北京御用报纸经常攻击仲甫，以彼不谨细行，常作狭斜之游，故报上纪载时加渲染，说某日因争风抓伤某妓下部，欲以激起舆论，因北大那时有进德会不嫖不赌不娶妾之禁约也。至此遂以违警见捕，本来学校方面也可以不加理睬。但其时蔡校长也经出走，校内评议会多半是“正人君子”之流，所以任凭陈氏之辞职，于是拔去了眼中钉，反动派乃大庆胜利了。独秀被捕后，《每周评论》由李守常、胡适之主持，二人本来是薰莸异器，合作是不可能的，但事实上没有别的办法。日记上说：

“六月廿三日，晴。下午七时至六味斋，适之招饮，同席十二人，共议每周评论善后事，十时散。”来客不大记得了，商议的结果大约也只是维持现状，由守常、适之共任编辑，生气虎虎的《每周评论》，已经成了强弩之末，有几期里大幅的登载学术讲演，此外胡适之的有名的“少谈主义多谈问题”的议论恐怕也是在这上边发表的。但是反动派还不甘心，在过了一个多月之后，《每周评论》终于在八月三十日被停刊了，总共出了卅六期。《新青年》的事情，以后仍归独秀去办，日记上记有这一节话：

“十月五日，晴。下午二时至适之寓所，议《新青年》事，自七卷始，由仲甫一人编辑，六时散，适之赠所著《实验主义》一册。”在这以前，大约是第五六卷吧，曾议决由几个人轮流担任编辑，记得有独秀、适之、守常、半农、玄同和陶孟和这六个人，此外有没有沈尹默，那就记不得了，我特别记得是陶孟和主编的这一回。我送去一篇译稿，是日本江马修的小说，题目是《小的一个人》，无论怎么总是译不好，陶君给我添了一个字，改作《小小的一个人》，这个我至今不能忘记，真可以说是“一字师”了。关于《新青年》的编辑会议，我一直没有参加过，《每周评论》的也是如此，因为我们只是客员，平常写点稿子，只是遇着兴废的重要关头，才会被邀列席罢了。[①]

这段文字堪称周陈“五四”时期交往的小史，也是北大改革与文学革命兴起的一段简史。这里有几个看点：

其一，从《青年杂志》到《新青年》，经一校一刊的结合，“由文体改革进而为对旧思想之进攻，便造成所谓文学革命运动”，显示了文学革命的发展逻辑。

《知堂回想录》第三卷第116节说到周氏弟兄最初印象中的《青年杂志》：

即如《新青年》吧，它本来就有，叫作《青年杂志》，也是普通的刊物罢了，虽是由陈独秀编辑，看不出什么特色来。后来有胡适之自美国寄稿，说到改革文体，美其名曰“文学革命”，可是说也可笑，自己所写的文章都还没有用白话文。第三卷里陈独秀答胡适书中，尽管很强硬

① 周作人：《知堂回想录》，安徽教育出版社2008年版，第246—248页。此书现在版本较多，相较而言，安徽教育版校订较精。

的说："独至改良中国文学当以白话文学正宗之说，其是非甚明，必不容反对者有讨论余地，必以吾辈所主张者为绝对之是，而不容他人之匡正也。"可是说是这么说，做却还是做的古文，和反对者一般。（上边的这一节话，是抄录黎锦熙在《国语选刊》创刊号所说的。）我初来北京，鲁迅以《新青年》数册见示，并且述许季茀的话道，"这里边颇有些谬论，可以一驳。"大概许君是用了民报社时代的眼光去看它，所以这么说的吧。但是我看了却觉得没有什么谬，虽然也并不怎么对，我那时也是写古文的，增订本《域外小说集》所说梭罗古勃的寓言数篇，便都是复辟前后这一个时期所翻译的。经过那一次事件的刺激，和以后的种种考虑，这才翻然改变过来，觉得中国很有"思想革命"之必要，光只是"文学革命"实在不够，虽然表现的文字改革自然是联带的应当做到的事，不过不是主要的目的罢了。

这是周氏弟兄当初之《新青年》观，既见《新青年》有个发展过程，也见他们彼时尚在"写古文"之境，与《新青年》有些隔，如"许君是用了民报社时代的眼光去看它"，这固为一家之言。其实《青年杂志》一开张就在中国社会掀起了较大动静，决非如后世史家所云：只是"一个既无人喝彩，也无人反对的普通刊物"，至于他们以作人之言为口实则为其始料莫及。

其二，北大改革与新文化运动（包括"五四运动"），在外受1917年7月张勋复辟事件刺激，在内受蔡元培"古今中外""兼容并包"办学方针的包容，而在文科改革与文学革命这两个阵地上皆勇猛实施的主将是陈独秀。

《知堂回想录》第四卷第166节先介绍蔡元培怎么与校内外的反改革势力斗争：

（蔡元培）他的成功也不是一帆风顺的。学校里边先有人表示不满，新的一边还没有表示排斥旧的意思，旧的方面却首先表示出来了。最初是造谣言，因为北大最初开讲元曲，便说在教室里唱起戏文来了，又因提倡白话文的缘故，说用《金瓶梅》当教科书了。其次是旧教员在教室中谩骂，别的人还隐藏一点，黄季刚最大胆，往往昌言不讳。他骂一般新的教员附和蔡孑民，说他们"曲学阿世"，所以后来滑稽的人便给蔡子民起了一个绰号叫做“世”，如去校长室一趟，自称去“阿世”去。知道这个名称，而且常常使用的，有马幼渔、钱玄同、刘半农诸人，鲁迅也是其中之一，往往见诸书简中，成为一个典故。报纸上也有反响，上海研究系的《时事新报》开始攻击，北京安福系的《公言报》更加猛攻，由林琴南出头，写公开信给蔡子民，说学校里提倡非孝，要求斥逐陈胡诸人。蔡答信说，《新青年》并未非孝，即使有此主张，也是私人的意见，只要在大学里不来宣传，也无法干涉。林氏老羞成怒，大有借当时实力派徐树铮的势力来加压迫之势，在这时期五四风潮勃发，政府忙于应付大事，学校的新旧冲突总算幸而免了。

然后笔锋一转，说：

此外还有一个人，这人便是陈仲甫，他是北京大学的文科学长，也是在改革时期的重要脚色。

在第三卷第118节则转引1919年3月18日《公言报》之长篇记事《请看北京学界思潮变迁之近状》说：

北京大学之新旧学派。北京近日教育虽不甚发达，而大学教师各人所鼓吹之各式学院，则五花八门，颇有足纪者。国立北京大学自蔡子民任校长后，气象为之一变，尤以文科为甚。文科学长陈独秀氏以新派首领自居，平昔主张新文学甚力，教员中与陈氏沆瀣一气者，有胡适、钱玄同、刘半农、沈尹默等，学生闻风兴起，服膺师说，张大其辞者，亦不乏人。

于是天下集矢陈独秀，校外有林纾小说含沙射影，校内有黄侃借宿怨与之“冲突”，“五四”之后又遭牢狱之灾，更有流言杀人。小报对其“不谨细行”大加渲染。周作人说：

涉足于花柳场中，这在旧派的教员是常有的，人家认为当然的事。可是在新派便不同了，报上时常揭发，载陈老二抓伤妓女等事，这在高调进德会的蔡子民，实在是很伤脑筋的事。（第四卷第166节）

这本是旧派人物攻击新派人物的一种手段（胡适也持此观点），但校内“正人君子”汤尔和、沈尹默等却“包围”蔡元培任陈辞职。周作人说：“于是拔去了眼中钉，反动派乃大庆胜利了。”从此也能见出周作人的基本立场，自加盟《新青年》团队后，他始终站在陈独秀一边，无论其兴衰成败都不动摇。“五四”时期周作人堪称独秀的“铁杆粉丝”。

其三，周氏弟兄都是从《新青年》走出来，没有《新青年》或许就没有新文学史上这两员大将。周作人在《回想录》第四卷第166节说：

> 我们与仲甫的交涉，与其说是功课上，倒还不如文字上为多，便是都与《新青年》有关系的，所以从前发表的一篇《实庵的尺牍》，共总十六通，都是如此。如第十二是一九二〇年所写的，末尾有一行道：
>
> “鲁迅兄做的小说，我实在五体投地的佩服。”在那时候，他还只看得《孔乙己》和《药》这两篇，就这样说了，所以他的眼力是很不错的。九月来信又说：
>
> “豫才兄做的小说，实在有集拢来重印的价值，请你问他倘若以为然，可就《新潮》《新青年》剪下自加订正，寄来付印。”等到《呐喊》在一九二一年的年底编成，第二年出版，这已经在他说话的三年之后了。

“他的眼力是很不错的”，这是周作人由衷之言。独秀的眼力，不仅有编辑的敏感、学术的功底，更有审美的慧眼。所以他能发现和激发出周作人的艺术理论与鲁迅的小说创作的实力；能将周作人《人的文学》推到文学革命宣言的档次，将鲁迅《狂人日记》变成“攻击吃人的礼教的第一炮”（周作人语）。从此，周氏弟兄从或“觉得没什么谬，虽然也并不怎么对”这“中庸”之境、或“隐默”于“俟堂”（即“待死堂”）的“猫头鹰”，一跃成为新文化运动的双星座。因而周氏弟兄对独秀都心存感激。鲁迅说他的“呐喊”是“听将令”的遵命文学，作人在生命最后的回想中总徘徊着独秀的身影。

周作人实事求是地说，“我们”周氏弟兄无论是《新青年》，还是《每周评论》，都只是“客员”，只是在两个报刊“遇着兴废的重要关头”，如《新青年》的转向，“才会被列席罢了”，并没有真的参加那编委会（假若《新青年》有个编委会的话），他视周氏弟兄参加编委会的说法为“诗化”成分。他的回想录力戒“诗化”只写实事。在“诗化”回忆录纷出的当下，作人的写作态度值得敬重。

不过，他字里行间对胡适的鄙薄，应是受了刚过去不久的全国批胡运动的影响。其实他与胡适一直很友善，不像“大先生”与胡博士有过节。

独秀精神的青春版

——陈独秀与学生领袖傅斯年

我们应当敬从的是疯子，最当亲爱的是孩子。

疯子是我们的老师，孩子是我们的朋友。

我们带着孩子，跟着疯子走——走向光明去。

《新潮》主编、“五四”旗手傅斯年如是说。

一、傅斯年论陈独秀：光焰万丈的大彗星

“中国革命史上光焰万丈的大彗星。”这是傅斯年对陈独秀的评价。陈独秀1932年10月15日在上海被捕，10月19日解押南京。10月30日傅斯年在《独立评论》（第24号）上发表名文《陈独秀案》，上面所言即此文的结束语。傅文与同日胡适在北大讲演《陈独秀与文学革命》、翌年4月蔡元培之《独秀文存序》一起，对南京狱中的陈独秀构成强大的道义声援。

傅斯年时任中央研究院历史语言研究所所长。傅文以民主革命为线索对陈独秀数十年的革命历史作了极高亦极全面的评价。他首先对“近代革命”作了符合中国实际的界定。他说：

这里所论革命者，不只政治革命，应该概括一切社会的、文艺的、思想的改革而言。本来近代的革命不单是一种政治改变，而是一切政治的、思想的、社会的、文艺的相互改革，否则革命只等于中国史上之换朝代，试问有何近代意义呢？且就中山先生的“三民主义”看，其中含有无限的社会改造，何曾是“你去我来”的公式呢？

清末陈氏在日本时，加入革命团体，而与当时长江革命人士一派较亲密，与粤浙各部分较疏，又以他在学问上及著文的兴趣，与《国粹学

报》《民报》诸人同声之来往最多，然而因为他在思想上是胆子最大，分解力是最透辟的人，他永远是他自己。东南革命时，他先在南京，后到安徽都督府中做柏文蔚先生之秘书长。民国二年，反袁举义，失败逃亡，在日本度他那穷得只有一件汗衫，其中无数虱子的生活。袁世凯死了，他回来，在上海开始办《新青年》。要知道陈独秀对于革命的贡献，《新青年》便是最重要的证据。

傅斯年的革命观远远超越那改朝换代的政治革命，而更看重社会、文艺、思想方面的“改革”。正是从这个概念出发，傅斯年于政治革命之外，更视陈独秀为思想革命的功勋；就思想革命，他尤重视《新青年》在近代思想革命史上的地位。他说：

《新青年》可以分做三个时期看：一是自民国四年九月创刊时至民国六年夏，这时候他独力编著的；二是自民国六年夏至九年初，这是他与当时主张改革中国一切的几个同志特别是在北京大学的几个同志共办的，不过他在这个刊物中的贡献比其他人都多，且他除甚短时期以外，永是这个刊物的编辑；三是自民国十年初算起，这个刊物变成了共产主义的正式宣传刊物，北大的若干人如胡适之先生等便和这个刊物脱离了关系。现在从《新青年》中看陈氏之贡献与变迁是很明了的。

独秀是在反袁的立场上最努力的人，文字的和实际政治皆然。袁氏代表什么呢？若把袁氏看做代表帝制，真正太把事情看浅了。蔡孑民先生的见解最彻底，他说：“袁氏之为人，盖棺论定，似可无事苛求。虽然，袁氏之罪恶非特个人之罪恶也。彼实代表吾国三种之旧社会：曰官僚、曰学究、曰方士。畏强抑弱，假公济私，口蜜腹剑，穷奢极欲，所以表官僚之黑暗也。天坛祀帝，小学读经，复冕旒之饰，行拜跪之仪，所以表学究之顽旧也。武庙宣誓，教会祈祷，相士贡谀，神方治疾，所以表方士之迂怪也。今袁氏去矣，而此三社会流毒果随之以俱去乎？”（《旅欧杂志》第三号）

袁氏之死，虽不曾将这三种社会带了去，而反应之下却给反对这三种社会的分子一个阳春。《新青年》便应运而生于民国四年之秋。那时候的志士虽也知道中国的问题并不简单，然而总看见希望在前面，希望且寄托正在青年身上，在能以天所付给之体力智力为基础，西洋近代文明之贡献为工具，以刷洗这千年的瑕秽。独秀把这个意思透辟的扼要的，写在他的《新青年》发刊词中，他说：……

发轫于这个立点上，则后来之伦理革命论，文学革命论，民治论，以及社会主义，都是自然的趋势，必然的产物。

而陈氏之发挥这个立点，尤有一个基本精神，即是他的猛烈的透辟的自由主义。我们可于他的《法兰西人与近世文明》中（《新青年》第1卷第1号）看出他自己造成之来源，他的精神到底是法兰西革命的产品，并不是一个普罗的产品，这或者是他终久〔究〕受不了第三国际的部勒，而做它的异端之缘故罢？

他在这个立点上发轫，自然要着眼到教育问题，他于教育问题上标出四个纲领：（一）现实主义，（二）唯民主义，（三）职业主义，（四）兽性主义。（《新青年》第1卷第2号）这样的一个教育纲领现在还不是过时的，而兽性主义尤其需要。他于“兽性主义”一节下说：

“人间道德之活动，乃无道德的冲动之继续。良以人类为他种动物之进化，其本能与他种动物初无异致，所不同者，吾人独有自动的发展力耳。强大之族，人性兽性同时发展，其他或仅保兽性，或独专人性而兽性全失，是皆堕落衰弱之民也。

兽性之特长谓何？曰，意志顽很，善斗不屈也；曰，体魄强健，力抗自然也；曰，信赖本能，不依他为生活也；曰，顺性率直，不饰伪自文也。”

其“抵抗力”一篇（同书第1卷第3号）痛论我国人“今日卑劣无耻退葸苟安，诡易圆滑之国民”，正和他的兽性主义相发明，在今天举国不振作之情况下看来，尤觉亲切。他的思想中这个“尼采层”是使他最不能对中国固有不合理的事物因循妥协的，也正是他的文学革命、伦理改造两运动中之原动力。

傅斯年感同身受地看到袁世凯死后封建势力的三个代表：官僚、学究、方士并没有被袁带进棺材，反封建的历史任务任重道远。《新青年》则“应运而生”。《新青年》即寄希望于青年，借近代西方之文明以刷洗中国千年的封建瑕秽。傅斯年认为陈在《敬告青年》的发刊词中所揭示的“六义”就是《新青年》历史使命透辟而扼要的表达，也是其思想革命的“立点”，而后来由《新青年》掀起的伦理革命、文学革命、民治、社会主义都是其必然产物。

傅斯年视前期陈独秀为“猛烈的透辟的自由主义”者，而其精神来源一为法兰西革命，一为与“兽性主义”相伴生的“尼采层”。

陈独秀钟爱法兰西文化有他的自白："近代文明之特征，最足以变古之道，而使人心社会划然一新者，厥有三事：一曰人权说，一曰生物进化论，一曰社会主义是也"，“此近世三大文明，皆法兰西人之赐。世界而无法兰西，今日之黑暗不识仍居何等”。[①]而“尼采层”则是傅斯年的发现，他是第一个从这个层面来认识陈独秀的。六十多年后陈鼓应或受此影响在《悲剧哲学家尼采》一书中辟专章论及陈独秀与尼采的精神联系。

有此前提，傅文进而论述了陈独秀的文学革命、伦理改革、社会主义三大贡献。他这样评价陈独秀与胡适《文学改良刍议》相呼应的《文学革命论》：

> 这真是一个最积极的新文学主义，同时也是中国文学史及革命史一个不磨的文件！以后文学改革的趋势多集中在白话问题，诚然，这是初步中最基本的问题，然而白话终不过是个寄托物。用白话来做写实主义的文学固然方便，用它来做古典主义也未尝不可，用它来写人道主义固然方便，用它来写萨胧生活也一样方便。……独秀开头便看得透辟，以为文学革命之凭借第一是用白话以代古文，第二是借欧洲新文艺之真实，以代中国传统文学之虚伪，所以当年文学改革运动不仅是个形式主义，且是一个质料问题。
>
> 独秀当年最受人攻击者是他的伦理改革论，在南在北都受了无数的攻击、诽谤及诬讯。我觉得独秀对中国革命最大的贡献正在这里，因为新的政治决不能建设在旧的伦理之上，支持封建时代社会组织之道德决不适用于民权时代，爱宗亲过于爱国者决不是现代的国民，而复辟与拜孔，家族主义与专制政治之相为因果，是不能否认的事实。独秀看出徒然的政治革命必是虎头蛇尾的，所以才有这样探本的主张。
>
> 独秀在《新青年》八卷以前对社会主义的倾向全没有具体化，但《新青年》自第六卷起渐注重社会问题，到第七卷的下半便显然看出马克思主义的倾向了……

---

① 陈独秀：《法兰西人与近世文明》，《独秀文存》，安徽人民出版社1987年版，第10、12页。

凡以上三事——文学革命、伦理改革、社会主义——是民国五年至十一二年中最大的动荡力。没有这个动荡力，青年的趋向是不会改变的，青年的趋向不改变，则国民党之改组与国民革命军运动之成事皆不得其前提。这个历史的事实，不能因为陈独秀现在缧绁之中而抹杀之！

傅文主张以1927年“四·一二”国民党清共为界将陈独秀“一生行迹”分为三段来看。前述三大贡献是清共前十年的革命史。清共中陈在法律上是“罪犯”，但当时他没“被捉到”。而清共后，陈被正统派的中共开除，弄得中国不能容，苏俄也不能容，姑且利用上海之多国政治潜藏于一时，已是一个“穷困颠连”的卖文为生的学者，从法律上看他已不是“现行犯”了。

傅文强调陈前期的三大革命贡献，与国民党前期革命方向是一致的。在批驳了国民党传媒自相矛盾的种种怪论之后，傅从道义与法理上呼吁：

考虑陈独秀与中国改造运动的关系，与国民革命之关系，与中国二十年来革命历史的关系，我希望政府处置此事，能够（一）最合法，（二）最近情，（三）看得到中国二十年来革命历史的意义，（四）及国民党自身的革命立场。我希望政府将此事付法院，公开审判，我并不要求政府非法宽纵。我希社会上非守旧的人士对此君加以充分之考量，在法庭中判决有罪时，不妨依据法律进行特赦运动。政府以其担负执法及维持社会秩序之责任，决无随便放人之理，同时国民党决无在今日一切反动势力大膨胀中杀这个中国革命史上光焰万丈的大彗星之理！

二、陈独秀支持《新潮》的创办

傅称陈独秀是“中国革命史上光焰万丈的大彗星”，这是何等崇高的评价！傅斯年之所以如此评价陈独秀，溯其源还在于“五四”新文化运动。

傅斯年本身就是“五四”新文化运动的丰硕成果。不仅如此，他还是“五四”爱国运动的真正旗手。

诚如陈独秀所云：“新文化运动是人的运动。”人的运动，也就是人的发现、人的觉悟、人的解放运动。“后来责任，端在青年。”随着新文化的深入，北大学生也在重新组合。最典型的莫过于傅斯年（孟真），他本是黄侃的高足，“中国文学系”的学生，并学着老师的模样穿大袍褂，拿大葵扇，原是守旧的，但他的中国文学很有根柢，学生称他为“孔子以后的第一人”，可见他在学生中的威望。他曾率领同学轰走一个不称职的老师。胡适一上讲堂，“居然大胆的想绞断中国的哲学史”，“这一班学生都说这是思想造反”。于是请“无冕之王”傅斯年来鉴定一下，要不要把这个张口“胡说”的年轻教授也照例轰走。他耐心听了几天以后，告诉同学们说：“这个人书虽读得不多，但他走的这一条路还是对的，你们不能闹。”就凭这一席话，傅斯年就由“黄门侍郎”变成了“胡门御史”，从此与胡适成莫逆之交。罗家伦说：“那时我们常去（胡家），先则客客气气的请教受益，后来竟成为讨论争辩肆言无忌的地方。适之先生甚惊异孟真中国学问之专与精，和他一接受以科学方法整理旧学以后的创获之多与深。适之先生常是很谦虚地说，他初进北大做教授的时候，常常提心吊胆，加倍用心，因为他发现许多学生的学问比他强。”[①]然而傅斯年对胡适，终身执弟子礼，终身维护胡适，以至胡适晚年还说：“我这个二十几岁的留学生，在北京大学教书，面对着一班思想成熟的学生，没有引起风波；过了十几年以后才晓得是孟真暗地里做了我的保护人。”[②]罗家伦说：“当时的真正国学大师如刘申叔（师培）、黄季刚（侃）、陈伯弢（汉章）几位先生，也非常喜欢孟真，抱着老儒传统的观念，想他继承仪征学统或太炎学派等衣钵。孟真有徘徊歧路的资格，可是有革命性、有近代头脑的孟真，决不徘徊歧路，竟一跃而投身文学革命的阵营了。以后文学革命的旗帜，因得孟真而大张。”[③]

《新青年》提出争辩的所有问题都吸引着学生们，他们也在争辩着。傅斯年与顾颉刚共居一室，俞平伯、汪敬熙和罗家伦，“都是他房间里的不速之客，天天要去，去了就争辩”。这批学生还把汉花园北大十院的国文教员休息室叫“群言堂”（取“群居终日，言不及义”语），把图书馆主任室（即

---

① 罗家伦：《元气淋漓的傅孟真》，《谔谔之士：名人笔下的傅斯年、傅斯年笔下的名人》，东方出版中心1999年版。按，罗家伦在《元气淋漓的傅孟真》中记叙了傅斯年们轰走不称职教师的故事。有位章太炎之弟子朱蓬仙教授，所教《文心雕龙》非其所长，在课堂上屡出错误。有位张姓同学借到朱教授讲义，傅斯年一夜看完，摘出三十几条错误，由全班签名上书蔡元培校长，请求补救。蔡看了不信是学生发觉的，疑为教授们互为攻讦。于是突然召见签名的学生。同学们也慌了，一怕校长要考他们，二怕孟真一人承担，责任太重，于是在见蔡之前每人分任几条，有备而进。果然蔡校长当面口试，分担的人回答得头头是道，考完之后，蔡一声不响，学生们鞠躬退出。退出以后个个大笑，没有选这门课的罗家伦也在旁大笑。不久这门课就由黄侃来担任了。

② 胡适：《傅孟真先生的思想》，《胡适言论集》（甲编），（台北）华国出版社1953年版。

③ 罗家伦：《元气淋漓的傅孟真》，（台北）“中央日报”1950年12月31日。

李大钊办公室）叫“饱无堂”（取“饱食终日，无所用心”之意），这两个地方，每到下午三点以后，常常是师徒满座，聚议问难。相对而言，前者多南方人，后者多北方人。群居终日言不及义，是顾亭林批评南方人的；饱食终日无所用心，是他批评北方人的。罗家伦追忆：“这两个房子里面，当时确是充满学术自由的空气。大家都是持一种处士横议的态度。谈天的时候，也没有时间的观念。有时候从饱无堂出来，走到群言堂，或者从群言堂出来走到饱无堂，总以讨论尽兴为止。饱无堂还有一种好处，因为李大钊是图书馆主任，所以每逢图书馆的新书到时，他们可以首先看到，而这些新书遂成为讨论之资料。当时的文学革命可以说是从这两个地方讨论出来的，对于旧社会制度和旧思想的抨击也产生于这两个地方。这两个地方的人物，虽然以教授为主体，但是也有许多学生时常光临，至于天天在那里的，恐怕只有我和傅孟真（斯年）两个人，因为我们的新潮社和饱无堂只隔着两个房间。”[①]

陈独秀曾一度对傅斯年背叛师门的行为有所怀疑，担心他是黄侃们派来潜伏卧底的。待读到他的文章，确信他就是自己期待的那种“新鲜活泼”的青年，该是何等高兴。陈独秀与蔡元培、胡适一样热切期待青年尤其是北大学子们“把你自己这块材料铸造成器”，从而“有益于社会”。1918年、1919年两年是傅斯年一生写作最旺盛、思想最激进时期，两年他共发表五十多篇文章，而其基本主题是为新文化运动尤其是文学革命推波助澜。其中《文学革新申义》《文言合一草议》《戏剧改良各面观》《再论戏剧改良》等都是1918年在《新青年》上发表的，都是直接参与陈独秀、胡适发起的文学革命、戏剧改良的论战；同年发表的《致蔡元培书：论哲学门隶属文科之流弊》，则是对文科改造的建设性发言。这既显示他的思想倾向，也展现他的学术实力。陈独秀本来要破格吸收傅斯年为《新青年》编委，1918年10月当他得知傅斯年们要创办《新潮》时，就慨然应诺：“只要你们有创办的决心和长久支持的志愿，经济方面可以由学校负担。”于是“新潮社”于1918年12月3日宣告成立。如罗家伦所言，编辑部就设在图书馆“饱无堂”的旁边。

《新潮》月刊创刊于1919年1月，新潮的英文是文化复兴的意思，这是顾问胡适的意志的反映。杂志宗旨：（一）批判的精神；（二）科学的主义；

---

① 罗家伦：《蔡元培时代的北京大学与五四运动》，（台湾）《传记文学》第54卷第5期。

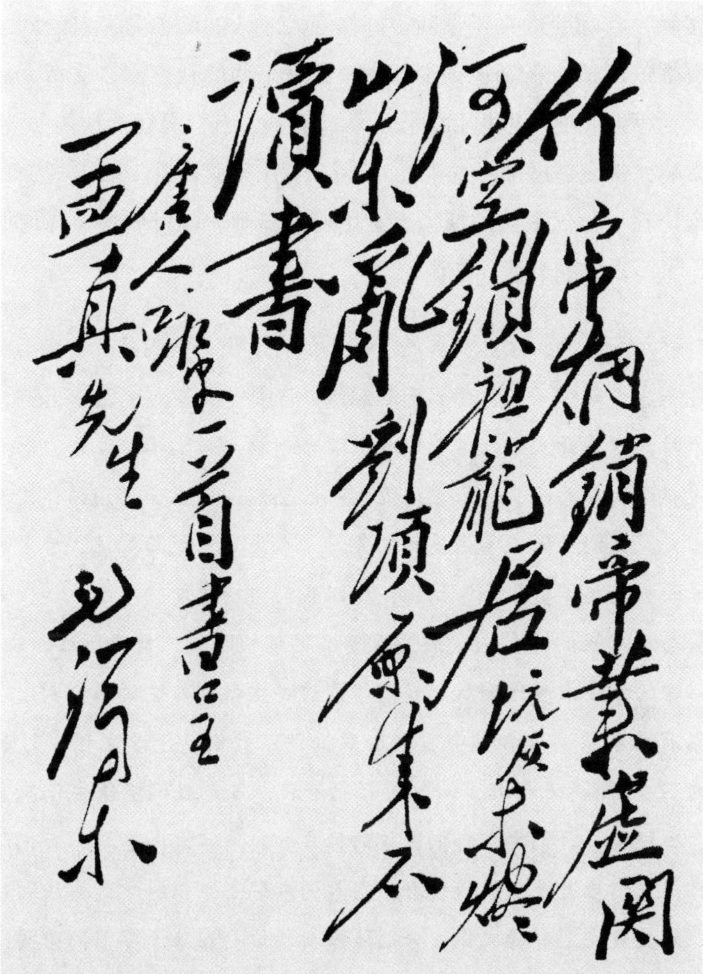

毛泽东在延安书赠傅斯年的斗方，写的是晚唐诗人章碣的《焚书坑》:“竹帛烟销帝业虚，关河空锁祖龙居。坑灰未烬山东乱，刘项原来不读书。”

（三）革新的文词。傅斯年、罗家伦负责编辑，经理人有康白情、徐彦之，杨振声为编辑部书记，社员不过二十多人，其中有顾颉刚、汪敬熙、俞平伯、江绍原、叶绍钧等，教师王星拱、周作人及《晨报》的孙伏园也参与其中。《新青年》俨然《新潮》的精神导师，傅斯年、罗家伦等天天与《新青年》主持者相接触，与聪明远过于学问、好作惊人之语的陈独秀，对学问下过苦功仍小心翼翼的胡适，新知识很少却满口说新东西的钱玄同，文章大好人也大好的李大钊等彼此交流思想和主张。然《新潮》有“勇猛的精神”，在青年学生中的影响，甚或超过《新青年》，可谓“青出于蓝而胜于蓝”。

罗家伦在《元气淋漓的傅孟真》中对《新潮》的发展势头与傅斯年的扛鼎作用作了写真式的解读。他说：

> 一九一八年，孟真和我还有好几位同学抱着一股热忱，要为文学革命而奋斗。于是继《新青年》而起组织新潮社，编印《新潮》月刊，这是在这个时代中公开主张文学革命的第二个刊物。我们不但主张，而且实行彻底地以近代人的语言，来表达近代人的思想，所以全部用语体文而不登载文言文。我们主张文学主要的任务，是人生的表现与批评，应当着重从这个方面去使文学美化和深切化，所以我们力持要发扬人的文学，而反对非人的与反人性的文学。我们主张学术思想的解放，打开已往传统的束缚，用科学的方法来整理国故。我们推广这种主张到传统的社会制度方面，而对固有的家族制度和社会习惯加以批评。我们甚至于主张当时最骇人听闻的妇女解放。《新潮》的政治彩色不浓，可是我们坚决主张民主，反封建、反侵略。我们主张我们民族的独立和自决。总而言之，我们深信时至今日，我们应当重定价值标准，在人的本位上，以科学的方法和哲学的态度，来把我们固有的文化，分别地重新估价。在三十年前的中国，这一切的一切，是何等的离经叛道、惊世骇俗。我们主张的轮廓，大致与《新青年》主张的范围，相差无几。其实我们天天与《新青年》主持者相接触，自然彼此间都有思想的交流和相互的影响。不过，从当时的一般人看来，仿佛《新潮》的来势更猛一点，引起青年们的同情更多一点。《新潮》的第一卷第一期，复印到三版，销到一万三千册，以后也常在一万五千册左右，则声势不可谓不浩大。到了民国八年上半年，文学革命运动已经扩大

为新文化运动。等到五四运动的巨浪发生，更把它澎湃至全国的每一个角落，这股伟大的思潮，在许多方面很像是十八世纪后期由法国开始，以后弥漫到全欧的“启明运动”。（这个运动，英文叫做Enlightenment，意为启明。而德文称为Aufklärung，带廓清的意义，似更恰当。）

《新潮》能有这种成就，得力于孟真为最多。当时孟真和我虽然一道从事编辑的工作，可是孟真实为主编，尤其是开始的几期。孟真把握新文化运动的主张很坚定，绝不妥协，而选择文章的标准又很严。他批评的眼光很锐利，而自己又拿得出手。许多投来的稿，我们不问是教员或同学写的，如果还有可取，就老实不客气地加以删改。我虽然同他一道做删改文章刀斧手，然而看见他这样严格的标准，使我对于自己的稿子，也有戒心，不能不先慎重一点，才敢交出来。从这方面来说，我深得孟真的益处。益友之所以对友能益，这就是一个例子。当时我的文章，虽然也有人喜欢看，可是我总觉得不如孟真的厚实，这使我常常警惕在心。

三、傅斯年：“五四运动”的总指挥与旗手

傅斯年由主编《新潮》而进入“五四”学生爱国运动，而成为“五四行动”的总指挥与旗手。“五四运动”就其远因而言，是中国近代种种改革、改良、革命运动的总汇；就其近因而言，是以《新青年》为中心的新文化运动鼓吹民主、科学思潮诱发的大井喷。以傅斯年、罗家伦等为代表的优秀学生领袖是新文化运动的精神结晶，正是这一批品学兼优且有以天下为己任的情怀与世界主义眼光的青年才俊充当领袖，才保证“五四运动”是“有纪律的抗议”，而不是“痞子运动”。傅日后回忆说：“上午我做主席，下午扛着大旗，直奔赵家楼。”[①]五四翌日，北大学生集会，群言纷乱，竟有一人因意见不同而与傅斯年言语冲突终至动武，傅气愤之余，从此不再参加学生会工作，却全力支持赞助他的同学段锡朋去领导学生运动。“五四”行动后，傅又与罗家伦一起理性地反省“五四运动”，制止那些胜利者的种种无纪律行为，仍表现了其领袖风范。

傅斯年在北大期间，早就对学校兴废大事发挥着他人无可替代的作用。

① 傅斯年：《漫谈办学》，《经纪日报》1946年8月4日。

"五四"前夕，大总统徐世昌令教育部长傅增湘致函北大校长蔡元培干预《新潮》。蔡元培四月二日复傅增湘函，云：

> 尊示大旨谓《新潮》宜注意者二事：一则因批评而涉意气；二则张新说而悖旧谊。如于二者不加检点，未必不以违背习俗之故，为新机演进之累。明言谠论，甚幸甚幸。元培当节以此旨喻于在事诸生，嘱其于词气持论之间，加以检约。
>
> 据《新潮》编辑诸生言，办此杂志之初心，原以介绍西洋近代有为之学说为本。批评之事，仅属末节。但批评原无可虑，所虑乃在出乎其位，牵及感情之言。《新潮》既以介绍新说为旨，自不必专徇末节之流波，而朴实求学之学生杂志，又为元培对于诸生所要求者。故关于此点，自当如尊示所云，由当事诸生加之意也。
>
> 至于持论，间有殊于旧贯者，容为外间误会之所集。然苟能守学理范围内之研究，为细密平心之讨议，不涉意气之论，少为逆俗之言，当亦有益而无弊。《新潮》持论，或有易致骇怪之处。元培自必勉以敬慎将事，以副盛情。
>
> 大学兼容并包之旨，实为国学发展之资。正赖大德如公，为之消弭局外失实之言。元培亦必勉励诸生，为学问之竞进，不为逾越轨物之行也。

这封有理有节、绵里藏针的公函竟出自傅斯年之手。在《蔡元培书信抄留手稿》与《蔡元培年谱》都明确标注"傅斯年代撰"。

1919年5月9日，蔡元培在将因"五四行动"而被捕的学生保释后，请辞离开北京。6月3日学潮又起，北京学生被捕者逾千。6日，大总统徐世昌明令曾于1914年至1916年任北大校长的胡仁源署理校长，却遭北大教职员与学生，甚至学界的公开反对。政府只好再请蔡元培校长尽快回任，谋求解决。然蔡元培已同意北返的同时，北洋政府中保守的"安福部"(又称"安福系"或"安福派")鼓动蒙古籍的克希克图议员，于7月向国会提案，要教育部恢复为蔡元培任教育总长时所修改的1912年大学制，企图阻止蔡元培回任。同时也可借此防止学生运动及教授宣扬新思想。学生得知消息后，多数表示反对。当时即将从北大毕业的傅斯年自云"穷一夜之力"，撰成七千余字长文《安福部要解散大学了》投稿《晨报》。7月16日刊出后更引起各界的重视，也因而促成著名的北大学生诉讼事件。

数十年后，刘广定从历史档案中找出这份《傅斯年全集》漏收的珍贵文献，载入他的新著《大师遗珍》，甚为可贵。他说：

> 《安福部要解散大学了》一文表达了傅先生在北大学生时代从大学的沿革，蔡元培校长治校之所为，及他读相关名著，所得到对大学教育的整体认识。他强调大学教育是学术教育，以文、理科为基础，"会通"为学术成就之必须；了解治校时人才、经费、设备之重要，且应以学生之所得为首要。他甚至有策略对付官僚体系，甚为难得。这些都表现在他三十年后任台湾大学校长时所言与所为，故可说这篇长文应是傅先生的大学教育思想之源吧。①

9月9日，傅斯年又代表北大学生与美国驻华公使芮恩施对话。芮恩施（Paul Samuel Reinsch, 1869—1923）原为美国威斯康辛大学教授，1913年至1919年任驻华公使。1919年9月退休回国。因他对中国很友好，在山东问题上为中国仗义执言，北京学生联合会原拟开欢送大会以致惜别之意。但芮恩施不得空闲，乃托北大校长代表蒋梦麟，约北京学生会代表见面。9日下午六时半，北京学生会所派之代表北大张国焘、傅斯年，燕大瞿世英、王德甫及高师戴骅文五人随蒋梦麟至美使馆。张国焘致学生联合会之送别函。芮恩施并与学生谈话，11日《晨报》刊出傅斯年与芮恩施对话内容。这份对话录也是刘广定发掘的历史遗珍。他说：他与芮恩施公使的谈话更表现了对于中国社会问题的认识。故"发愤为学术上之研究，谋劳动者之生活，以知识喻之众人，以劳力效之社会"。当时傅已考取山东省公费留学，所以表示将"以学者的态度悉心研治西洋近代的学艺，借为考究中国现日各问题之资助，求得一解决之方而谋向上之业"，目的在"创造新生活"。这是他早年的志向，也是他以后三十年所身体力行者。这怎能不令人景仰不已！

刘广定书中还刊出一则蔡元培当年送给傅斯年的对联：

> 山平水远苍茫外，地辟天开指顾中。②

---

① 刘广定：《大师遗珍》，文汇出版社2008年版，第182页。
② 刘广定：《大师遗珍》，第174页。

这大概是北大学生极为难得的殊荣，亦足见傅斯年当年即深得北大师辈之厚爱。蔡元培时代曾任北大代校长的蒋梦麟说："我识孟真远在一九一九年，他是五四运动领袖之一，当时有人要毁掉他，造了一个谣言，说他受某烟草公司的津贴。某烟草公司，有日本股份，当时全国反日，所以奸人造这个谣言。我在上海看见报上载这个消息，我就写信去安慰他。但是当时我们并没有见过面，到这年七月里，我代表蔡孑民先生，到北平去代他处理北京大学校务。我们两人才首次见面，他肥胖的身材，穿了一件蓝布大褂，高谈阔论了一番五四运动的来踪去迹。"[①] 胡适1919年6月29日在《每周评论》上发表《他也配》："自学生爱国运动发生以来，有人造出一种谣言，说北大的新潮社社员傅斯年、罗家伦被安福俱乐部收买去了。上海有一家大报的驻京访员竟把这种谣言用专电传出去！那些鱼行的通信社自然不消说了。近来有许多朋友写信来问究竟这事是真是伪，我们正式回答他们："安福部是个什么东西？他也配收买得动这两个高洁的青年！"这是对傅、罗人格的充分肯定。蒋、胡都是从维护新文化运动的成果的高度来爱护和保护傅斯年这些高洁青年的。

四、独秀精神的青春版

"五四"运动中的傅斯年的故事已讲得不少，似并没多少涉及他与陈独秀的关系。其实我要说的是陈独秀既是"五四"新文化运动的精神领袖，傅斯年作为一个高洁的学生领袖，他的种种行迹与陈独秀都有某种精神上的因缘。因为如果没有新文化运动，就可能没有《新潮》；如果没有《新潮》，傅斯年即使在北大也可能是另一种形象（如前所言"黄门侍郎"）。若细看傅斯年的性格，他与陈独秀真是相似乃尔，甚至可以说他即是陈独秀的青春版。

对傅斯年性格，他的师友有种种解说，我认为罗家伦所作《元气淋漓傅孟真》说得最到位。罗家伦说：

> 孟真贫于财，而富于书（他的书的确不少），富于学，富于思想，富于感情，尤其富于一股为正气而奋斗的斗劲。
>
> 孟真因为富于斗劲，所以常常好斗。人家一有不正当的批评，不正

---

① 蒋梦麟：《忆孟真》，（台北）"中央日报"1950年12月30日。

1921年，傅斯年在伦敦大学留学时留影。

确的主张，就立刻用口用笔和人家斗起来。许多朋友都好意劝他，说他血压已高，此非养生之道。在他去世前两天，我还用讽刺的话来激劝他，要他不要和蟋蟀一样，被人一引就鼓起翅膀来，结果反引起他一顿反攻。孟真好动气而不善于养气，是无可讳言的事实。可是其中有一部分是由于他办事太认真，和是非观念太强之所致。一个优点里可以带弱点，一个弱点也常由优点出发。

我想以"纵横天岸马，俊逸人中龙"两句话来形容孟真，第一句形容他的才气，第二句形容他的风格。子水在他一死以后，立刻就说"孟真一生代表的是浩然之气"。子水引用的这四个字，比我上面所想到的两个语更要浑成而接近孟真一些。可是浩然之气，还要靠养成的，而孟真却是最不善于养气的人，所以我认为孟真所代表的是天地间一种混茫浩瀚的元气。这种淋漓元气之中，包含了天地的正气，和人生的生气！

傅斯年也有忠恕的一面。罗家伦说：

我又忍不住要提孟真一件趣事，很可以表示他一种特殊可爱的性格。有一次，为中医问题孟真反对孔庚的议案，激烈的辩论了一场，当然孔庚辩孟真不过，于是气了在座位上辱骂孟真，骂了许多很粗的话。孟真也气了，说是："你侮辱我，会散之后我和你决斗。"等到会散之后，孟真在会场门口拦着孔庚要决斗了。他一见孔庚年纪七十几岁，身体非常瘦弱，孟真立刻把双手垂下来说："你这样老，这样瘦，不和你决斗了，让你骂了罢。"这虽然是一个插曲，也可以看出孟真决不是硬心的人。我常笑他："你这大胖子怎样能和人打架！"他说："我以体积乘速度，产生一种伟大的力量，可以压倒一切。"我为之大笑。

众所周知，傅斯年与他老师胡适一样，终身是个无党派却又是个坚定的有政府主义者。当年，傅斯年作为社会贤达，自1938年始一直被聘为国民参政员，坐在这个位子上，他还当真了，或者说是他太天真了，曾两次上书蒋介石，抨击国民政府，弹劾行政院长孔祥熙，结果，蒋不予理睬。后来，他又抓住孔祥熙贪污的劣迹，在国民参政会上炮轰孔祥熙，终于把孔轰下台来。孔的继任者宋子文，也没有躲过傅斯年的大炮口。一篇著名的《这个样子的宋子文非走开不可》，更是震动朝野，宋子文只好卷铺盖下台。一下子赶走了两任行政院长（而且孔、宋皆为蒋之姻亲，堪称皇亲国戚），不能不说，这是一只中国最稀有的“蟋蟀”。

作为中国最稀有的“蟋蟀”，傅斯年的大炮从来是“对事不对人”。1945年，日本投降后，傅代理北大校长主持北大复员，他主张“在礼义廉耻四字上，做一个不折不扣的榜样”，说是“汉贼不两立”，决不录用伪北大教职员，其中包括周作人。周作人对此耿耿于怀，1949年以后时作小文，射向海峡对岸的傅斯年，实在不怎么地道。如果说傅斯年在《新潮》时代与周作人有师生之谊，那么他与胡适情谊更深，他对胡适终身执弟子礼，胡适的北大校长是傅礼让给他的（蒋介石当初是要傅当北大校长的），他不录用周作人等伪北大教员，就是为胡适归国主持校务扫除障碍（当时胡任驻美大使尚未回国）。但他曾因抗日问题与胡适差点吵翻。傅认为“中国的命运，在死里求生，不在贪生就死”，他始终力主抗日，“对倭只有一条路，即一切都无顾忌，只有拼上去”。“九·一八”之后傅斯年与胡适、丁文江等人商定办《独立评论》，就是要回答他率先提出的“书生何以报国”的命题。1932年日本人已侵占东北，平津危急，傅反对北大马衡等发起北平为中立“文化城”运动未果，说“斯年实为中国读书人惭愧”！1933年，对塘沽停战协议的签订，傅极表反对。而胡适6月4日在《独立评论》发表《保全华北的重要》，认为当局既然一时无力收回失地，那就不妨停战。傅得知后大怒，当即要求退出独立评论社。为此，胡适极为伤感。经丁文江力劝，傅才打消退社主意。可见即使是恩师，于大是大非的原则上有分歧，傅斯年这门大炮也照轰不误。

凡此种种，酷似独秀作为。

王森然称陈独秀为“一代之骄子，当世之怪杰”。胡适称之“终身的反对派”。其祖父“白胡（子）爹爹”曾断言：“此儿不成龙即成蛇。”他母亲呼之为“小犟牛”，他自称“龙性岂易驯”。[①]章士钊说他：“言语峻利，好为断制。性狷急不能容人，亦辄不见容于人；独秀则不羁之马，奋力驰去，回头之草弗啮，不峻之阪弗上，气尽途绝，行同凡马踣”，“仲甫为天生领袖”，“还是天生乞丐”。[②]

---

① 见拙著《文人陈独秀：启蒙的智慧》导言《“独秀性格”面面观》，陕西人民出版社2005年版。
② 孤桐（章士钊）：《吴敬恒——梁启超——陈独秀》，《甲寅》周刊第1卷第30号，1926年1月30日。

独秀性格也不是单一的。陈万雄概括为：刚烈而又温情，颇有见地，只是独秀性格的复杂性远过于此。最突出的是陈独秀亦如他的学生傅斯年，最不善养气，都是元气淋漓的真人。

傅斯年的某些处事，都是陈独秀式的。如他和孔庚为中医议案差点要决斗，待见孔又老又瘦而罢手；就与陈独秀在狱中与南通小学家为一个字的解释争得面红耳赤，事后却想方设法为他谋事，何其相似。再如在抗战期间，将北大、清华、南开三校合组而为西南联合大学的主张，是孟真出的，他为西南联大，颇尽维护之能事。苦苦地熬到了最后的胜利，所以在日本投降的消息传到重庆的晚上，孟真疯了。从他聚兴村住所里拿了一瓶酒，到街上大喝；拿了一根手杖，挑了一顶帽子，到街上乱舞。结果帽子飞掉了，棍子脱手了，他和民众和盟军大叫大闹了好一会，等到叫不动闹不动了，回到原处睡觉，等到第二天下午罗家伦去看他，他还爬不起来，连说："国家出头了，我的帽子掉了，棍子也没有了，买又买不起，晦气，晦气。"这是孟真的本色，孟真不失为真！[①]

这很像陈独秀1936年12月在南京狱中听到西安事变时的神情。濮清泉说，陈独秀当时简直像儿童过年那样的高兴，他托人打了一点酒，买了一点菜，对濮和罗世璠说，我生平滴酒不喝，今天为了国仇家恨，我要痛饮一杯。他先斟满一杯酒，高举齐眉说，大革命以来为共产主义而牺牲的烈士请受奠一杯，你们的深仇大恨有人给报了。于是他把酒酹在地上。他斟了第二杯，呜咽起来说，延年与乔年，为父也为你俩酹此一杯！接着他老泪纵横，痛哭失声。

濮说，我们见过他大笑，也见他大怒，但从未见过他流泪。想起来好笑，这样儿童式的天真，事情一来，沉不住气，竟发生在陈独秀身上，不能不说有点稀奇。[②]殊不知这正是独秀本色。

罗家伦对傅斯年还有精彩解读。他说：

> 而孟真的号召力和攻击精神，则颇与伏台尔（Voltaire）相似。他们都愿意为自由和开明而奋斗，对于黑暗和顽固有强大的摧毁力，而且爱打抱不平，也是相似之处。不过伏台尔不免刻薄，而孟真则厚重，伏台

---

① 罗家伦：《元气淋漓的傅孟真》。
② 濮清泉：《我所知道的陈独秀》。

尔有些刁钻古怪，而孟真则坦白率真。我笑他有时把伏台尔的精神，装在赛缪·约翰生（Samuel Johnson）的躯壳里面（约翰生是大胖子）。[①]

我则认为若说傅斯年是独秀精神与胡适学养的结合体或许更接近事实。傅斯年的治学与政治取舍从胡适那里获得教益更多，而他灵魂深处却常有独秀精神在涌荡着。

五、“疯子是我们的老师”

1919年3月10日，傅斯年借鲁迅《狂人日记》说事，写了一篇名文《一段疯话》，堪称独秀精神评传。我在《陈独秀与鲁迅》中有个小心求证了的“大胆假设”，考定陈独秀是鲁迅《狂人日记》的精神原型；在当时很多人心目中，陈独秀简直是一个离经叛道的疯子，非圣无法的狂人，“食肉寝皮”犹不解恨。然而傅斯年却热情礼赞“疯子是乌托邦的发明家，未来社会的制造者”，“在现在的社会求‘超人’有疯子当得起。疯子的思想，总比我们超过一层；疯子的感情，总比我们来得真挚；疯子的行事，更是可望而不可即的。疯子对于社会有一个透彻的见解，因而对于人生有一个透彻的觉悟；因而行事决绝，不受世间习俗的拘束”。他进而将常人与疯子相比较，说：“中国现在的世界里，是沉闷寂灭到极点了；其原因确是疯子太少。疯子能改换社会。非疯子头脑太清楚了，心里忘不了得失，忘不了能不能，就不免顺着社会的潮流，滚来滚去。”

那么疯子“对于社会透彻的见解”是什么呢？那就是揭露当时社会贫富不均的现象：武人、官僚、商人、纨绔子弟这四种人自己都不能生产，反而妨害别人的生产。社会为着有他，减了许多力量，造了许多阶级，作了许多罪恶。他们所有的，就实在的道理看来，都是劫掠得来，强盗的罪恶，人都晓得，这种人的罪恶，大于强盗几十倍，却有不合理性的法律保障他，真是天地间至不平的事啊！汽车的可恨，是因为坐汽车的是富人；富人的可恨，是因为有了少数富人便有多数穷人；所以汽车可以说是阶级的表现，社会不平均的影子，一人快乐在几万骷髅上的画图，现代物质文明无意味的暗示。若是紧握着这片感情，仔细的会悟去，对于现在的社会，可以得个深切的观

① 罗家伦：《元气淋漓的傅孟真》。

念，归纳出个改造的基本原理。

这些“疯话”早已超出了鲁迅《狂人日记》的命意，其由一辆汽车诱发的阶级分析也未必科学，在当时却不失为片面的深刻，关键是其“归纳出个改造的基本原理”，即乌托邦的发明——自由社会主义。傅生命后期信奉的“新自由主义”与之相呼应，成为他生命的主旋律。他“生平的理想国”是“社会主义与自由主义并发达的国土”。虽颇妩媚却难实现，故称乌托邦。而陈独秀、胡适在终极追求上都是与傅斯年合拍的。或者说傅斯年“自由社会主义”正是从胡适、陈独秀那里各取一端融合而成的。

青年时代的傅斯年以“疯子”陈独秀为精神偶像。与陈相比，他自愧不如，他说：

> 我们应当敬从的是疯子，最当亲爱的是孩子。疯子是我们的老师，孩子是我们的朋友。
>
> 我们带着孩子，跟着疯子走——走向光明去。[①]

《一段疯话》既是独秀精神礼赞，也是疯子命运的预言。他说疯子的命运是“受嘲于当年，受敬于死后”:“最初大家笑他，厌他，恨他，一会儿便要惊怪他，佩服他，终结还是爱他，像神明一般的待他。”真的不幸言中了陈独秀的历史命运。《一段疯话》又是傅斯年终生追慕疯子——独秀精神的宣言书。傅斯年正是在疯子——独秀精神的观照下创办《新潮》的，举旗走在“五四”运动前列的。

作为学生辈的傅斯年真的时刻关注他老师陈独秀的命运。1940年3月5日蔡元培逝世，3月24日傅斯年在重庆《中央日报》上发了篇短文悼念校长，题为《我所景仰的蔡先生之风格》，其中就有大段为陈独秀之被免北大文科学长鸣不平的文字：

> 在“五四”前若干时，北京的空气，已为北大师生的作品动荡得很了。北洋政府很觉得不安，对蔡先生大施压力与恫吓，至于侦探之跟随，是极小的事了。有一天晚上，蔡先生在他当时的一个“谋客”家中谈此事，还有一个谋客也在。当时蔡先生有此两谋客，专商量如何对北洋政府的，其

① 傅斯年：《一段疯话》，《新潮》第1卷第4号，1919年4月1日。

中的那个老谋客说了无穷的话，劝蔡先生解陈独秀先生之聘，并要约制胡适之先生一下，其理由无非是要保存机关、保存北方读书人一类似是而非之谈。蔡先生一直不说一句话。直到他们说了几个钟头以后，蔡先生站起来说："这些事我都不怕，我忍辱至此，皆为学校，但忍辱是有止境的。北京大学一切的事，都在我蔡元培一人身上，与这些人毫不相干。"这话在现在听来或不感觉如何，但试想当年的情景，北京城中，只是些北洋军匪，安福贼徒，袁氏遗孽，具人形之识字者，寥寥可数，蔡先生一人在那里办北大，为国家种下读书、爱国、革命的种子，是何等大无畏的行事！

有天晚上，指1919年3月26日"北大之夜"，在一个"谋客"汤尔和家议事，另一个"谋客"即沈尹默。当年推荐陈独秀任北大文科学长是这两位"谋客"，而今弹劾陈独秀的也是这两位"谋客"。正是成也萧何，败也萧何。称汤、沈为"谋客"，傅斯年的思想倾向即鲜明地表露出来。

有如此这般的"五四"情结，疯子情结，政治取向，所以当陈独秀于1932年10月被捕时，傅斯年能挺身而出，充分肯定陈独秀的文学革命、伦理改革乃至社会主义，以至称其为"中国革命史上光焰万丈的大彗星"。

六、"我们断然有救"

陈独秀在南京狱中时，北大师生没少去看望他，傅斯年自然在其中，只是见诸文字的记载不多。1937年8月南京监狱被日机轰炸，别的政治犯没履行任何手续就可出狱，政府却要陈"具悔过书"方可"保释"，陈大怒，说"宁愿炸死狱中，实无过可悔"。他"不要保人"，说"附有任何条件，皆非所愿"。[①]政府只得自拟减刑令刊于《申报》，陈8月23日出狱则给《申报》编辑部写信，批驳政府减刑令："兹读政府明令，谓我爱国情殷，深自悔悟。爱国诚未敢自夸，悔悟则不知所指。……我本无罪，悔悟失其对象，罗织冤狱，悔悟应属他人。鄙人今日固无暇要求冤狱之赔偿"，但也不许任何人"加我以难堪之诬蔑也"！[②]此文虽未被《申报》发表，在朋友中却传为美谈。陈独秀出狱后拒绝住进国民党中央党部招待所，而住进了傅斯年家（傅时任中央研

---

① 陈钟凡：《陈独秀先生印象记》，《大学月刊》第9期，1942年9月。
② 原件存上海档案馆。

1937年春，陈独秀在南京狱中。

究院总干事）。不久，傅家附近遭炸，他才移居另一北大校友陈钟凡家。

寄居傅斯年家时，陈独秀与傅讨论起世界局势，傅不无颓丧地说："我对于人类前途很悲观，十月革命本是人类运命一大转机，可是现在法西斯的黑暗势力将要布满全世界……"

陈说："不然，从历史上看来，人类究竟是有理性的高等动物，到了绝望时，每每自己会找到自救的道路，'山重水复疑无路，柳暗花明又一村'，此时各色黑暗的现象，只是人类进化大流中一个短时间的逆流，光明就在我们的前面，丝毫用不着悲观。"

傅很严肃地对陈说："全人类已临到了窒息的时候，还能够自救吗？"

陈说："不然，即使全世界都陷入了黑暗，只要我们几个人不向黑暗附和，屈服，投降，便能够自信有拨云雾而见青天的力量。譬如日本的黑暗势力，横行中国，压迫蹂躏得我们几乎窒息了，只要我们几个人有自信力，不但可救中国人，日本人将来也要靠我们得救，不要震惊于他们那种有强权无公理的武装力量。"

这话在一般人听来简直是天方夜谭，但傅斯年却颇以陈的见解为然。陈、傅对话不久的1937年9月，陈独秀在中英协会上与胡适、傅斯年晤谈时，傅斯年将陈的乐观见解转告胡适，并说："我真佩服仲甫先生，我们比他年纪轻，还没他精神旺，他现在还是乐观。"

有趣的是，这篇最见陈独秀乐观精神的师徒对话，是陈独秀自己在《我们断然有救》一文中记叙的。陈氏记下这段生动的对话之后，意犹未尽地说："我现在还是想着"这个话题，并于文末强调：

> 我们不要害怕各色黑暗势力笼罩着全世界，在黑暗营垒中迟早都会放出一线曙光，终于照耀大地，只要我们几个人有自信力，不肯附和，屈服，投降于黑暗，不把光明当作黑暗，不把黑暗对付黑暗，全世界各色黑暗营垒中都会有曙光放出来。我根据这些观点，所以敢说："我们断然有救！"[①]

而今我们读了这些文字，仍为其乐观精神所激动。陈独秀其人真可谓"行无愧怍心常坦，身处艰难气若虹"。[②]

---

① 陈独秀：《我们断然有救》，《政论旬刊》第1卷第13期，1938年6月5日。
② 陈独秀1935年于南京狱中书赠刘海粟之对联，见任建树等编《陈独秀诗集》，第218—219页。

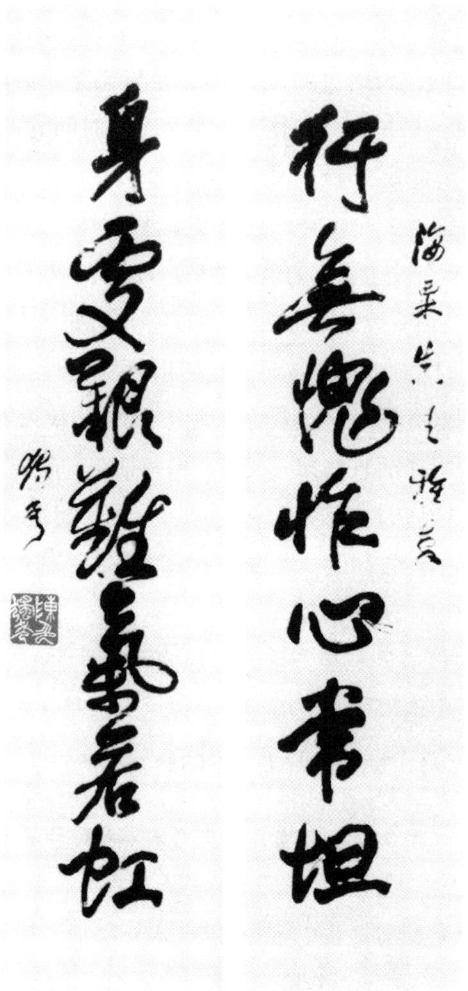

陈独秀赠刘海粟联：行无愧怍心常坦，身处艰难气若虹。

陈独秀晚年避居江津，傅斯年与段锡朋、朱家骅去看望过困顿中的老师。只是没有多少文字记载，他们的交往、交谈，不得其详。

1942年5月27日陈独秀逝世之后，傅斯年与北大师友沈尹默、段锡朋、狄君武等，以及陈独秀三子陈松年“共同和商务印书馆订立出版的条约，以及版税分配的办法”。何之瑜编讫《陈独秀丛著总目》，不无感慨地说：“先生死了！在前三天，正是第六周年，他的遗著方得出版，真是一件不平凡的事。以后如果没有特别的阻碍，总可以和世人见面。先生的生平事业和学术思想，用不着什么人来说明，让世人到他的全部遗著里去探索吧！三十七年五月三十日何之瑜记。”①

① 何之瑜：《陈独秀丛著总目》，王树棣等编《陈独秀评论选编》（下），河南人民出版社1982年版，第423页。

“五四运动”之大护法

——陈独秀与北大校长蔡元培

“五四运动”，是中国现代社会发展之必然的产物，无论是功是罪，都不应该专归到哪几个人；可是蔡（元培）先生、适之和我，乃是当时在思想言论上负主要责任的人。

陈独秀在《蔡孑民先生逝世后感言》中如是说。

一、文科学长可请陈仲甫

蔡元培1916年12月26日被北洋政府任命为北京大学校长，1917年1月4日到北大视事。

蔡元培早就知道尚处于由京师大学堂向现代大学转型过程中的“北大太腐败”，但他更深知一所大学的兴衰关键在人才。尚未到任，蔡元培旅欧期间被教育部长专电敦请回国，一到北京，就先访问医专校长汤尔和询问北大情况。汤说：“文科学长如未定，可请陈仲甫。陈君现改名独秀，主编《新青年》杂志，确可为青年的指导者。”因取《新青年》十余本示蔡。

汤尔和是陈独秀留日时抗俄运动中的同学，又俨然浙派学者群中领袖，他的话在同乡蔡元培（蔡为浙江绍兴人）那里是有分量的。但汤毕竟是北大的编外参事，他对蔡元培说：“（北大）文科、预科的情形，可问沈尹默君；理工科的情形，可问夏浮筠君。”[①]夏浮筠是理科学长，沈尹默是预科国文主任。蔡元培决定从文科入手“改革北大”。他听从汤的指点，专程去拜望了素昧平生的沈尹默。沈尹默是北大的“鬼谷子”，“很深沉与喜治红老之学（《红楼梦》与《道德经》），手持一把羽扇，大有谋士的态度。北京大学许多纵横捭

① 蔡元培：《我在北京大学的经历》，《东方杂志》第31卷第1号，1939年1月1日。

任北大文科学长时期的陈独秀。

阖的事体，都是他经手的”。[1]他果然为蔡元培提供了不少金点子。沈又是陈独秀早年（1910年左右）在杭州“徜徉在湖山之间，相得甚欢”的诗朋酒友，“酒旗风暖少年狂”就是他们当年生活情趣的写照。沈尹默与汤尔和也过从甚密，他自然也向蔡元培郑重推荐了老友陈独秀。据说文科本科教授马叙伦（夷初）也在校长面前力挺陈独秀。

陈独秀与蔡元培一样是属兔的，比蔡小一轮（12岁），两人都是十七岁就考取秀才。陈十九岁参加江南乡试，目睹考场的怪现状，决心弃“选学妖孽”而转向康党，没有蔡二十三岁中举、二十六岁当翰林的光荣历史，功名较蔡矮多了，但在民主革命的资历，却是堪与蔡媲美的老将。陈独秀在二十刚出头的时候，就以《国民日日报》《安徽俗话报》为阵地，发表激扬文字，启迪民智；三十出头，便出任民国政府安徽都督府秘书长，协佐治皖有功，虽略逊蔡元培担任南北两京政府的教育总长的风光，亦庶几近之。更重要的是1915年9月，陈在上海创办《新青年》，“笔底寒潮撼星斗”，呼唤科学与民主，掀起新文化运动。20世纪早期，陈独秀的大名惊风雨挟雷电，那个时代青年人对他的崇拜，远胜当今的追星族，因为，那不仅仅是一种青春的悸动，更是一种灵魂的苏醒，生命的呐喊，人性的张扬。

云从龙，风从虎，历史上一些重要人物的风云际会，常常给人生逢其时的宿命或美感。

其实蔡、陈本是熟人。早在1904年他们曾经同是反清暗杀团的成员。陈独秀说：“我初次和蔡先生共事，是在清朝光绪末年，那时杨笃生、何海樵、章行严等在上海发起一个学习炸药以图暗杀的组织。行严写信招我，我由安徽一到上海便加入了这个组织，住上海月余，天天从杨笃生、钟宪鬯试验炸药。这时孑民先生也常常来试验室练习、聚谈。”[2]1933年陈独秀在南京狱中，蔡元培为之作《〈独秀文存〉序》时说：“二十五年前，我在上海《警钟报》社服务的时候，知陈仲甫君。那时候，我们所做的，都是表面普及常识，暗中鼓吹革命的工作。我所不能忘的，是陈君在芜湖与同志数人合办一种白话报，他人逐渐的因不耐苦而脱离了，陈君独立支持了几个月；我很佩服他的毅力

---

① 罗家伦：《蔡元培时代的北京大学与五四运动》，《百年国士》第1卷，中国文联出版公司1999年版，第55页。

② 陈独秀：《蔡孑民先生逝世后感言》。

与责任心。”[①]蔡元培主编《警钟日报》与陈独秀创办《安徽俗话报》都在1904年，1904年到1933年应是二十九年，非蔡先生所写的二十五年。但他对陈独秀的“毅力与责任心”印象深刻却是千真万确的。1934年蔡元培写《我在北京大学的经历》提到“我对陈君本来有一种不忘的印象”，仍指办《安徽俗话报》的事。再回到1916年年底，蔡元培“听汤君的话，又翻阅了《新青年》，决意聘他”为文科学长。

《新青年》以“改造青年之思想”为“天职”。“翻阅了《新青年》”，蔡元培对汤尔和所说陈独秀“确可为青年的指导者”的话坚信不移；同时更为欣慰的是，陈独秀的教育思想竟然与他的非常接近。

1915年，陈独秀针对中国传统教育的弊病，提出了四大教育方针：一、现实主义（植基现实生活，探求人生真理），二、唯民主义（主权在民，实行共和政治），三、职业主义（尊重职业，植产兴业），四、兽性主义（意志顽强，体魄强健，信赖本性，顺性率真）。[②]这与蔡元培民初在教育总长任上提倡的“五育并举”（军国民主义教育、实利主义教育、公民道德教育、世界观教育和美感教育）[③]非常接近。蔡元培进而把军国民主义划为体育，实利主义划为智育，公民道德与世界观教育划为德育，他是美感教育的首倡者，组合起来就是他在中国教育史最先提出的德、智、体、美四育方针。

蔡元培认定北大“声名狼藉”，原因“一在学课之凌杂，二在风纪之败坏。救第一弊在延聘纯粹之学问家，一面教授，一面与学生共同研究，以改造为纯粹研究学问之机关。救第二弊在延聘学生之模范人物，以整饬学风”。[④]显然，在蔡元培的构想中是让陈独秀承担第二项使命，稍后而至的胡适则承担第一项使命。因此他是要陈独秀出任专职文科学长（亦即文学院院长）。

二、“三顾茅庐”聘独秀

君子谋之以道。既然陈独秀如此对卿，即使是三顾茅庐，蔡元培也要请他出“隆中”。

---

① 蔡元培：《〈独秀文存〉序》，《独秀文存》卷首，亚东图书馆1933年第9版。
② 陈独秀：《今日之教育方针》，《青年杂志》第1卷第2号，1915年10月15日。
③ 蔡元培：《对于新教育之意见》，《民主报》1912年2月8日。
④ 蔡元培：《致吴稚晖》（1917年1月18日），高平叔《蔡元培年谱长编》（中册）第6页。

恰好当时，陈独秀与汪孟邹为亚东图书馆招股事在北京（1916年11月26日自沪出发，28日抵京）。在蔡元培访他之前，陈独秀已与老同学汤尔和、老朋友沈尹默会过面。汤尔和知道陈独秀在前门外一家旅店，自作“卧龙”状。

1916年12月26日，是一个值得纪念的日子。这天蔡元培才正式被任命为北大校长，这天早上九点他就到陈独秀下榻的旅馆与之相晤相谈；同一天蔡元培应信教自由会之邀在中央公园演讲，陈独秀到会聆听，并以“记者”名义记录为《蔡孑民先生在信教自由会演说》，然后刊之于第2卷第5号《新青年》上（1917年1月1日出版）。同期还转载了蔡元培《政学会欢迎会之演说》。可以想象，这一天蔡、陈两位老友是何等欢欣。陈万雄说：“这是一非常有象征意义的面晤，蔡之邀陈入北大，陈之首先发表蔡之文章在《新青年》，表示一校一刊革新力量的结合的开始。”①

同行的汪孟邹在日记里记下这富有历史意义的一幕：“十二月二十六日，早九时，蔡孑民先生来访仲甫，道貌温言，令人起敬，吾国唯一之人物也。”首次见面，蔡元培就“相与商定整顿北大的办法，次第执行”。初晤之后，“蔡先生差不多天天要来看仲甫，有时来得很早，我们还没有起来，他招呼茶房，不要叫醒，只要拿凳子给他坐在房门口等候”——这是汪孟邹回上海后对亚东图书馆同人叙说的京华佳话。汪原放他们听了，感叹道：这很像“三顾茅庐”哩。②

有趣的是，蔡元培如此倚重陈独秀，陈仍不想北上，要回上海办他的《新青年》。他指望以《新青年》来影响全国的思想面貌。蔡元培立即劝他：“就把《新青年》搬到北京来办罢。”③即使如此，陈独秀仍只勉为其难地答应先试试：“蔡先生约我到北京大学，帮助他整顿学校。我对蔡先生约定，我从来没有在大学教过书，又没有什么学位头衔，能否胜任，不得而知。试干三个月。如胜任即继续干下去，如不胜任即回沪。”④

1917年1月11日，蔡元培上任后第五天即呈教育部，请聘陈为文科学长，呈文称陈“品学兼优堪胜此任”。两天后的1月13日即获教育部批准，并于15

---

① 陈万雄：《五四新文化的源流》，三联书店1997年版，第48页。
② 汪原放：《回忆亚东图书馆》，学林出版社1983年版，第35、36页。
③ 沈尹默：《我与北大》，《中华文史选辑》第61辑，中华书局1979年版。
④ 石原皋：《陈独秀生平点滴》，《安徽文史资料选辑》1980年第1辑。按此乃陈北上前与邻居岳相如所言。

任命狀

簡字第七百九十二號

任命蔡元培為北京大學校長此狀

黎元洪

中華民國五年十二月二十六日

段祺瑞

范源廉

北洋政府颁发的北京大学校长任命状。

日在校内公布。

这“消息传出后，全校震动。青年学生无不热烈欢迎，奔走相告。而教师中的遗老遗少则窃窃私议，啧有烦言”，说“陈先生只会写几篇策论式的时文，并无真才实学；到北大任教尚嫌不够，更不要说出任文科学长了。蔡先生对于这些攻击，态度鲜明，驳斥是有力的。他说仲甫先生精通训诂音韵学，学有专长，过去连太炎先生也把他视为畏友。熟悉陈先生的人也出来说话，说他在文字学考据方面有素养，有研究，有著作。高一涵先生甚至说仲甫先生讲文字学，不在太炎先生之下。这样众口一词才慢慢堵住了攻击者的嘴”。[①]

陈独秀与蔡元培相互倚重的意义，梁漱溟看得很清楚，以至晚年犹说：“自1916年冬蔡元培先生接任北京大学校长的职务后，北大由死水一潭变成开水一锅。蔡先生一上任就着手萃集四面八方的人才……陈独秀先生是佼佼者，当时他确是一员闯将，是影响最大，也是最能打开局面的人。但是，陈这个人平时细行不检，说话不讲方式，直来直去，很不客气，经常得罪于人，因而不少人怕他，乃至讨厌他，在校内外都有许多反对他的人，只有真正了解他的人才喜欢他，爱护他，蔡先生是最重要的一个。……陈独秀本领再大，在那时的北大，如果得不到蔡元培先生的大力器重、维护和支持，以陈之短，他很可能在北大站不住脚，而处于无用武之地。”[②]

近年有些学人好做出奇制胜的文章，如世人皆说蔡元培聘陈独秀为文科学长乃其得意之笔，他们却说为“最大的败笔”；世人皆知蔡元培时代从教育部到北大都不奉“唯学历论”，从鲁迅到梁漱溟都没有大学学历仍不失为名师，他们偏抠住蔡给教育部呈文说是“伪造假学历、假履历，欺骗教育总长”……南呼北应，好不热闹。其中过节，我在《天下第一刊:〈新青年〉研究》中已作分解，不再说了。[③]这倒让我想起鲁迅《狂人日记》中大哥教“狂人”作文的诀窍:“我还记得大哥教我做论，无论怎样好人，翻他几句，便打上几个圈；原谅坏人几句，他便说‘翻天妙手，与众不同’。”

---

① 罗章龙:《陈独秀先生在红楼的日子》,《新华文摘》1983年8月。

② 汪东林:《全国政协委员梁漱溟谈蔡元培先生》,《光明日报》1980年3月9日。

③ 石钟扬:《天下第一刊:〈新青年〉研究》，第55—56页。按蔡元培给教育部呈文所附履历为:“陈独秀，安徽怀宁县人，日本东京日本大学毕业，曾任芜湖安徽公学教务长，安徽高等学校校长。”

三、北大人眼中的陈独秀与陈独秀眼中的北大

陈独秀应该是1917年春节（1月22日旧历除夕）后，携《新青年》及妻室搬家到北京箭杆胡同9号，编辑部即设在他的住宅。

陈独秀在北大文科学长任上到底干得怎么样？后世评价不一。但“评价”多是些干燥的文字。陈独秀没有蔡元培、胡适那么幸运，有众多铁杆粉丝提供了众多传神的故事。陈独秀在北大任上除那点绯闻生前死后被炒得沸沸扬扬，能见其业绩与性情的文字不多。冯友兰说的一则轶事，我在《文人陈独秀》中用过。但版本不一样，今引的更生动：

> 在我们毕业的时候，师生在一起照了一个相，老师们坐在前一排，学生们站在后边。陈独秀恰好和梁漱溟坐在一起。梁漱溟很谨慎，把脚收在椅子下面，陈独秀很随便，把脚一直伸到梁漱溟的前面。相片出来以后，我们的班长孙本文给他送去一张。他一看，说：“照得很好，就是梁先生的脚伸得太远一点。”孙本文说：“这是你的脚。”（陈先生也为这大笑。）这可以说明陈独秀的“气象”是豪放的。[①]

蒋梦麟《西潮·新潮》中有两则陈的故事。蒋说：

> 他为人爽直，待朋友很好。我常常和他说：“我们两个人，有一个相似的习惯，在参加筵席宴会的时候，一坐下来，我们总爱把冷盘或第一、二道菜尽量的吃，等到好菜来时，我们已经吃饱了。所以大家说笑话，称我们这两个急性子，‘同病相怜’。”
>
> 我和陈独秀常讲笑话。我是一个秀才，陈独秀也是一个秀才。秀才有两种：一种是考八股时进的秀才，称为八股秀才。后来八股废掉了，改考策论，称为策论秀才。这种策论秀才已经有几分洋气了，没有八股秀才值钱。有一次陈独秀问我：“唉！你这个秀才是什么秀才？”
>
> “我这个秀才是策论秀才。”
>
> 他说：“那你这个秀才不值钱，我是考八股时进的八股秀才。”我就向

---

① 冯友兰：《我在北京大学当学生的时候》，《文史资料选辑》第83辑，文史资料出版社1982年版。

1918年6月北京大学毕业照，同学们与校长蔡元培（前排右四）、文科学长陈独秀（前排右三）及教授马叙伦（前排右五）、梁漱溟（前排右二）等合影。二排左四为冯友兰。

他作了一个揖，说："失敬，失敬。你是先辈老先生，的确你这个八股秀才比我这个策论秀才值钱。" [1]

尽管陈独秀十七岁考秀才时，是以不通的文章对付不通的题目，蒙住不通的大宗师，虽考取第一名却令他"更加一层鄙薄科举"；神圣的科举，如今更成为笑料了。蒋提供的两则美谈都能见其性情，但都与"改革北大"无涉。倒是两个北大学生提供了珍贵的回忆。

罗章龙有本《椿园载记》，有则陈独秀印象记，尽管只是平静的记叙，没有形象描述，还是能见出人物特征的：

我进北大时，陈先生已在执教了。在中学时，我就是《新青年》的热情读者，尤爱署名陈独秀的文章。进校初期，又听到有关陈先生的许多传闻，对他是很敬仰的。但我认识陈先生，却是很偶然的。

当时，我所在的德文班有三四十人，彼此学历很不一样，大致有三种类型：一是从国外回来的，他们大多是外交官的子弟，随家在德国学习，回国后又转入北大继续升学；一部分是在青岛大学读完两年以后，转入北大重读预科的，青岛大学为德国人所办，用德语授课，德文水平较高；再就是像我这样的普通中学毕业生，在中学学过四年德语。这个班由于程度参差不齐，老师授课颇感困难。同学们学习进展也不一致，对学习进度不免意见分歧。为此，我们开了几次班会，进行协商，最后确定向学校交涉，请求解决。班里决定从三种程度不同的同学中各推一名代表主持此事。我是代表之一，和其余两位同去见文科学长陈独秀。事先我们还拟了一个书面报告。由年长的一位代表面呈陈先生。陈在办公室接见了我们，说："你们来干什么？"

我们申述来意后，提出分班的要求。陈先生听后说："分班？办不到，目前教员和教室都没有多余的。"

我们接着提出："是否可采用甄别的方法，部分同学经过考试合格后，可升到本科学习。"陈先生听到这里，打断了我们的话，说："你们学生是想读书，还是想早毕业？你们希望早毕业好做官为宦？多读两年书有

① 蒋梦麟：《西潮·新潮》，岳麓书社2000年版，第339、400—401页。

何不好?"

我们申辩说:"不是这个意思。再说，早毕业进入社会，转入仕途也不是坏事。"陈先生听后便有些光火，说:"你们根本不想认真读书。你们平时对社会上的重大问题也不愿研究，只知道考虑个人……"声调越说越高，语气失和。同学也不耐烦，起身就走，结果不欢而散。

陈先生送我们出门时，似有悔意。我在班上年纪较轻，在申述理由时，越次发言颇多，出门时走在后面，陈先生边走边对我问道:"你是哪里人?"我回答说:"湖南人，湖南联合中学毕业生。"他听后点点头说:"你且留下，我们再谈谈。"我留下后，陈先生问我:"你说说看，这事该怎么办?"我回答:"同学们的意见是合理的，并不过分。没有教员和教室也不是您的责任。可以转告学校有关部门，让他们解决!"陈点点头。我又说:"同学们要求通过甄别考试提前毕业，也是正当的。有人想做官入仕，不能说我们都是怀有做官的思想。今天没有解决问题，大家不会就此罢休。"陈先生若有所思地又点了点头。我谈完意见就告辞走了。

代表们回去报告交涉的经过后，果然，大家不以为然。经过讨论，又派我们三人再去找陈先生。这次陈答应了，同意向学校反映，设法分班。并说，提前毕业事还要经教育部核准。一场风波得以解决了。经过这件事后，我认识了陈先生，此后，我和他的交往逐渐多起来了，印象也逐步深入了。①

陈独秀对申请早毕业的学生"光火"，是以坚持让学生在校多研究社会重大问题的原则为前提，并非显摆"学长"的威风；他的豁达以至接受学生的合理意见，则显示了他的民主本色。

而许德珩的那篇《我和陈独秀》则更有趣地再现了陈氏风格:

蔡元培到来之前的北大，校风很腐败，学生自由散漫，纪律松弛。蔡到校后，力图改革，整顿校风。陈独秀来校任文科学长，和蔡元培一起，积极推动北大的改革。

---

① 罗章龙:《椿园载记》，东方出版社1989年版，第26页。

陈独秀在整顿上课纪律当中，还与我闹过一场误会。当时我们班上有一同学是黎元洪的侄子。此人经常缺课，并叫人代他签到。陈独秀不调查研究，误听人言，就把这件事记在我的身上，在布告牌子上公布我经常旷课，记大过一次。我当时是一个穷苦学生，冬天穿夹衣过冬，宿舍里没有火，所以我不是在讲堂上，就是在图书馆里。当我见到这个记过布告时，十分惊异，并极端愤怒。我一怒之下，就把布告牌砸碎了。陈独秀性情一贯地急躁，他也大怒，对我的砸布告牌又记了一过。我又把第二个布告牌砸了，并站在他的办公室门前，叫陈独秀出来同他说理。此事立即叫蔡校长所知，经过蔡的调查，才知道是陈独秀搞错了，叫陈收回成命，并向我进行劝慰，此事遂告平息。这也就是陈独秀认识我的开始。①

陈独秀身上既无旧学者的暮气，也无海归派的绅士味，更无政客的机智，他是个本色派书生，“烈火焚居，及于眉睫”之际，不免“急不择语”；一旦知错，立即收回成命，劝慰对方。这就是北大文科学长任上的陈独秀。这可能与人们想象的中国最高学府的教授与学长形象颇有出入。

作为专职学长，陈独秀在北大很少开会，也很少作演讲。北大百年校庆期间，陈平原君披露了一则陈独秀在北大开学式的演说词。陈独秀难得以教育家的立场，直接针对北京大学发言。陈平原说，历来以“豪气”“霸气”著称的陈独秀一旦“登坛说法”，又该如何面对莘莘学子？如此场面，既难得，也有趣，故不可错过，将之录于斯：

大学生之目的，可分别为三类：（一）研究学理；（二）备毕业后应用；（三）得毕业证书。向第三目的者，必不多。向第二目的者，虽不得谓之大谬，而仅能适合于专门学校。惟第一目的，始与大学适合。既有此研究学理之目的，不可不有方法。方法有三：一曰，注重外国语。以最新学理，均非中国古书所有，而外国专门学术之书，用华文译出者甚少，故也。二曰，废讲义。以讲义本不足以尽学者，而学者恃有讲义，或且惰于听讲也。三曰，多购参考书。校中拟由教员指定各种参考书之册数、页数使学生自阅，而作报告。学校无多许经费，以购同样之书数

① 许德珩：《我和陈独秀》，《党史研究》1980年第4期。

十种，故望学者能节不急之费以购参考书也。[①]

干脆利落的演说词，已表明这位学长对蔡元培时代的大学理念的理解与整顿学风的明确意向。不过，必须说明这是1918年9月的开学式。

若将之与蔡元培1917年1月9日在北大的就职演说对照起来读则更有趣。蔡元培在就职演说中，特意强调三事：一曰抱定宗旨；二曰砥砺德行；三曰敬爱师友。三事之中，第一条最为重要，那是蔡元培的大学理念，也是中国现代大学理念经典表述："大学者，研究高深学问者也。""大学生当以研究学术为天职，不当以大学为升官发财之阶梯。"把北大定位为不同于一般专门学校，对北大学生提出不同的要求：

> 果欲达其做官发财之目的，则北京不少专门学校，入法科者尽可肄业法律学堂，入商科者亦可投考商业学校，又何必来此大学！所以诸君须抱定宗旨，为求学而来。入法科者，非为做官；入商科者，非为致富。宗旨既定，自趋正轨。

这富有理想主义色彩的通才教育理念，是对中国传统与当下急功近利的教育风气的有力反驳。

蔡当时初入北大，既有当年做教育总长的教育理念，又有旅欧考察的域外参照，更有对北大前期的审视，自然要多言"抱定宗旨"——把握北大的发展方向。而陈独秀此番演说是他在北大文科学长任上干了一年多之后，他对北大教学中的利弊有更多感性认识，因而把在蔡的大学理念指导下的办学方法讲得更具体、更富操作性。

四、自陈君任学长，文学革命遂大流行

陈独秀既任文科学长，蔡元培对文科的"人事、行政，一切由陈独秀先生主持，不稍加干涉"。[②]这叫用人不疑，也是蔡元培人格中的一大亮色。于是陈独秀以《新青年》为依托，放手招募新派教授，为北大文科建设引进了

---

① 陈独秀：《在北京大学开学式上的演说词》，原载1918年9月21日《北京大学日刊》；陈平原：《北大之精神——十先贤对北大传统的建构》，《中华活页文选（成人版）》1998年第17期。

② 罗章龙：《椿园载记》，第24页。

丰厚的学术资源。

李大钊是陈独秀1914年在日本协助章士钊编辑《甲寅》时结识的老朋友，也是《新青年》的重要作者。“有些儒雅，有些朴质，也有些凡俗”，“既像文士，也像官吏，又有些像商人”[①]的李大钊，1916年四五月间从日本回国，“过着无所归依的生活”。时任逻辑学教授兼图书馆长的章士钊“有请守常代替吾职之动议。时校长为蔡孑民，学长为陈独秀，两君皆推重守常，当然一说即行”。[②]不久陈独秀又与之共同创办《每周评论》。章士钊曾说：“独秀得此良佐，声气骤腾之。”[③]

刘半农原是才子佳人派的作家，高中未毕业就闯荡上海。1916年秋刘跑到《新青年》编辑部去拜访心仪已久的陈独秀，相对一夕，陈独秀对这位“状貌英特，头大，眼有芒角，生气勃勃”（周作人语）的年轻人，很感兴趣，当即向他约稿。刘半农更为陈敏捷而雄辩的谈吐所折服，“年轻作家心中的一盏灯终于被陈独秀点燃了”。刘半农果真具有聪明才力，“原是些极为普通的东西，但经过他的安排组织，都成为很可诵读的散文”。[④]1917年夏，“经陈独秀的介绍并应蔡元培的邀请，去北京大学预科任国文教授”。[⑤]刘半农时年27岁。鲁迅说他“是《新青年》里的一个战士，他活泼、勇敢，很打了几次大仗”。[⑥]

周作人于1917年4月1日由绍兴抵北京。他来京之前就通过鲁迅读了《新青年》，到京的第九天就去拜访了陈独秀。初到北大的周作人被暂时安置于北大附设的国史编纂处工作，地点是图书馆的单独一室。到本年的9月初，周作人被陈独秀正式聘为文科教授。几乎是同时，“蓄浓髯，戴大绒帽，披马夫式大衣，俨然一俄国英雄”（刘半农语）的周作人从图书馆旧杂志上找到几篇论文翻译，一篇是《陀思妥也夫斯奇之小说》，另一篇是《俄国革命之哲学的基础》。翻译后交给钱玄同，这是他第一次向《新青年》投稿。

鲁迅给《新青年》投稿反比周作人晚。他在教育部当科长，后为佥事，

---

① 鲁迅：《〈守常全集〉题记》，《鲁迅全集》第4卷，人民文学出版社1981年版，第523页。
② 章士钊：《〈李大钊先生传〉序》。
③ 章士钊：《吴敬恒——梁启超——陈独秀》，《甲寅》周刊第1卷第30号，1926年1月30日。
④ 周作人：《知堂回想录》，第241页。
⑤ 刘小惠：《父亲刘半农》，上海人民出版社2000年版，第7页。
⑥ 鲁迅：《忆刘半农君》，《鲁迅论文学与艺术》，人民文学出版社1980年版，第715页。

一来婚姻不如意，二来染上了当时的绝症——肺结核，一度以为自己“活不久的”(《两地书·八三》)。几年来，他独自在绍兴会馆补树书屋读佛经、抄古碑，自取了个号“俟堂”。他尤喜欢猫头鹰，钱玄同送他外号“猫头鹰”，传神之至。是金心异——钱玄同奉陈独秀之命多次上门游说，毁坏那绝无窗户的“铁屋”，终于让鲁迅发出了惊天动地的呐喊，在《新青年》上发表了《狂人日记》。从此一发不可收。再往后才被聘为北大的兼职讲师，开讲中国小说史，完成“开山的创作”《中国小说史略》，并应蔡元培之邀为北大设计了个愁眉苦脸状的校徽，沿用至今。乃至在《我观北大》中，他不无自豪地称:“北大派么？就是北大派！怎么样呢?”鲁迅自称在新文化运动中是个敲边鼓的角色，而他的创作乃“遵命文学”，所遵奉的是那时革命的前驱者的命令。这“前驱者”显然不是别的什么人，而是《新青年》的主编陈独秀。

还有高一涵，1912年留学东京明治大学政法系，留日期间的1914年5月即应约协助章士钊在东京创办《甲寅》杂志，并结识了陈独秀与李大钊。陈独秀1915年创办《青年杂志》时，首先特约尚未回国的高一涵为其担纲撰稿。高一涵1916年回国，先后任职《晨钟报》《甲寅》日刊，从未间断给《新青年》写稿，尔后干脆成了《新青年》与《每周评论》的编辑。1918年被聘为北京大学教授。

若依次数下去，从1917年到1918年进入北大文科的教授刘文典、杨昌济、王星拱、程演生等几乎都是在陈独秀学术、思想、人格魅力的感召下，先后汇到《新青年》的旗下，再进入北大的。即使像吴虞那样到1921年才进北大，也是先有批孔文章刊之于《新青年》，受陈独秀赏识，称之为“蜀中名宿”，胡适誉之为“只手打孔家店的英雄”，才有日后进北大的可能。

“旧派教员”钱玄同、沈尹默，先仅“启革新的端绪”，《新青年》的到来却使他们青春焕发，几乎换了一种活法，不仅成了《新青年》主撰作者，而且都成了《新青年》的编委。尤其是钱玄同原为国学大师章太炎的门人，是位古文大家，他居然支持新文化运动，着实令陈独秀、胡适们极为感动，更何况钱玄同是个“扎硬寨，打死战”的角色，又甘当替《新青年》摇旗呐喊的小卒。他不仅对《新青年》、新文化运动有过诸多建设性的意见，不仅催促周氏兄弟为《新青年》写稿，而且提出过不少惊世骇俗的口号，诸如

“桐城谬种，选学妖孽”，“汉字不灭，中国必亡”之类，虽不无偏颇，但极具造势之力。

即使是“国故派”代表人物刘师培，也是陈独秀将之引进北大的，尽管他不是《新青年》派的。刘师培从革命党人、无政府主义者堕入清廷幕僚、筹安会“六君子”之一，进而帮助袁世凯鼓吹帝制，但他是“年少而负盛名”的国学大师。陈、刘“感情极笃，背后也互相尊重，绝无闲言”，“当袁世凯垮台后，独秀去看他。（他）借住在庙里，身体羸弱，情形甚是狼狈。问他愿不愿教书，他表示教书可以，不过目前身体太坏，需要短期休养。于是独秀跟蔡先生说，蔡先生也就同意了”。①冯友兰回忆说：“他上课既不带书，也不带卡片，随便谈起来，就头头是道。援引资料，都是随口背诵。当时学生都很佩服。”②

当然，还有章士钊应陈氏之邀到北大当逻辑学教授，民国最著名的“海归”胡适也被陈氏招引到北大任教，都很值得称道。只是对他们另有专章书写，这里就从略了。

宛若梁山大聚义，陈独秀与他的《新青年》为北大招募来了天下各路豪杰，令北大文科几乎彻底改观，其功不可谓不巨。试问如果抽掉《新青年》派的这些新锐教授，老北大还有什么人文风光可言？

1917年，无论在中国教育史上，还是在新文化运动史上，都是值得大书特书的一年。

这一年，陈独秀从上海到北京，胡适从美国到北京，汇聚到北京大学，汇聚到蔡元培的麾下。他们风云际会，从此使北大，使《新青年》，使新文化运动，使全国的思想面貌、精神状态都发生了很大变化……

蔡元培慧眼识英才。晚年回忆往事，他不无得意地说：

> 教学上整顿，自文科始，旧派教员中为沈尹默、沈兼士、钱玄同诸君，本已启革新的端绪，自陈独秀君来任学长，胡适之、刘半农、周豫才、周岂明诸君来任教员，而文学革命、思想自由之风气，遂大

① 台静农：《〈早期三十年的教学生活〉读后》，《龙坡杂文》，（台北）洪范书店1988年版，第163页。
② 冯友兰：《三松堂自序》，人民出版社1998年版，第310页。按，刘师培1919年11月病故，陈独秀将刘的“遗著检齐，送交北大图书馆保存”。

流行。[1]

实际上自陈独秀携《新青年》进入北大始，改革北大（实乃教育革命）、文学革命、思想自由就融为一体了，成为“五四”新文化运动的组成部分。

五、蔡元培兼容并包中“倔强的坚持”

1919年3月18日《公言报》也有报道：

> 国立北京大学自蔡孑民任校长后，气象为之一变，尤以文科为甚。文科学长陈独秀氏，以新派首领自居，平昔主张新文学甚力。教员中与陈氏沆瀣一气者，有胡适、钱玄同、刘半农、沈尹默等……顾同时与之对峙者，有旧文学一派。旧派中以刘师培氏为之首。其他如黄侃、马叙伦等，则与刘氏结合，互为声援者也……盖学生中固亦分旧新两派，而各主其师说者。二派杂志，旗鼓相当，互相争辩，当然有裨于文化；第不言忘其辩论之范围，纯任意气，各以恶声相报复耳。

刘师培能到北大任教，“苟延残喘”，全仗陈独秀鼎力相助。于是他赶紧致函《公言报》:“读18日贵报《北京学界思潮变迁》一则，多与事实不符。鄙人虽主大学讲席，然抱疾岁余，闭关谢客，于校中教员素鲜接洽，安有结合之事？又《国故》月刊由文科学员发起，虽以保存国粹为宗旨，亦非与《新潮》诸杂志互相争辩也。祈即查照更正，是为至荷！”[2]

但北大有新、旧两派是实事；两派各有杂志，两派杂志互相争辩也是实事。只是并未“纯任意气，各以恶声相报复”。尽管各有意气，却也都重学理。

但是蔡元培在保守派、维新派和激进派的斗争中，并非没有立场的和稀泥，或一味的“敷衍”。陈独秀准确地说：

> 一般说来，蔡先生乃是一位无可无不可的老好人；然有时有关大节的事或是他已下决心的事，都很倔强的坚持着，不肯通融，虽然态度还

---

① 蔡元培：《自写年谱》，转见陈万雄《五四新文化的源流》，三联书店1997年版，第29页。
② 刘师培：《致公言报函》，《北京大学日刊》1919年3月24日。

很温和。[1]

蒋梦麟则说：

> 先生日常性情温和，如冬日之可爱。无疾言厉色，处事接物，恬澹从容，无论遇达官贵人或引车卖浆之流，态度如一。
>
> 发言作文不肯苟同。但一遇大事，则刚强之性立见。
>
> 故先生之中庸，是白刃不蹈之中庸，而非无举刺之中庸。[2]

提倡思想自由、兼容并包的蔡元培在北大几乎打造出“百家争鸣”的局面。他是中国近代史反孔教迷信的先驱。1912年任教育总长时，他就在教育部会中提出：“忠君与共和政体不合，尊孔与信教自由相违”；1916年从欧洲回国不久就发表演说“力斥提倡孔教之妄说”，同年12月26日在信教自由会上发表演说，对康有为等定孔教为国教“深致骇异”。他后来说：“我素来不赞成董仲舒罢黜百家、独尊孔氏的主张。清代教育宗旨有‘尊孔’一款，已于民元在教育部宣布教育方针对他说不合用了。到北大后，凡是主张文学革命的人，没有不同时主张思想自由的。”[3]

陈独秀在一信中指出，中国的旧学，只是世界学术中的一部分，而非其全体；儒家孔子，只是中国旧学的一部分，而非全体；经常伦理，只是孔学中的一部分，而非全体。“若要把一部分中的一部分的一部分，定为一尊，尊为道统，并且把全体的全体的全体，都一齐踩在脚下，说都一文不值，说都是异端邪说，像董仲舒那样专制办法，大背讲学自由的神圣，实在是文明进化的大障碍。蔡先生兼收并蓄主义，大约也是不以这种办法为法。”[4]可见蔡元培与陈独秀在反孔立场上是一致的。

蔡元培主张言文一致，国文“应以实用为主”。“白话是用今人的话来传达今人的意思，是直接的。文言是用古人的话来传达今人的意思，是间接的。间接的传达，写的人与读的人，都要费一番翻译的工夫，这是何苦来？”因而

---

① 陈独秀：《蔡孑民先生逝世后感言》，1940年3月24日重庆《中央日报》。
② 蒋梦麟：《西潮·新潮》，第308页。
③ 蔡元培：《我在北京大学的经历》；杨扬编《自述与印象：蔡元培》，上海三联书店1997年版，第38页。
④ 陈独秀：《致胡适》（1919年初），未刊稿，见周天度《蔡元培传》，第130页。

他断言：白话与文言的竞争中，“白话派一定占优胜”。[1]

正是有如此这般的理性认识，蔡元培才会在“兼容并包”的旗帜下保护和支持陈独秀、胡适掀起的新文化运动。今人夸大了新文化运动的势力，以为“兼容并包”是新派对旧派的宽容；其实当初旧派是主流，新派恰为反对派，“兼容并包”是从旧派那里去争取新派生存与发展的空间。陈独秀与蔡元培的性格颇不一致，陈独秀人如“霹雳火”，棱角毕露；文如拼命三郎，锋芒逼人。而蔡元培却是“极高明而道中庸”，连疾言厉色也不见。[2]但并不妨碍蔡元培盛赞“近代学者人格之美，莫如陈独秀”，[3]也不妨碍陈独秀视蔡元培为“我们”之中的一员：

> 自戊戌政变以来，蔡先生自己常常倾向于新的进步的运动，然而他在任北大校长时，对于守旧的陈汉章、黄侃，甚至主张清帝复辟的辜鸿铭，参与洪宪运动的刘师培，都因为他们学问可为人师而和胡适、钱玄同、陈独秀容纳在一校；这样容纳异己的雅量，尊重学术思想自由的卓见，在习于专制好同恶异的东方人中实所罕有。[4]

胡适性格与蔡元培的温文儒雅相近，而年龄相差两属，是两代人，理当有代沟。但并不妨碍蔡元培对胡适称赞备至，视为精灵；也不妨碍胡适引蔡元培为知己：

> 当我在北京大学出任教授的时候，北大校长是那位了不起的蔡元培先生。蔡校长是位翰林出身的宿儒。但是他在德国也学过一段时期的哲学，所以也是位受过新时代训练的学者，是位极能接受新意见新思想的现代人物。他是一位伟大的领袖，对新文学发生兴趣，并以他本人的声望来加以维持。[5]

新文化运动的反对派从来就是将蔡元培与陈独秀、胡适捆在一起炮轰的。林纾在小说《妖梦》中拟胡适为“秦二世”，状陈独秀为“猫头鹰”，骂蔡元

---

① 蔡元培：《国文的将来》，《北京大学日刊》1919年11月19日。
② 参阅郑勇：《蔡元培影像》，山东画报出版社2001年版，第92页。
③ 见刘太希：《苏曼殊与陈独秀》，《太希诗文丛稿》，第55页。
④ 陈独秀：《蔡孑民先生逝世后感言》。
⑤ 胡适：《口述自传》，《胡适自传》，江苏文艺出版社1995年版，第247页。

培为“元绪”，即大乌龟。周作人说：“这元绪公尤其是刻意的骂人话。”其实蔡、陈、胡三人都曾玩过白话小说（蔡1904年写《新年梦》、陈独秀1904年写《黑天国》、胡适1906年写《真如岛》），他们却没有“以暴易暴”地以小说与林纾对骂。当自称“拼我残年，极力卫道”的林纾于1919年3月18日在《公言报》上发表致蔡元培的公开信（《致蔡鹤卿太史书》），蔡元培当天即致函《公言报》（《致〈公言报〉函并附答林琴南君函》），公开回击林纾的挑衅。智慧的蔡元培没有用你说我是“痞子”我即说“痞子运动好得很”之类逻辑来回答林纾，而是以事实为依据，用“中庸”的逻辑驳斥了林纾对北大“覆孔、孟，铲伦常”“尽废古书，行用土语为文字”的两项指责，并理直气壮地为北大的新派教员辩护：

胡（适）君家世汉学，其旧作古文，虽不多见，然即其所作《中国哲学史大纲》言之，其了解古书之眼光，不让于清代乾嘉学者。钱（玄同）所作之文字学讲义，学术文通论，皆大雅之文言。周（作人）所译之《域外小说》，则文笔之古奥，非浅学者所能解。然则公何宽于《水浒》《红楼》之作者，而苛于同时之胡、钱、周诸君耶？

在逐一辩驳了林纾的种种指责以后，蔡元培接着从正面阐明自己主持北京大学的“两种主张”：

（一）对于学说，仿世界各大学通例，循“思想自由”原则，取兼容并包主义……无论为何种学派，苟其言之成理，持之有故，尚不达自然淘汰之运命，虽彼此相反，而悉听其自由发展。

（二）对于教员，以学诣为主。在校讲课，以无背于第一种之主张为界限。其在校外之言动，悉听自由，本校从不过问，亦不能代负责任。例如复辟主义，民国所排斥也，本校教员中，有拖长辫而持复辟论者，以其所授为英国文学，与政治无涉，则听之。筹安会之发起人，清议所指为罪人也，本校教员中有其人，以其所授古代文学，与政治无涉，则听之。……夫人才至为难得，苟求全责备，则学校殆难成立。且公私之间，自有界限。

蔡元培“思想自由、兼容并包”的办学方针，原是在北大校内演讲上发布，在《北京大学月刊》《北京大学日刊》上发表，传播有限。这次蔡元培则趁机公之于全社会，令其广为传播。这封信与其说是致林琴南的，还不如说是致全社会的公开信。有人说更是给总统徐世昌看的，因为总统未必了解北大的办学方针，也要对他启蒙。

与林纾的公开论战，恰印证了陈独秀所云蔡元培“有关大节的事”，“倔强的坚持”以及蒋梦麟所云他“白刃可蹈的中庸”，尽管他“态度还很温和”。正是这种温和的倔强，使蔡元培成为新文化运动中不可多得的“大护法”：唯其温和，则较陈独秀回避了许多攻击的锋芒；唯其倔强，则如陈独秀一样坚持原则不让步。

蔡元培主张学术研究自由，可是并不主张假借学术的名义，作任何违背真理的宣传；不但不主张，而是反对。有如马克思的思想，他以为在大学里是可以研究的，研究的目的是为学生解惑去疑，因为有好奇心而无辨别力，是青年迷惑的根源。不过在“五四”时代，北京大学并未开过马克思主义研究的课程。经学教授中有新帝制派的刘师培先生，为一代大师，而刘教的是三礼、《尚书》和训诂，绝未讲过一句帝制。英文教授中有名震中外的辜鸿铭先生，是老复辟派，他教的是英诗。他把英诗分为“外国大雅”“外国小雅”“外国国风”“洋离骚”等。“我在教室里想笑而不敢笑，却是十分欣赏，也从来不曾讲过一声复辟。”[①]这是罗家伦的话。通过这番解说，我们就能更深刻地了解到蔡元培“兼容并包”中有着坚挺的原则底线，而决非此亦是非、彼亦是非的和稀泥，这也保证了北大健康的发展方向。

六、肩住黑暗的闸门

不过，新文化运动的反对派似乎不满足于“文斗”，据说林纾还想“借重武力压倒新派”。

刘半农曾追忆说：“卫道的林纾先生却要于作文之外，借助于实力——就是他的‘荆生将军’，而我们称为小徐的徐树铮。这样，文字之狱的黑影就渐渐的向我们头上压迫而来。我们就无时无日不在栗栗危惧之中过活。”[②]

---

① 罗家伦：《伟大与崇高——谨以此文纪念先师蔡孑民先生百年诞辰》，（台湾）《传记文学》第10卷第1期。
② 刘半农：《初期白话论稿·序目》，收《半农杂文集》，上海良友图书公司1935年版。

李大钊、陈独秀、周作人都曾在不同场合下言说过这种危机感。甚至传言，皖系军阀欲借机摧残北大。陈独秀曾说："安福俱乐部当权时，即无日不思与北大反对，蔡先生之精神力用之于对付反对者三分之二，用之于整理校务者仅三分之一耳。"①

面对如此严峻的形势，1919年2月15日《新青年》第6卷第2号上发表了一则重要启事：

> 近来外面的人往往把《新青年》和北京大学混为一谈，因此发生种种无谓的谣言。现在我们特别声明：《新青年》编辑和做文章的人虽然有几个在大学做教员，但是这个杂志完全是私人的组织。我们的议论完全归我们自己负责，和北京大学毫不相干。此布。

虽不妨视之为主编坚持以"杂志"为中心，不想依附其他任何势力的意向，这与陈独秀注重"学术独立之神圣"，蔡元培提倡"学术自由"的原则相吻合。不过值此危难之际，即非作此表白，也无必要"反用欲盖弥彰的策略"与北大套近乎。因而更多的是针对保守派的猛烈攻击，希望减轻学校压力的策略性考虑。亦即蔡元培"公私之间，自有界限"的意思。果然一时间四方"集矢"于陈独秀。这才是陈独秀之所以为陈独秀的形象。行笔至此，我不知道自己怎么想起了鲁迅的一段名言：

> 自己背着因袭的重担，肩住了黑暗闸门，放他们到宽阔光明的地方去，此后幸福的度日，合理的做人。②

章士钊说："仲甫为天生领袖，一决定事，不能动摇。"③作为新文化运动精神领袖的陈独秀，更是位"肩住黑暗的闸门"的勇士。

对于陈独秀来说，公开论战，即便集矢一身，他也能从容应战。可怕的是对方"倚靠权势"之余"暗中造谣"。

3月10日，胡适致函"北大日刊"辟谣："这两个星期以来，外面发一种谣言，说文科陈学长及胡适等四人，被政府干涉，驱逐出校，并有逮捕的话，

---

① 陈独秀：《在欢送蔡元培出国宴会上致词》，《时报》1920年11月24日。
② 唐俟（鲁迅）：《我们现在怎样做父亲》，《新青年》第6卷第6号，1919年11月1日。
③ 郑学稼：《办〈青年杂志〉前陈独秀生活的片断》，台湾《传记文学》第13卷第4期，1968年10月1日。

并说陈学长已逃至天津。这个谣言愈传愈远，竟由北京电传到上海各报，惹起了许多人的注意。这事乃是全无根据的谣言。”[①]

3月16日陈独秀在《关于北京大学的谣言》一文中，详尽引用了京、沪各报有关谣言的报道：

> 上海《时事新报》说道：“今以出版物之关系，而国立之大学教员被驱逐，则思想自由何在？学说自由何在？以堂堂一国学术精华所萃之学府，无端遭此侮辱，吾不遑为陈、胡诸君惜，吾不禁为吾国学术前途危。愿全国学界对于此事速加以确实调查，而谋取以对付之方法，毋使庄严神圣之教育机关，永被此暗无天日之虐待也。”
>
> 上海《中华新报》说道：“北京大学教授陈独秀等创文学革命之论，那般老腐败怕威信失坠，饭碗打破，遂拼命为轨道外的反对，利用他狗屁不值人家一钱的权力，要想用‘驱逐’二字吓人。这本来是他们的人格问题，真不值污我这枝笔。”
>
> 《中华新报》又说道：“北京非首善之区乎？大学校非所谓神圣之学府乎？今之当局者非以文治号召中外者乎？其待士也如此。呜呼！我有以知其前途矣。”
>
> 《中华新报》又说道：“自此事之起，舆论界及一般新教育界，当然义愤之极，以为这是辱没了学者，四君等当然不能受此奇耻。惟记者以为究竟是谁的耻辱？与其曰受者之耻辱，毋宁曰施者之耻辱；与其曰四君等之耻辱，毋宁曰中国全体民族之耻辱。”
>
> 上海《民国日报》说道：“自蔡孑民君长北京大学而后，残清腐败，始扫地以尽（中略），而其出版品如《新青年》《新潮》等，尤于举世简陋自封之中，独开中国学术思想之新纪元。举国学者，方奔赴弗遑，作同声之应，以相发挥光大，培国家之大本，立学术之宏基，不图发轫方始，主其事者之数人，竟为恶政治势力所摈，而遂弃此大学以去也。”
>
> 北京《晨报》说道：“思想自由，讲学自由，尤属神圣不可侵犯之事，安得以强力遏抑？稍文明之国家，当不至有此怪谬之事实。故连日每有

① 《北京大学日刊》第328号，1919年3月10日。

所闻，未敢据以登载。嗣经详细调查，知此说实绝无影响。不过因顽旧者流，疾视新派，又不能光明磊落在学理上相为辩争，故造此流言，聊且快意而已。”

北京《国民公报》说道：“今日之新思想，实有一种不可过抑之潜势力。必欲逆此势力而与之抗，徒然增一番新旧之冲突而已。（中略）昧者不察，对于新者，嫉之若仇。果使旧思想在今日有可以存之理由，记者亦将是认之，而无如其否也。记者往尝读书，常怀一疑问，闻孔、孟之言，何以不许人有是否于其间？昔日之帝王实以是术愚民，今而后非其时矣。”

陈独秀有倾向地筛选若干媒体的言论，从中不难看出关于北大“新青年”派的谣言来势何其汹涌。陈独秀说：“《新青年》所讨论的，不过是文学、孔教、戏剧、守节、扶乩这几个很平常的问题，并不算什么新奇的议论。以后世界新思想的潮流，将要涌到中国来的很多。我盼望大家只可据理争辩，不用那‘倚靠权势’‘暗地造谣’两种武器才好。”[1]

陈独秀以《新青年》提倡新文化，鼓吹科学、民主，引起北大校内外保守势力的惊恐与反对。林纾仅一特殊代表人物，保守势力远非他一人。若仅他一人，就不会掀起如许波澜。

1919年3月，大总统徐世昌指令教育总长傅增湘致函蔡元培，批评《新青年》《新潮》等杂志，“时论纠纷，喜为抨击，设有悠悠之词，波及全体，尤为演进新机之累”。

接着是参议员张元奇等趁机起哄，张赴教育部约见教育总长，要求教育部取缔《新青年》《新潮》等刊物，否则“将由国会提出弹劾教育总长案”。实则是要弹劾蔡元培，胁迫蔡元培处置陈独秀。

然蔡元培说：“北京大学一切的事，都在我蔡元培一人身上，与这些人毫不相干。”他甚至要“将两年来办学之情形和革职的理由撰写成英、法、德文，通告世界各国”，以制服当局之“无道”。[2]但旧势力在攻击陈独秀覆孔孟、铲常伦的同时，抓住其所谓“私德不检”处大做文章，“一时争传其事”，

---

① 陈独秀：《关于北京大学的谣言》，《每周评论》第13号，1919年3月16日。
② 汤尔和：《致胡适》，《胡适来往书信选》中册，第289、291页。

闹得满城风雨，使局面异常复杂化。

七、3月26日北大之夜

1919年3月26日晚，蔡元培约几位新文化运动“关系诸君”在汤尔和家中商议北大事宜。会上“蔡先生颇不愿于那时去独秀”。但汤尔和“议论风生”，“力言其（按，指独秀）私德太坏”，“如何可作大学师表?”汤后来在致胡适信中说：“忆当时所以反对某君之理由，以其与北大诸生同昵一妓，因而吃醋，某君将妓之下体挖伤泄愤，一时争传其事，以为此种行为如何可作大学师表?”[①]这是1935年12月28日的信，隔一日汤又致信胡适，说：“陈君当然为不羁之才，岂能安于教授生活，即非八年之事，亦必脱鞴而去”，“又弟意当时陈君若非分道扬镳，则以后接二连三之极大刺激，兄等自由主义之立场能否不动摇，亦属疑问”。可见“私德不好”只是托词，深层原因是汤等北大同人也视陈独秀的激进思想为异端，会构成极大刺激而不容他。但“私德不好”的托词，却令蔡元培不得不重新考虑陈独秀的问题。

蔡元培《答林琴南书》说：“嫖赌娶妾等事，本校进德会所戒也，教员中间有喜作恻艳之诗词，以纳妾挟妓为韵事，以赌消遣者，以苟其功课不荒，并不诱学生而与之堕落，则姑听之。”但陈独秀为甲种会员，并被选为进德会评议员。发表进德会宣言的《北京大学日刊》也由他编辑。己不正，焉正人?陈独秀理当洁身自好，但陈又确实放荡不羁而时入花柳场。进德会似乎兼有江湖与宗教色彩，不容会员破戒。蔡元培作为进德会会长，则颇为汤尔和、沈尹默关于陈“私德不检”的议论所动。当初（1917年）是汤尔和与沈尹默向蔡推荐，蔡“三顾茅庐”般请陈来任北大文科学长的，现在又是这个汤尔和力主北大当去陈。出于校内外之舆论压力，蔡元培将原计划暑假后实行的学制调整、撤销文理科界限等改革方案，提前到4月8日实施。

蔡元培当天召集文理科教授会主任会议讨论公布这个结果，并于4月16日上报教育部备案。

既要免去陈独秀文科学长之职，又尽量不伤他的面子，蔡元培着实在技巧上费了一番心事。免职后的陈独秀仍被聘为教授，给假一年备“宋史”新

① 汤尔和：《致胡适》，《胡适来往书信选》中册，第289、291页。

陈独秀与蔡元培校长合影。

课。陈独秀也就仍可在北大编他的《新青年》《每周评论》。陈独秀非常理解蔡元培的良苦用心，倒是对“谋客”汤尔和有怨气。汤有日记：“（某日）五时后回寓，途中遇到陈仲甫，面色灰败，自北而南，以怒目视，亦可哂已。”①

3月26日晚的会议，胡适非但没有参加，而且会上有人提出“对胡适加以约制”。陈独秀的去职，对胡适来说无疑是极大的打击。4月7日汪孟邹有信致胡适：“仲甫去职，已得他来讯。旧党当然以为得势，务望兄等继续进行，奋身苦战，不胜盼念之至。”②不过也有人认为陈独秀的去职未必是坏事，如余斐山4月27日有信致胡适说：“这一趟独秀先生辞了学长的职，我觉得是好的。先生何不劝他南下，把《新青年》大大的扩充成功［为］一种输进新文化，改良社会的唯一无二的杂志，岂不是更有裨于社会吗？”③其实胡适最担心的就是陈独秀脱离北大方阵，南下另谋发展。应该说，事后唯有胡适对此事之评判最精当。1935年胡适借阅了汤尔和当年的日记，了解当时情况。然后几次有信致汤尔和谈及此事。

三月廿六夜之会上，蔡先生颇不愿于那时去独秀，先生（指汤尔和——引者注）力言其私德太坏，彼时蔡先生还是进德会的提倡者，故颇为尊议所动，我当时所诧怪者，当时小报所记，道路所传，都是无稽，而学界领袖乃视为事实，视为铁证，岂不可怪？嫖妓是独秀与浮筠都干的事，而“挖伤某妓之下体”是谁见来？及今思之，岂值一噱？当外人借私行为攻击独秀，明明是攻击北大的新思潮的几个领袖的一种手段，而先生们亦不能把私行为与公行为分开，适堕奸人术中了。当时颇疑心尹默等几个反复小人造成一个攻击独秀的局面，而先生不察，就做了他们的“发言人”。

我并不主张大学教授不妨嫖妓，我也不主张政治领袖不妨嫖妓，我觉得一切社会上有领袖地位的人都是西洋人所谓“公人”（public men），都应该注意他们自己的行为，因为他们的私行为也许可以发生公众的影响。但我也不赞成任何人利用某人的私行为来做攻击他的武器。当日尹默诸人，正犯此病。以近年的事实证之，当日攻击独秀之人，后来都变

---

① 胡适手抄汤尔和日记和跋，《胡适来往书信选》中册，第283页。
② 汪孟邹：《致胡适》，《胡适档案》，中国社科院存。
③ 余斐山：《致胡适》，《胡适来往书信选》上册，第41页。

成了“老摩登”，这也是时代的影响，所谓历史的“幽默”是也。

胡适念念不忘3月26日夜对北大对新文化运动的影响。他说：“独秀终须去北大，也许是事实。但若无三月廿六夜的事，独秀尽管仍须因五［六］月十一夜的事被捕，至少蔡、汤两公不会使我感觉他们因‘头巾见解’和‘小报流言’而放逐一个有主张的‘不羁之才’了。”胡适甚至认为这对中国的前途会产生意想不到的影响：

> 此夜之会，先生（按，指汤尔和）记之甚略，然独秀因此离去北大，以后中国共产党的创立及后来国中思想之左倾，《新青年》的分化，北大自由主义者的变弱，皆起于此夜之会。

何以见得？胡适进而分析说：“独秀在北大，颇受我与孟和（英美派）的影响，故不致十分左倾。独秀离开北大之后，渐渐脱离自由主义者的立场，就更左倾了。”因此，胡适断言：“此夜之会，虽有尹默、夷初在后面捣鬼，然孑民先生最敬重先生，是夜先生之议论风生，不但决定北大的命运，实开后来十余年的政治与思想分野。此会之重要，也许不是这十六年的短历史所能论定。”[①]虽过分夸大偶然因素对人物与社会的影响，却又不无一定道理。至少其对陈独秀及驱陈事件的本质的认识，较当时至今日诸多学人都透彻准确。

八、陈独秀、胡适对蔡元培“不合作主义”的不同解读

“不自由，毋宁死”，是西哲之言。

“宁鸣而死，不默而生”，是胡适爱题的格言。

温而刚的蔡元培为争取教育的相对独立，为争取自己新教育理念的实行，虽未拿生命相搏，但他有他的杀手锏。蔡元培的杀手锏是：辞职，意谓不能按我的教育理念行事，我不干！他把人格、理念看得比职位更重要，不将教育总长、北大校长视为“官”，尽管那些都是很多人垂涎三尺求之不得的官位。蔡元培堪称中国近代史上的“辞职大王”，终其一生“辞职”壮举玩了几十次，虽然不是每次都能迫使当局妥协就范，但维护了天职，维护了尊严，

① 胡适：《致汤尔和》（稿），《胡适来往书信选》（中册），中华书局1979年版，第281—282页、290—294页。

争取了舆论，这就够了。

其中影响最大的是1912年7月在教育总长位置上的辞职、“五四”运动期间5月9日的辞职出走、1923年初因罗文幹案而抗议教育总长彭允彝干涉司法独立的辞职。

1923年1月23日，蔡元培公开发表了那著名的《关于不合作宣言》。这篇“宣言”最能见出蔡元培外圆内方“不降志，不辱身”，“一遇大事，则奇气立见”的书生本色：

> 我是一个比较的还可以研究学问的人，我的兴趣也完全在这一方面。自从任了半官式的国立大学校长以后，不知道一天要见多少不愿意见的人，说多少不愿意说的话，看多少不愿意看的信。想每天腾出一两点钟读读书，竟做不到，实在苦痛极了。而这个职务，又适在北京，是最高立法机关行政机关所在的地方。止见他们一天天的堕落：议员的投票，看津贴有无；阁员的位置，禀军阀意旨；法律是舞文的工具；选举是金钱的决赛；不计是非，止计利害；不要人格，止要权利。这种恶浊的空气，一天一天的浓厚起来，我实在不能再受了。我们的责任在指导青年，在这种恶浊气里面，要替这几千青年保险，叫他们不致受外界的传染，我自忖实在没有这种能力。所以早早想脱离关系，让别个能力较大的人来担任这个保险的任务。①

这次与上述第一次辞职有相似之处，起因于愤慨官场的腐败而要争取内阁或司法的独立，最后落脚点还是在为“教育独立”而鼓与呼。这里只有公愤而无私怨。

应该说，辞职未必是最佳斗争方式。辞职要履行一定的行政程序，使之变成合法的斗争手段。允许这种合法斗争方式的存在，未必是当局无能的表现；那样看问题容易反将高度独裁、专制误认为执政能力。只是民国前期辞职之举玩得太热闹了，总统有辞职的，总长也有辞职的，校长有辞职的，教授也有辞职的……在教育史视野下，我们自然觉得蔡元培玩得最精彩，他的每次辞职几乎都酿成了一场轰轰烈烈的运动。因而仍不失为他争取自由、民

① 蔡元培：《关于不合作主义》，北京《晨报》1923年1月2日。

主的一种特殊斗争方式。

富有戏剧性的是，蔡元培1923年的辞职却在胡适与陈独秀之间诱发了一次措词激烈的辩论。

1923年1月21日，胡适在《努力周报》上发表《蔡元培以辞职为抗议》一文，指出：蔡先生“提出这种正义的抗议，对于‘政治界所有最卑污之罪恶，最无耻之行为’，作悲愤的抗议……确然可以促进全国国民的反省，确然可以电化我们久已麻木不仁的感觉力”。

陈独秀于1月24日在《向导》第17期上发表《评蔡校长宣言》一文，说：“打倒恶浊政治，必须彻头彻尾采用积极苦战恶斗方法，断然不可取消极的高尚洁己态度。”还说：“革命的事业必须建设在广大民众积极运动的力量上面，依赖少数人消极的拆台政策来打倒恶浊的政治，未免太滑稽了，太幼稚了，而且太空想了。”

刚从莫斯科参加共产国际会议归来的陈独秀已有了民众革命的观念，他说“轻视民众”是中国领袖人物的共同缺点，这话固然没错。但他过分夸大了蔡元培不合作主义的消极作用，指责蔡“不啻为恶浊政治延长生命，这是何等的罪大恶极”！还说：“我们当如防御鼠疫霍乱一样，日夜防御蔡校长之消极的不合作主义侵入思想界。”这就有失分寸，徒见其党见浓重。

胡适于2月4日的《努力周报》上，针对陈独秀对蔡先生的过激批评，又撰发一篇《蔡元培是消极吗》的短文，说：“蔡先生的抗议，在积极方面，能使一个病废的胡适出来努力；而在消极方面，决不会使一个奋斗的陈独秀退向怯懦的路上去。”

不过这次温和的胡适也过激起来了，他说：“自从袁世凯以来，政府专用金钱来买政客，十年的工夫遂使猪仔遍于国中，而‘志士’一个名词竟久已不见经传了！新文化，学生运动，安那其，社会主义，共产主义……无不不可作猪仔之敲门砖！今天谈安那其，明天不妨捧政客，今天谈共产主义，明天又不妨作教育次长（按，指陈曾任广东教育委员会委员）！在这个猪仔世界里，民众不用谈起，组织也不可靠，还应该先提倡蔡先生这种抗议的精神，提倡‘不降志，不辱身’精神，提倡那为要做人而有所不为的牺牲精神。”

血气方刚的徐志摩也拍案而起，在《努力周报》上发文，呼应胡适，盛赞蔡元培的大义凛然，说：“我们应该积极同情这番拿头颅去撞开地狱之门的精神。”

1923年2月1日，《晨报》也发表社论《论不合作主义》，认为："在军阀政蠹盘踞的政状之下，非有一种更深刻的标语，更严厉的手段，恐怕不会得群众的了解，所以我们认'不合作主义'是打破现状的一种方法，而恐其不是有效的方法。"但不同意陈独秀上述过火的指责，说："劳动阶级的罢工，也是一种'不合作主义'的表现"，难道我们"连罢工也不赞成吗"？

陈独秀为此在《向导》上还发表了《教育界能不问政治吗》(第1期)、《论暗杀暴动及不合作》(第18期)、《再论不合作主义答北京〈晨报〉记者》(第19期)、《为自由而战》(第19期)。胡适也不示弱，他俨然成了蔡元培的辩护人，一口气在《努力》上发了一个系列，除上述两篇还有《蔡元培的不合作主义》(第39期)、《蔡元培与北京教育界》(第39期)、《彭允彝代表什么》(第40期)。直到"二七惨案发生，陈独秀被吴佩孚通缉，胡适也生病住院，陈、胡之争才草草收场"。

为了显示其辞职乃义无反顾之举，1923年7月20日，蔡元培再次携眷游学欧洲。借胡适的一句话，蔡元培也是"为了一个主张而来，为了一主张的失而去：这是很正当的行为"。蔡元培这一去就是三年。虽然直到1927年彻底辞去之前他还一直是北大名义上的校长。而实际上从登舟旅欧那刻起，他就真正告别了他一手再造的北大。回首北大生涯，蔡元培感慨良多：

> 总计我居北京大学校长的名义，十年有半，而实际在校办事，不过五年有半，一经回忆，不胜惭悚。①

"不胜惭悚"云云，先生过谦了。回首百年，"蔡元培的北大"几乎成了一个灿烂的例外，如同唐僧西天取经中的玉华县。它是"五四"新文化运动再造文明中的最佳成果。它既是特殊时代的产物，它本身虽也基本上被制度化，而实际却似乎过分地靠蔡元培的人格魅力来打造与支撑(蔡元培也不是教授民主选出来的校长，尽管他提倡教授治校)。

九、1932年蔡元培"就近营救陈独秀"

陈独秀自1920年2月为逃脱北洋政府的拘捕而离开北京，从此与蔡元培

① 蔡元培：《我在北京大学的经历》。

的直接接触减少，但彼此却始终关注着对方。

1920年11月为避开奉系军阀张作霖对北大的干涉与压迫，蔡元培借机赴法考察大学教育与学术研究机关状况。11月22日由北京到上海，23日陈独秀及旅沪北大同学会在上海一品香西餐馆设宴欢送蔡及随同赴法的张申府等。在沪的马叙伦、汪精卫、吴稚晖等及各报记者到席。陈独秀主席，致欢送词，① 这是陈离开北大后与蔡元培第一次相会。1927年“四・一二”事变中，蔡元培作为国民党中央监察委员会主席，直接参与了清党的提案。此后陈、蔡见面机会就更少了。

1932年10月15日，陈独秀在上海被捕，10月19日被押往南京监狱。胡适在北京给蔡元培拍电报：“请就近营救陈独秀。”陈独秀一生五次被捕，除民国初年在芜湖被捕那次之外，其他四次，身为党国元老的蔡元培的出面都壮大了营救的声势。1932年10月是陈第五次也是最后一次被捕。被诉诸报端的仍指为“共党要犯”，而实际此时陈已是共运中的另一反对派即托洛茨基派。尽管如此，全国朝野，蔡元培、柳亚子、杨杏佛等政要名流，胡适、傅斯年、蒋梦麟等北大著名学者，章士钊等大牌律师都参加了营救陈独秀行列。可以说除延安之外，构成了一个捍卫人权与法治的“压力集团”，最终使蒋介石放弃对陈实行军事特别审判（若上军事法庭陈就可能被秘密处死），于1932年10月22日电告翁文灏并转胡适等云：“‘陈独秀’已电京移交法院公开审判矣。中正。”②

蔡元培作为中央研究院院长，在南京几乎构成了援陈中心，以其影响力对国民党政府施压之大可想而知，令当局恼怒。于是国民党南京市党部通报他和中央研究院秘书长杨杏佛“请宽释陈独秀”是“徇于私情，曲加辩护，为反对张目，特予警告”。蔡元培根本不为所动，变本加厉地为亚东图书馆再版《独秀文存》作序。

《独秀文存》③ 初版于1922年。这年8月陈被捕，《文存》9月发排，11月出书，汪原放说：“实在是战战兢兢地出的。”从1922年到1926年《独秀文存》共印了八次，累计两万九千多部的版税（平装2.1元，精装2.7元，版税

① 见上海《时报》1920年11月24日；上海《国民日报》1920年11月24日。

②《胡适来往书信选》，第139页。

③《独秀文存》以1915年9月15日《青年杂志》创刊号之《敬告青年》起算，止于1921年2月21日之《答蒋和森》，计60万字。《独秀文存》二集编成而未出版，因而一集《独秀文存》成为绝响。

15%），对陈氏而言，无异雪中送炭。当时陈有两个家，即前妻高大众在安庆的家，和后妻高君曼在上海的家，上有嗣母，下有儿女，而每月“革命津贴”仅40元，入不敷出。《独秀文存》的版税乃是他重要的经济来源，高君曼按月从这里取50元。1932年10月入狱后贫病交加，曾不无感伤地与前来探监的汪原放说：“我欠亚东的钱实在不少了，心里很难过，你可以把《独秀文存》重印出来，让我快快拿版税把亚东的账结清才好。”汪原放是亚东图书馆老板汪孟邹之侄，陈早年亡友汪希颜之子，大革命时期他曾任中共中央出版部部长，“八七”会议后陈被排斥出中共中央，汪也脱党回归亚东，他对陈独秀一往情深，在他的策划下，《独秀文存》在陈独秀坐牢期间再版了。1933年10月第九次印一千册探路（一探销路，二探当局是否会禁），销路不错，于次年3月第十次又印了四千册。有人叹惜：“此书六年（1927—1932）不印，真正可惜。”而此次再版则更是意义非凡，尤其引人注目的是蔡元培的序。蔡序不长，却对陈辛亥革命前“表面普及知识，暗中鼓吹革命”，和民国六年携《新青年》在北大文科学长任上“引起新文化的运动”作了高度评价，也表达了对陈的特殊感情，尤其明言他刚刚去南京监狱探望过陈独秀，为昭示郑重，蔡序是用手迹影印，名下还钤有“孑民”印章。蔡序作于1933年4月，与胡适1932年10月30日发表的讲演《陈独秀与文学革命》，傅斯年同日发表的《陈独秀案》，构成一个巨大的舆论声势，对监狱中的陈独秀是莫大的精神安慰，对正在筹划的法庭审判也是严正的抗议。

亚东图书馆也将蔡序视为再版《独秀文存》最好的“名人广告”，书目上即摘取了蔡序中一段评价《独秀文存》的话：

> 这部《文存》所存的，都是陈君在《新青年》上发表过的文，大抵取推翻旧习惯、创造新生命的态度；而文笔廉悍，足药拖沓含糊等病；即到今日，仍没有失掉青年模范文的资格。我所以写几句，替他介绍。①

言简意赅，是对陈氏文章风骨极到位的解读。

难怪陈独秀在南京狱中与濮清泉谈起往事，念念不忘“蔡先生是一位好

①《独秀文存》卷首，亚东图书馆1933年版。

好先生。同时他又说在大节上，蔡先生是能坚持真理的”。[①]

陈独秀在入南京监狱之前，曾两番写信给蔡元培，一是要保释被关在中央陆军监狱中的郑超麟，一是请蔡为刚出狱的濮清泉找工作。关、濮二人此时都是托派领袖。蔡看陈的面子还是多方设法，尽可能满足陈的要求。陈在南京狱中也曾写信请蔡为人谋事。南通有位程［陈］姓小学家，慕名探监，两人一见如故，先是互道钦佩，互称对方有卓见，后却起争论，闹得面红耳赤，互斥浅薄，拍桌对骂，只差动武。原因是为一个“父”字。陈独秀说父字明明是画一个人，以手执仗，指挥家人行事。那位则说明明是捧着一盆火，教人炊饭。吵得不可开交，惹得濮清泉在一旁诌打油诗嘲讽他俩：“一曰执仗一曰火，二翁不该动肝火……异日争论平心气，幸勿动怒敲脑壳。”隔一会儿，陈又与那位和好了。据濮说，陈独秀写信给中央大学校长罗家伦，推荐他去教文史，罗以他迷信鬼神而拒绝了。而陈1933年11月1日为南通小学家谋事给蔡的信赫然在案：

> 比月以来，得晤海门陈训廷先生，与谈文字学，甚为快慰，陈先生于此道颇有深造，且多创见，独秀以能时与晤教为乐，陈君亦以居通州太孤寂，思来京获友朋商榷之机会。因此日前曾言之于志希、孟真二兄，为寻一相当职业，使陈君得以寄居京中。闻中大及史语研究所目前均无法可设，故特陈情于先生，倘研究院其他部门或教部之图书馆及编审方面，如有可谋，请先生为之一言，使陈君有居京研究之机，则独秀之所渴望也。[②]

从这封信，既可见陈独秀对学术的痴迷，也可见他与蔡元培之间的深厚感情。

十、无数伤痕中又添一伤痕

1940年3月5日，74岁的蔡元培逝世于香港。

避居江津的陈独秀得知，痛断中肠。他与友人说：“弟前在金陵狱中，多承蔡先生照拂，今乃先我而死，弟之心情上无数伤痕中又增一伤痕矣！”[③]

---

① 濮清泉：《我所知道的陈独秀》，《文史资料选辑》第71辑，中华书局1980年版。
②《陈独秀著作选编》第5卷，第116页。
③《致杨朋升》，《陈独秀著作选编》第5卷，第305页。

对于蔡元培之死，于公义，于私情，陈独秀都有很深的感触，于是有《蔡孑民先生逝世后感言》发表于1940年3月24日重庆《中央日报》，对蔡元培遇有关大节的事都有“倔强的坚持”和容纳异己的雅量、尊重学术思想自由的卓见这两点美德，深表佩服。对“自‘五四’起，时人间有废弃国粹与道德之议”，也于此辩正之。尤其是申言：

> 五四运动，是中国现代社会发展之必然的产物，无论是功是罪，都不应该专归到哪几个人；可是蔡先生、适之和我，乃是当时在思想言论上负主要责任的人。关于重大问题时论既有疑义，适之不在国内，后死的我，不得不在此短文顺便申说一下，以告天下后世，以为蔡先生纪念！①

既是一份自信，也是一份怀念，更多的是历史的责任：以告天下后世。正是陈独秀这番言论，给我以灵感的源泉，在纪念“五四”九十周年之际勉力写了部《五四三人行》，以畅言五四精神，纪念五四先驱。

此章已不短，再揭一掌故以结束全文。1924年3月4日，北京大学为校庆二十五周年组织了一次民意测验。第六问为：你心目中国内或世界的大人物有哪几位？

民选（或叫士选更准确些）结果：孙中山第一，陈独秀第二，蔡元培第三，胡适第四，梁启超第五。②

无须多作解释，足见当时北大人的精神走向。

---

①《自述与印象：蔡元培》，第59页。
②《北京大学日刊》1924年3月5日。

“老章又反叛了”

——陈独秀与“老虎总长”章士钊

作为著名学者与社会活动家，章士钊曾谋道各界，在哪个朝政下他几乎都能游刃有余。他一生复杂多变。对新文化运动他也是时而“投了降”，时而“又反叛了”——立志要做落伍者的首领。

但对陈独秀的友谊，他却始终没变。陈独秀多灾多难，他都援手相救……

一、字字挟严霜：编辑《国民日日报》

陈独秀以创办《新青年》而闻名于世，《新青年》在近代中国思想史上开创了一个新时代。

而陈独秀最早涉足传媒，是1903年协助章士钊编辑《国民日日报》。章士钊（1881—1973）比陈独秀小两岁，两人性格迥异。章士钊曾说：“伯先（即赵声）其人文章风义，冠绝于堂；愚性和易，而伯先豪纵，性反而爱至。”若将伯先置换成独秀，庶几成立。独秀豪纵（性烈如火、心纯似水），士钊和易。章士钊1941年游桂林独秀峰而怀想陈独秀，写下《念奴娇》词还说到他俩性格异若冰炭：“步到独秀峰前，低徊身世，想起怀宁客。自异求同冰炭性，人已一时应灭。”但他们确是一对难以分割的朋友，即使后来政见各异，仍私谊不断，恰叫“性反而爱至”。章士钊曾为陈独秀编辑生涯的引路人与盟友。

陈、章首次共事在1903年，两人的相识还要早此一年。1902年章士钊离开故乡湖南到南京江南陆师学堂求学，就在同窗“皖中贤士汪铸（希颜）和葛襄（温仲）”那里得十八岁就有“皖城名士”之称的陈仲甫（即陈独秀）之大名，慕其“早岁读书有声”。恰好这年春天，陈从日本回安庆，途经南京时由汪希颜、葛温仲介绍认识了章士钊。由此开始了他们终其一生的传奇交谊。

章士钊（1881—1973）

陈独秀在日本参加了留日学生的第一个革命团体——青年会。1903年初，东京的中国留学生组织拒俄义勇队遭陆军学生监督姚昱（文甫）无理刁难。3月31日晚陈独秀、邹容、张继等闯入姚宅，挥剪割下姚的发辫，悬梁示众，此“割发代首”之举，大快人心。陈独秀、邹容、张继却因此被遣回国。从日本回安庆，陈独秀发起组织拒俄义勇队，集会藏书楼，倡议成立爱国会，“拟与上海爱国学社通成一气，并联络东南各省志士，创一国民同盟会，庶南方可望独立，不受异族之侵凌”。上海的爱国学社由蔡元培主持（吴稚晖为学监、章太炎为义务教员）。在陆师学堂有着“呼啸风云”地位的章士钊1903年初响应上海南洋公学闹学潮，率领四十多个同学，“买舟之上海”，加入爱国学社并充当军事教练。而从日本归来的邹容、张继也入了爱国学社，且与章士钊常相过从，于是由章太炎倡议不分师生结为兄弟，一拜而定，“太炎年三十六，行严（士钊）年二十五，张继年二十二，威丹（邹容）最幼，年十九”。学社实行学生自治，课程有国文、英文、史地、体育等，并引进军事训练，以《苏报》为言论园地。

章士钊一边学习，一边当军事教练，同时不断给《苏报》撰文鼓吹革命。《苏报》主持人陈范（字梦岐，湖南衡山人）赏识章的才华，1903年5月27日聘之为《苏报》主笔。章士钊可谓少年得志，主事《苏报》即于6月1日刊《本报大改良》，对该报从版面到内容进行大刀阔斧的改革，旗帜鲜明地反对清政府及其保皇党代表人物康有为。6月9日发表邹容的《革命军》，撰《读〈革命军〉》，盛赞此书为今日国民教育之第一教科书，“愿书万遍诵万遍”。其后又将章太炎《驳康有为论革命书》中骂光绪皇帝为“载湉小丑，未辨菽麦”那段文字，拿来重新发表。封建王朝，皇帝至上，咒之反之，乃大逆不道。因而一声“载湉小丑”，令举国震惊。

《苏报》还以极大的热情，在5月25日、30日，6月5日连续报道了陈独秀等人在安庆藏书楼发表演讲的盛况，说陈以天下为己任的演说“词情慷慨”，“勃发忠义”，竟令“满座欷歔”，“众情踊跃，气象万千”。

章办《苏报》，声誉鹊起，民众爱读，当局惶恐。7月7日清廷查封《苏报》，并逮捕了章太炎、邹容等人。而陈范、蔡元培、吴稚晖等则闻风而逃往国外。这就是有名的《苏报》案。章士钊因查办大员江苏候补道陆师学堂总办俞明震的庇护（章曾是俞赏拔的高材生，又是其子的好友），兼章发文都用化名，遮人耳目，故能幸免于祸。

办《苏报》是章士钊人生的光辉起点。毛泽东晚年不止一次与章的养女章含之言及《苏报》案，令其理解父亲。

《苏报》被封后，章士钊并没气馁，在江西谢晓石的资助下于1903年8月7日又创办了《国民日日报》。章在其“发刊词”里称“舆论者造因之无上乘也，一切事业之母也。故将图国民之事业，不可不造国民之舆论”。《国民日日报》继承了《苏报》鼓吹革命排满宗旨，论调“较《苏报》之峻急有差”，不“为爆炸性之一击”，使报纸尽可能站住脚跟，锲而不舍地“造国民之舆论”（章士钊《苏报案始末记叙》）。清廷鉴于《苏报》交涉困难，乃通令长江一带严禁售阅，谓“上海逆党著书刊报，煽惑人心，大逆不法，业将苏报馆办事人等按名拿办，并将报馆封闭在案。乃又有人创办《国民日日报》，依然妄肆蜚语，昌言无忌，实属执迷不悟，可恨已极。仰各属府州县，将《国民日日报》荒谬悖逆情形示知地方商民，不准买看，如有寄售《国民报》者提究”。[①]更可见其革命性，世称《苏报》第二。

当时陈独秀刚由日本回国，5月17日在安庆藏书楼举行爱国演说会，被清廷通缉而逃亡上海。此前陈独秀本欲创办《爱国新报》，“其宗旨在探讨本国致弱之源，及对外国争强之道，依时立论，务求唤起同胞爱国之精神”。[②]因故未办成，今有章士钊邀之协办《国民日日报》，意气相投，一拍即合。《国民日日报》虽只不到四个月就停刊，但陈独秀在这里付出了劳苦，磨炼了意志，展示了才华。对此，章士钊日后屡有美好的记叙。他在《双枰记》中有云：“独秀山民性伉爽，得靡施恨晚。吾三人同居一室，夜抵足眠，日促膝谈，意气至相得”，“独秀情直，至悲凉处，辄以手击案”。可谓知己之言。所言“靡施”即《双枰记》中的主人公——蹈海殉情的革命党人何靡施，他们“同居一室”即编《国民日日报》的日子里。《双枰记》还写至他们熬更守夜的编辑生活。

《双枰记》是1914年写的，过了十几年，到1926年章氏又有名文《吴敬恒——梁启超——陈独秀》回忆陈独秀在编《国民日日报》的趣事，说他们

---

① 戈公振：《中国报学史》，上海古籍出版社2003年版，第182—183页。
②《纪爱国新报》，《大公报》1902年4月19日。

“两人蛰居昌寿里之偏楼，对掌辞笔，足不出户，兴居无节，头面不洗，衣敝无以易，并也不浣。一日晨起，愚见其黑色袒衣，白物星星，密不可计。愚骇然曰：‘仲甫，是为何耶？’独秀徐徐自视，平然答曰：‘虱耳。’其苦行类如此”。这几乎成了陈独秀形象的定格，日后他在从事传媒事业时屡屡出现这一特写镜头。此情此景，日后也多次被章士钊写进他的诗词之中。“三十年前楚两生，君时扪虱我谈兵”云云，即写此典故。这是1934年9月，章士钊应南京狱中的陈独秀之邀写给他解闷的诗句。

当然更重要的是，陈独秀在这几个月中挥动如椽巨笔，写了不少有声有色的诗文。然“避席畏谈文字狱”，为防清廷的迫害，他在《国民日日报》上的诗文都未署名，致使今天，除两种署名“由已”的诗（《哭汪希颜三首》《题西乡南洲游猎图》），其余的作品则难以分辨。[①]不过通过章士钊晚年的赞词，人们还依稀能闻到那遥远天边的雷声。章氏有《初出湘》云：

我与陈仲子，日期大义倡。
“国民”既风偃，字字挟严霜。
格式多创作，不愧新闻纲。
当年文字友，光气莽陆梁。

“格式多创作，不愧新闻纲”，当指陈独秀的编辑才能；文倡大义，字挟严霜，当是对陈独秀诗文的推许。

从仅存的两首（组）诗也能见其端倪。《哭汪希颜三首》所哭的汪希颜即亚东图书馆创始人汪孟邹的胞兄，著名出版家汪原放的父亲，1900年入南京江南陆师学堂，与章士钊、赵伯先等同学，1902年3月与陈独秀结识，一见如故，同年暑假却以暴疾死于该校。陈诗原题为《无耻人草成七绝四首哭汪希颜》，8月9日在《国民日日报》发表时删去一首。三首诗点睛之笔为：“英雄第一伤心事，不赴沙场为国亡”，“说到联邦新制度，又将遗恨到君身”。则见他们共同的理想是在“历史三千年黑暗”的中国建立“联邦新制度”，替代中国的封建专制制度，为此他们愿“赴沙场为国亡”。

① 陈万雄举《国民日日报》中《箴奴隶》《道统辩》《说君》三篇，出自陈独秀手笔（见陈万雄《新文化运动前的陈独秀》，第116页）。按，《章士钊全集》第一卷已收入《箴奴隶》《说君》（文汇出版社2000年版）。

西乡隆盛（1828—1877）是日本明治维新时期的三杰之一，开创了日本的新纪元。陈独秀8月17日在《国民日日报》上发表《题西乡南洲游猎图》，通过西乡"直尺不遗身后恨，枉寻徒屈自由身"的人生经历，肯定其"男子立身唯一剑，不知事败与功成"的形象——不以成败论英雄，西乡虽最后兵败身死，但他开创维新大业，使日本国人深受其惠，这仍是伟大的成功。

两诗结合起来看，不难见出陈独秀在《国民日日报》时代的心志与志向。正是受"男子立身唯一剑"情绪的鼓荡，两年后陈独秀与吴樾等策划了刺杀清廷出洋五大臣的壮举。

在主办《国民日日报》期间，章士钊撰文更多，今多收入他的全集第一卷。其中颇有影响的是，他将日本宫崎寅藏（别号白浪庵滔天）新著《三十三年之梦》，编译成《大革命家孙逸仙》。他在序言中称孙为"近今革命者之祖，实行革命者之北辰"。1903年章以"黄中黄"的笔名，将此书公开出版，风行一时，影响甚大，立即被清朝政府列为禁书。值得一提的是，章士钊一时笔误，将孙的真名孙文与化名中山樵的两个姓（中山为复姓）连缀成文，写成"孙中山"。"孙中山"这个名字随着章书而传开。这种低级错误虽曾遭友人指责，然天长日久其竟成了孙氏的正式名字。日后章士钊不无得意地说："久而久之，从不见有提出问题（者），（孙）先生似亦闻而默认。本非'约定'，卒乃俗成也。"①这也堪称一则有趣的革命掌故。

二、为汝南晨鸡：协办《甲寅》月刊

1903年底，《国民日日报》停刊，次年3月31日陈独秀就在安庆办起了《安徽俗话报》。发行业务则委托芜湖科学图书社（此即上海亚东图书馆之前身，由陈独秀的友人汪孟邹创办）承担。陈独秀自任主编，也是主笔。因芜湖没有印刷厂，稿件编好后寄往上海，交由章士钊主办的东大陆书局印刷，再寄回芜湖向各地发行。同年暑假，桐城学堂改名桐城中学，从安庆迁回桐城，担任小说编辑的吴守一随校回桐城，担任教育编辑的房秩五东渡日本留学，人员分散。于是陈独秀决定把报社迁到芜湖科学图书社内。"不久，这个二十五岁的青年，背了一个包袱，带了一把雨伞，就住到科学图书社来办报

① 章士钊：《疏黄帝说》，《辛亥革命回忆录》（一），文史资料出版社1961年版，第243页。

了。”这时陈独秀不仅独力编稿、写稿，还要做分发、卷封、付邮等工作。生活相当清苦，每天只能吃两顿稀粥。陈独秀后来说：“我那时也是二十几岁的少年，为革新感情所驱使，寄居在科学图书楼上，做《安徽俗话报》，日夜梦想革新大业。何物臭虫，虽布满我衣被，亦不自觉。”[①]《安徽俗话报》每月两期，风行一时，“几与当时驰名全国之《杭州白话报》相埒”。

陈独秀以“三爱”为笔名，在《安徽俗话报》上发表了五十多篇文章。这些文章可视为陈独秀《新青年》时代鼓吹科学、民主的思想训练与技术准备。对此，“一班老辈已经认为是洪水猛兽了”。

更何况“专制之官吏与学堂、报馆为仇，若无保护，而行此内地，恐后祸未可预测耳”。[②]果然1905年8月中旬，《安徽俗话报》因“登载外交消息”，触犯洋人，驻芜湖英领事要求中国官方勒令停办《安徽俗话报》。

在《安徽俗话报》停刊后的若干年中，陈独秀风风火火地经历了辛亥革命、二次革命。尽管陈、章都曾向往革命、参与革命，却不怎么认同国民党的前身同盟会。1905年同盟会在日本东京成立，此前陈创建了岳王会，1906年岳王会集体加入同盟会，陈自己却未加入，说我不参加同盟会，照样也革命。章士钊出洋留学，辛亥归国，吴稚晖、张继、于右任等人“联翩而至”，邀他加入同盟会，被他“婉谢之”，章太炎请吴弱男女士出马邀之，结果是“赔了夫人又折兵”，没邀来章士钊，吴却成了章的情侣，一时传为美谈。辛亥革命后，全国成了同盟会的天下，陈、章都受到同盟会的以“礼”相待：被执政党冷处理，甚至攻讦。1913年9月“二次革命”失败后，陈独秀成为袁世凯政府通缉的要犯，家也被抄，他携妻带子逃到上海。

而曾为讨袁军秘书长的章士钊，此时已逃亡到了日本东京。1914年在黄兴的支持下创办了《甲寅》月刊。1914年按农历为“甲寅”年，即以此年号为刊物命名，寅年属虎，该刊以虎为封面画，故人称之为“老虎报”。《甲寅》创刊在5月10日，正是袁世凯在国内解散国会，废除民国临时约法，加强专制统治之时。陈独秀说：“自国会解散以来，百政俱废，失业者盈天下，又复繁刑苛税，祸及农商。此时全国人民，除官吏兵匪侦探之外，无不重足而立，

---

① 陈独秀：《志芜湖科学图书社廿周年纪念》，《陈独秀著作选编》第二卷，上海人民出版社2009年版，第436页。

② 胡子承：《致孟邹》，汪原放《亚东图书馆与陈独秀》，学林出版社2006年版，第18页。

生机断绝，不独党人为然也。国人唯一希望外人之分割耳。”这是多么沉重的呼号！陈氏“本拟闭户读书，以编辑为生”，然“近日书业销路不及去年十分之一，故已搁笔，静待饿死而已”。苦闷之余，他投书时在日本的章士钊，说：“仆急欲习世界语，为日后谋生之计，足下能为觅一良教科书否？东京当不乏此种书，用英文解释者益好。”章士钊将这封信冠名《生机》（署名从生）并加按语：“以寥寥数语，十足写尽今社会状态。愚执笔终日，竟不能为是言。足下无意言之。故愚宁负不守秘密之罪，而妄以示读者”，[①]刊于创刊不久的《甲寅》杂志上，并邀陈赴日，共办《甲寅》。1914年7月陈独秀将妻儿托付给亚东图书馆老板汪孟邹，只身东渡日本（这是他第五次，也是最后一次去日本），协助章士钊编辑《甲寅》杂志，“度他那穷得只有一件汗衫，其中无数虱子的生活”。[②]这年陈独秀36岁。

《甲寅》杂志是个政论性的刊物，“以条陈时弊，朴实说理为宗旨。盖反对袁世凯而有学理之出版物也”。[③]

章士钊劝他：“趁国未亡，尔有什么话，尽管说出来，免得国亡，尔有一肚皮话未说，又要气闷。”于是1914年11月10日，陈氏第一次使用“独秀”的笔名（从此此名即成为陈氏之正名），在《甲寅》杂志第1卷第4号发表了《爱国心与自觉心》一文。这是篇奇文，文中指出：

> 国家者，保障人民之权利，谋益人民之幸福者也。不此之务，其国也存之无所荣，亡之无所惜。若中国之为国，外无以御侮，内无以保民，不独无以保民，且适以残民，朝野同科，人民绝望。如此国家，一日不亡，外债一日不止；滥用国家威权，敛钱杀人，杀人敛钱，亦未能一日获已；拥众攘权，民罹锋镝，党同伐异，诛及妇孺，吾民何辜，遭此荼毒！
>
> 盖保民之国家，爱之宜也；残民之国，爱之何居。岂吾民获罪于天，非留此屠戮人民之国家以为罚而莫可赎耶？或谓：恶国家胜于无国家。予则云：残民之祸，恶国家甚于无国家。

---

① 陈独秀：《生机——致〈甲寅〉杂志记者》，《甲寅》杂志第1卷第2期，1914年6月10日。
② 傅斯年：《陈独秀案》，《独立评论》第24号。
③ 戈公振：《中国报学史》，上海古籍出版社2003年版，第223页。

他认为如果不懂得这些道理，对国家“爱之愈殷，其愚也愈深”，“爱国适以误国”。他进而说“今吾国之患，非独在政府”，而在“民无建国之力”。

陈独秀在《甲寅》杂志上发表的诗文不多，最有名的就是此篇。此文甫一发表，立即引起强烈反响。章士钊说：“读者大病，愚获诘问叱责之书，累十余通，以为不知爱国，宁复为人，何物狂徒，敢为是论。”

然数月以后，国情发生了很大的变化：由于袁世凯接受日本欲亡中国的二十一条等事件的发生，惊醒了国人。许多人对陈氏观点，由当初的责骂、抗议转变为接受、推崇。所以章士钊盛赞：“特独秀为汝南晨鸡，先登坛唤耳！”[①]

协办《甲寅》时期，陈独秀不仅在思想内容上堪称“汝南晨鸡”，在编辑设计上也屡有创意。章士钊所云陈氏“格式多创作，不愧新闻纲”，在《甲寅》时期有更充分的表现。只是未留下有形资料，如今难以论定究竟哪些栏目源自他的策划。

不过，更重要的是，陈独秀从《甲寅》杂志社获得了丰富的资源。他不仅将《甲寅》的许多作者带进了未来的《新青年》，如李大钊、高一涵、易白沙、胡适、张东荪、李剑农等；而且某些栏目设置甚至杂志风格也程度不同地启迪了《新青年》，以至《甲寅》的读者，在见到《新青年》时有强烈的认同感。

贵阳一爱读《新青年》杂志的青年在来信中说：“唯《甲寅》杂志多输入政法之常识，阐明正确之学理，青年辈受惠匪细。然近以国体问题，竟被查禁。而一般爱读该志者之脑海中，殆为饷源中绝（边远省份之人久未读该志矣），饥饿特甚。良可惜也。今幸大志出版，而前之爱读《甲寅》杂志者，忽有久旱逢甘霖之快感，谓大志实代《甲寅》杂志而作也。”[②]安徽省立第三中学学生余元浚也写信慷慨陈词：“前秋桐先生之《甲寅》杂志出版，仆尝购而读之，奉为圭臬，以为中华民国之言论界中首当为屈一指。不谓出仅十册，而秋桐先生遽以国事故，不克分身及此。仆当时为不欢者累月。然不料继《甲寅》杂志而起者，乃有先生之《新青年》。《新青年》仆于今岁始得而读之，

---

① 章士钊：《国家与我》，《甲寅》第1卷第8号，1915年8月10日。

②《通信》，《新青年》第2卷1号，1916年9月1日。

乃知为《青年杂志》之改名。但不识彼时先生亦主任该志否。若然，则仆弃此不读而终日为无谓之唏嘘，仆之运亦诚啬矣。先生之言论风采，曾于《甲寅》杂志见其一斑，其为一般人士所公认者，似不劳仆再为赞誉。”[①]还有读者王醒侬说："《甲寅》说理精辟，其真直为当世独一无偶，昔被查禁，今出版与否，尚不可知。《甲寅》续出，《甲寅》之真直固在，独惜吾辈青年失此慈母也。继续之任，不得不望于大志负之。”[②]

《新青年》刊载这些读者来信，显然不只是为怀旧，而是一种传播策略：《甲寅》虽只出了十期就被查封，但它在读者中造成的影响还在，刊载这些来信，无疑是将《甲寅》原有的读者群落吸引到《新青年》这边来。

三、痛民族之衰弱：作序《双枰记》

《甲寅》时代值得一书的是，陈独秀1914年9月为章士钊的中篇小说《双枰记》作序。章氏《双枰记》中的主人公何靡施（梅士），即独秀、士钊共同之友人。1903年他们三位于上海共办《国民日日报》，1904年2月何氏不幸以脚气病逝于东京。陈氏两月后即有《哭何梅士》诗悼之，次月又有长诗《夜梦亡友何梅士觉而赋此》：

故人一别流水东，
我悲朝露齐翁童。
理为万劫不复值，
胡意梦中忽一蓬。
谈笑颜色一如昨，
我亦知尔为鬼雄。
自言回航为恋西方之彼美，
相援忽堕沧海中，
舟师大呼急相救，
已果鱼腹难为功。
感君悲念特一致，

①《通信》，《新青年》第3卷1号，1917年5月11日。
②《通信》，《新青年》第2卷2号，1916年10月1日。

告以友谊自此终。
我闻尔死死于东京脚气病，
謦疑欲问词复穷。
此时相见不忍别，
坐对唯有明双瞳。
促膝犹在东大陆书局之楼上，
撒手刹那千界空。
迩今书局已迁徙，
我亦长辞故地毋乃与尔同。
神州事变日益急，
方以病亡为尔惜。
今知拯弱横葬沧海东，
男儿壮举何悲泣。
况复捐躯从知己，
同种同心此爱一。
我惊此梦百感来，
灯火不温人语寂。
吁嗟呼，
众生九道相轮移。
动植沙石流转何离奇，
与尔有缘得再随。
不知尔为何物，
我为何物在何时。①

独秀梦中何氏非死于脚气病，而演为英雄救美的故事。

章士钊正是循此思路，创作了小说《双枰记》，署名“烂柯山人”。小说中何靡施偶尔救出被洋人调戏侮辱之少女棋卿，棋卿先是感激，继而产生爱慕，后因父母所阻，靡施在棋卿生死不明之际蹈海殉情。章氏小说之佳处，

① 陈独秀：《夜梦亡友何梅士觉而赋此》，任建树等编《陈独秀诗集》，时代文艺出版社1995年版，第45—46页。

并非在其哀艳之爱情故事，而在其将这故事置于辛亥革命前各路志士仁人为革命奔走呼号之背景下，见出辛亥革命前之中国社会一端。

陈氏之序以其《存殁六绝句》之第二首“何郎弱冠称神勇，章子当年有令名；白骨可曾归闽海，文章今已动英京”作为发端，然后说：

> 此予辛亥春居临安时所作存殁六章之一也。存者为烂柯山人，殁者何靡施。今予不知何故，忽来江户，烂柯山人持所造《双枰记》来，令予叙。作书者及此书主人，皆在予诗中；作诗之人亦复陷入书中。予读既竟，国家社会过去未来之无限悲伤，一一涌现于脑里，今不具陈，人将谓予小题大做也。

展读小说，其间果然处处有独秀身影，这或许是独秀形象首见诸小说。小说写的是1903年他们在上海共办《国民日日报》时的故事。其间写到，章士钊与陈独秀为拼新闻版往往忙到深夜十二点，“俱将蒇事，则闻履声橐橐，而靡施归矣。未暇致词，彼即滔滔为余辈言汪笑侬演《党人碑》一剧，尽有未洽。靡施固解音律，而为秦声尤佳，有时曼声长歌，其慷慨处，雅不与平日体态相称。余与独秀皆不能歌，而颇嗜剧，故靡施每乐为余辈谈及此道”。

独秀亦深知章士钊小说是以言情为题，缅怀过去，激励当今，面向未来之真旨。所谓缅怀过去即《国民日日报》时期的反清革命。序云：

> 十年前中国民党之零丁孤苦，岂不更甚于今日！当年咸以脆薄自伤，由今思之，有道德、有诚意、有牺牲精神，由纯粹之爱国心而主张革命，如赵伯先、杨笃生、吴孟侠、陈星台、何靡施者，其人云亡，其魂不返。虽奔走国事者遍海内外，吾辈迂儒之隐忧，得未少减。赵、杨、吴、陈不惜自戕以励薄俗，恐国人已忘其教训。即予亦堕落不堪，愧对亡友矣。……夫自杀者非必为至高无上之行，惟求之吾贪劣庸懦之民，实属难能而可贵。即靡施之死，纯为殉情，亦足以励薄俗。罢民之用情者既寡，而殉情者绝无，此实民族衰弱之征。予读《双枰记》，固不独为亡友悲也。

独秀进而说作者之怀抱与境遇，“烂柯山人素恶专横政治与习惯，对国家主张人民之自由权利，对社会主张个人之自由权利，此亦予所极表同情者也”。“作者称此书为不祥之书，予亦云然。今以予不祥之人，叙不祥之书，献不祥之社会。书中不祥人之痛，予可痛哭而道之。作者及社会不祥之痛苦，予不获尽情痛哭道之者也。呜呼！”何其沉痛。

《双枰记》及陈序，皆见诸1914年11月10日出版之《甲寅》杂志第1卷第4号。陈序署“民国三年九月□日，独秀山民识于日本江户”。

《国民日日报》时代还有苏曼殊活跃其间。《双枰记》有云：“时更有社友燕子山僧（即曼殊）喜作画，亦靡施剧谈之友。”苏化名“昙鸾”，也为《双枰记》写了序，说是“燕子庵中，泪眼更谁愁似我；小舅山下，手持寒钖吊才人”。

稍后陈、章又双双为苏曼殊的小说《绛纱记》作序。成为近代中国文坛佳话。

四、三年不闻政：章士钊应陈独秀之邀任教北大

1913年以后，辛亥革命的成果——共和政治在以袁世凯为代表的北洋军阀手中有所变质。陈独秀目睹辛亥革命后的新贵们“亦非有救民水火之诚，则以利禄毁人如故也，敌视异己如故也，耀兵残民如故也，漠视法治如故也，紊乱财政如故也，奋私无纪殆更有甚焉！”为维护共和，提高国民尤其是青年“宝爱共和”的觉悟，1915年9月15日陈独秀在上海创办了《青年杂志》（第2卷更名为《新青年》）。以弘扬科学、民主为宗旨，以“改造青年思想”为天职，发起了改变中国文化发展方向的新文化运动。1917年初陈独秀携新文化运动之思想资源，应蔡元培之邀出任北大文科学长，广揽各方人才，其中包括他的老朋友章士钊。

章士钊1912年冬曾被袁世凯委之为北大校长，他坚辞不就，次年则被聘为明德大学校长。而今接到陈独秀的邀请函，经过一番慎重考虑，他欣然接受了，这年秋天他与胡适同入北大。受张勋复辟事件的干扰，这年北大直到9月21日才开学，10月1日正式上课。章士钊被聘为哲学系的教授，兼图书馆主任。他与胡适一个37岁，一个26岁；一个留英，一个留美，都讲授逻辑学，意气风发，各显神通，深受学生欢迎，听过他们课的学生中有陈钟凡、张嵩年、冯友兰、范文澜、顾颉刚等，他们日后都成了名流。蔡元培称赞说：“近年章行严、胡适之两先生，迭在国立北京大学讲授逻辑，肄业诸君益得门

径，而有所藉以深造。”①

章士钊在北大期间，积极参与进德会、教授评议会、成美学会等团体活动以及校内外的演讲会。胡适与之相处默契，连与其家眷都有交往。胡适曾给母亲写信说："在北京几个月认得章行严先生的夫人吴弱男女士。吴夫人是安徽大诗人吴君遂（北山楼主人）先生的女儿，曾在英国住了多年，故我常去和她谈。”这年5月胡适轮编《新青年》，他做了一期“易卜生专号”，将这位主张社会改良的挪威剧作家介绍给中国读者。“专号”有胡适的《易卜生主义》，胡适与罗家伦合译的《娜拉》剧本，还有吴弱男翻译的剧本《小爱友夫》，其中有章士钊润色的痕迹。

1918年初，章士钊推荐李大钊自代北大图书馆主任，同时，又推举杨昌济（即杨开慧之父）到北大任教。后来毛泽东也从湖南到北京，经杨昌济介绍，李大钊报蔡元培同意其入北大图书馆工作（虽只工作四个多月，但对毛终生发展都有影响）。章士钊之所以在北大教逻辑，是因为他在政治漩涡跌宕一番之后，尤其是目睹袁世凯窃位称帝致死，张勋又上演复辟丑剧，他“渐厌政治”，决心“三年不闻政”。可是在北大任教不到一年，虽颇有美誉，但终挡不住政治的诱惑，1918年5月应南方护法军政府总裁岑春煊之邀，南下任军政府秘书长，从此离开北大。

五、为国惜才：章士钊1919年营救陈独秀

1919年5月，北平爆发“五四”学生爱国运动。陈独秀受“五四”运动的激荡，6月10日、11日连续两天去中央公园茶馆与前门外新世界屋顶花园散发《北京市民宣言》传单，11日晚他被捕入狱。立即从北京到上海到全国各地掀起一个营救陈独秀的运动。章士钊虽在南方，却两番致电北洋政府，强烈要求释放陈独秀。他6月22日在致代总理龚心湛信中先是晓以利害："方今国家多事，且值学潮甫息之后，讵可蹈腹诽之诛，师监谤之策，而愈激动人之心理耶?”“试观古今中外，每当文网最甚之秋，正其国运衰歇之危。以明末为殷鉴，可为寒心。今日谣诼繁兴，清流危惧，乃迭有此罪及文人之举，是真国家不祥之象，天下大乱之基也。”再以法律视之不能以言论定罪：

① 高平叔：《蔡元培全集》第5卷，浙江教育出版社1998年版，第72页。

“惦念陈君平日来以讲学为务，虽其提倡新思想，著书立论，或不无过甚之词，然范围实权及文字方面，决不含有政治（党派）臭味，则固皎然可证。”再对陈独秀有着高度评价，希望政府珍惜人才：“且陈君英姿挺秀，学贯中西。皖省地绾南北，每产材武之士，如斯学者，诚叹难能。执事平视同乡诸贤，谅有同感。远而一国，近而一省，育一人才至为不易，又焉忍遽而残之？”然后说：“钊与陈君总角旧交，同岑大学，于其人品行谊知之甚深。敢保无他，愿为佐证。执事居为国惜才之职，幸礼缨冠往救之，怀公谊私情，感同身受”，有以身作担保的道义。[①]章士钊的信在《晨报》公开发表，反响极大。

更何况北洋政府当时正急于同南方政府和谈，章士钊身为出席上海的南北议和会议的南方首席代表，其言论则非同寻常；而且在他的影响下，南方军政府总裁岑春煊（西林）7月9日也在《神州日报》上发表了《岑西林请释陈独秀》。北洋政府显然不愿为此事与南方发生冲突，于是于9月16日释放了被囚98天的陈独秀。陈独秀获救，固然是全国士人尤其是青年学生与北洋政府斗争的结果，而章士钊则起了他人无法替代的作用，这也不应被抹煞。

1920年元月，章士钊与汪精卫共邀陈独秀到上海筹备西南大学。此前的1919年3月26日，蔡元培迫于舆论免去陈独秀北大文科学长之职，留他充史学系教授，给假一年准备一门宋史课，但陈未应聘。尔后他被卷入“五四”风涛，被捕释放后虽仍在主编《新青年》与《每周评论》，却无个职业作日常生活支柱，章、汪之邀当是为之解困之举。

六、“老章又反叛了”：陈、章老友俨成敌国

从《新青年》的创办到中共的创建，陈独秀的思想经历了从美国思想到俄国思想，从民主主义到社会主义的变迁。而章士钊在护国战役中，亲历了“共和”体制内部的争端，岑西林与孙中山的不睦，陈炯明对孙中山的驱逐，南北议和成了泡影。由此，章士钊开始怀疑民主国家的代议制是否有用。再去“宪政祖国”英伦寻找答案。他于赴欧的途中，就写信给章太炎，历陈国会乱政的罪状。章士钊在国外，也曾研究过马克思的著作。但他在回国后，

① 《章行严请释陈独秀》，《晨报》1919年6月26日。

却极力提倡农村自治及农村定国等理论。在《新闻报》发表《农村辨意》，系统阐发这个思想。章士钊宣扬的这个理论，实际上是用英国潘悌的农村基尔特主义，抵制马克思主义在中国传播。章士钊在政治上也是一反以往，他原为黄兴、岑西林的智囊，一变而充当了段祺瑞的谋士（司法总长、教育总长，寅从虎，故世称之为“老虎总长”），为北洋政府出谋献策，巧立政制名目，“段执政”就是他从古罗马执政名号移植来的。段祺瑞用其所长，叫他把《甲寅》复刊，由原来的月刊改为周刊，作为“执政”的喉舌。改作周刊的《甲寅》，已非昔日月刊的《甲寅》了，它起而抵制、批判新文化运动。他认为提倡白话文，乃“国家未灭，文字先亡”，因而他办的《甲寅》周刊“文字须求雅驯，白话恕不刊登”。正如一则评论所说：“新文化风平浪静地过了数年，到了现在，平地一声雷，遇着一只纸老虎。章‘总长’总算卖气力了，劈头反对白话，再进而‘评新文化运动’。纸张洁白，印刷精致，一望而知其为‘总长’之出版物。”

至此，陈、章二人各自走向了极端。《甲寅》周刊的时评说：“共产之祸，迟速必发，迟发祸大，速发较易收操。”在章士钊主管的司法部，竟发有“凡查获宣传共产党员，依刑律内乱罪从严处理，如有政党为护符者，亦一律依法办理”的训令。因为章士钊当时主张：“只有工业国家，应该有党，农业国家不应该有党。富国可以有党，穷国不可以有党。”[①]对此，陈独秀立即写了《一封给章行严的信》，向章质问：（1）共产党是代表工人阶级和贫农利益的政党，怎么说他以政党为护符？（2）法律只能制裁刑律条文上的罪犯行为，岂有宣传某种学说就构成犯法的罪名之理由？（3）司法部不是立法机关，怎么能一纸部令就决定共产党内乱罪？陈独秀指出，作为一种政见，参加社会上的争鸣，你尽可在论坛上发表，“而未便利用官权禁止”，要禁止党派运动，更不能独禁共产党。“若说共产党所根本主张的政制和中华民国现行的政制不同，因此，得比附到内乱罪。这种话若出于别人之口，已失刑法只以制裁行为原则，况出于极力赞助段执政以‘革命’行为破坏中华民国现行之根本法（民国约法）的行严先生之口，更是‘只许官家放火，不许百姓点灯了’。”陈独秀是一针见血。

① 独秀：《苏俄六周》，《民国日报·觉悟》1923年11月7日。

不过陈氏说："章士钊拿黄兴的钱办的《甲寅》，也只能算是放狗屁；后来拿段祺瑞的钱办的《甲寅》，便是狗放屁了；现在拿张宗昌的钱办的《甲寅》，更是放屁狗了。放狗屁的毕竟还是一个人；狗放屁固然讨厌，或者还有别的用处；放屁狗只会放屁，真是无用的厌物。张宗昌在天津赌赢了二十万元，本拟照例赏给侑酒的妓女，薛大可伸手接去，说是拿去和章士钊办《甲寅》杂志。……拿张宗昌赏妓女的钱办《甲寅》，这《甲寅》要比放屁狗还下流！"①这里陈氏对章氏三个历史阶段几乎作了全盘否定，有失分寸，尤其是《甲寅》月刊是他与章氏共同办的，不宜否定；"放屁"云云，貌似幽默，实近人身攻击，正常思想争鸣中出现这种语言则有失大雅。如此这般说来，可见陈氏对昔日朋友章士钊的倒戈行动是何等失望。

站在两极之外的人士，也都批评章士钊在开历史的倒车。胡适之说，"老章又反叛了"。②滑稽而带有神经质的吴稚晖，说过去的章士钊已经死了，要给章士钊在报上发"讣文"。他写了一篇《章士钊——梁启超——陈独秀》，说陈独秀开的药方是巴豆大黄汤，用的是大吐大泻法，"煎好了也无人过问"，是属太过。而章士钊则"敦诗说礼，孝弟力田"，要人们回到半开明的专制帝王时代去生活，为"不及"。只有梁启超，是"非黄芪党参不用"的陆仲安，③开的是慢车，但不是倒车。言外之意，速度适中的当然是他吴稚晖了。

能文善辩的章士钊，当然不甘示弱，于是有宏文《吴敬恒——梁启

---

① 陈独秀：《放狗屁的〈甲寅〉》，《向导》周报第185期，1927年1月27日。

② 胡适所言指章1925年4月曾向白话文"投降"，证据是他当时在与胡适合影的照片上题有白话诗：

> 你姓胡，我姓章，
> 你讲什么新文学，
> 我开口还是我的老腔。
> 你不攻来我不驳，
> 双双并坐各有各的心肠。
> 将来三十五年后，
> 这个相片好作文学纪念看，
> 哈，哈，
> 我写白话歪词送把你，
> 总算是老章投了降。

当1926年章再《评新文化运动》时，胡则有《老章又反叛了》说：行严"立志要做落伍者的首领了"，"他在《评新文化运动》一文里，曾骂一班少年人，以适之为大帝，绩溪为上京，一味于《胡适文存》中求文章义法，于《尝试集》中求诗歌律令。其实行严自己却真是梦想人人以孤桐为上帝，以长沙为上京，一味于《甲寅》杂志中求文章义法"。

③《京报》副刊第393号。

超——陈独秀》刊于《甲寅》周刊（第1卷第30号）。他指出，中国这二十多年来，历经了立宪、革命、共产三个阶段，梁启超是立宪期的代表，革命期以吴敬恒为代表（按：实指孙中山），讲共产的代表是陈独秀。这些“魁异奇杰”的出现，有如“十日并出之所共照”，给国家和人民带来的不是幸福，而是灾难：立宪立宪！今时宪安在？革命革命！无命不革，已且莫之逸，遑言其他？……

何至于此？章氏认为这些“魁异奇杰之士”在倡导其主义时，“事前既讲之无素，事至复应之无方，鲁莽灭裂，以国尝试，此其不一摘再摘三摘四摘以至空抱蔓归如今日者几希？”所以他说，“稚晖、任公、独秀以及不肖，皆试药医生，丧人之命至伙者也”。

陈、章政见如此尖锐对立，恰是中国近代思想斗争史上的一段波澜，1923年陈独秀曾在《前锋》杂志的创刊号上，分析思想革命上的联合战线时指出：“中国国民经济基础，还停顿在家庭的农业、手工业上面，所以政治仍然是军阀的，社会思想仍然是封建宗法的”，那些号称新派的学者，也还是“一只脚站在封建宗法的思想上面，一只脚或半只脚踏在近代思想上面”。如章士钊、梁启超、张君劢等人。可是在三年后，章踏在“近代思想上”的半只脚缩回去了，成了北洋军阀的辩护士。不过，章士钊的倒退是公开的，毫不掩饰他主张要维持小农自然经济、保存专制政体，由于当时的中国，小农生产犹如汪洋大海，这种思想，社会上尚有最雄厚的基础，章士钊尽管为士林所不齿，但称赞他“政治眼光，尤多独到”者，也不乏其人。①

七、政见不同私谊长存：1933年章主动出庭为陈作辩护

值得一提的是，陈、章二人即使政见对立，如同敌国，他们间的私谊依然存在，叫做：政见不同而私谊长存，这反映中国三十年代人际关系的特点，与尔后的卖友求荣、落井下石的世风迥异。

如在1925年，一般人都说章士钊已托足权门，唯军阀的意志是从，已不是当年讲学论政的章行严了，和他再没有什么理可讲，陈独秀则说：“我不敢这样轻蔑行严先生。”“我记得先生是一个深知政体的人，是一个反对好同恶

① 此节参阅沈寂《陈独秀传论》中的《陈独秀与章士钊》有关章节，安徽大学出版社2007年版。

异的人；我还记得先生是说有志研究马克思学说的人，并且俄德共产党人曾传说旅欧中国人中有一个倾向共产主义的章行严先生。”[①]

> 陈独秀者，原名乾生，一名仲，字仲甫，怀宁旧家子。早岁读书有声。言语峻利，好为断制。性狷急不能容人，亦辄不见容于人。
>
> 独秀则不羁之马，奋力驰去，回头之草弗啮，不峻之坂弗上，气尽途绝，行同凡马踣。[②]

这节文字，见诸七十多年前章士钊的一篇名文《吴敬恒——梁启超——陈独秀》，这大概是现存最早准确描述陈独秀性格的文字。章士钊与吴稚晖（即吴敬恒）相互驳难，别具一格地以比较研究方法施之于当代人物评论，不仅轰动一时，更为陈独秀研究留下了珍贵的文献。吴稚晖在《章士钊——陈独秀——梁启超》中，也涉及对陈独秀的评价，他说：

> 见独秀两个名词，尚以为是个绝世美男子。后我在《新青年》发起时晤到，正如韩退之所状苍苍者动摇者的形貌，令我叫奇。惟时黎元洪由副总统升任大总统时代的内阁，即定于上海霞飞路章先生的宅内，陈先生就像演赤壁之战，章先生充做诸葛亮，他充做鲁肃，客到之先，客散之后，只有他徘徊屏际。何以他们今日分道扬镳到如此？……所以若就时人动于感情的批评，止以章先生为开倒车者，陈先生为共产党的急先锋。[③]

虽不失为滑稽之雄，却似不及章文准确。章氏与陈独秀早在20世纪初就订莫逆之交，在《国民日日报》《甲寅》时代又一起滚过破絮，后虽因道不同而不相谋，但私交甚笃，相知甚深。因而章氏不仅对陈独秀性格，而且对其信仰以及南陈北李之关系都有深刻的理解。他在同一文中写道：“独秀则别树一帜，为马克思之说，以自宠异。李大钊者，字守常，燕产也，为人肫自谦静，雅善文章，愚友之数岁，风义弥笃。至是折韪独秀，为之疏附。独秀得此良佐，声气骤腾之。二人者，性行既同，旨趣复一，出入莫斯科、北京、

---

① 《向导》第102期。

② 孤桐（章士钊）：《吴敬恒——梁启超——陈独秀》，《甲寅》周刊第1卷第30号，1926年1月30日。

③ 吴稚晖：《章士钊——陈独秀——梁启超》，郑振铎编《中国新文学大系·文学论争集》，上海良友图书印刷公司1935年版，第234页。

上海间，相与发挥，践履共产诸义，遂若洪然一炉，星焰迸发。”试看今日坊间有几本相关史籍能作如此准确的解说。

还是这位章士钊，在1947年1月间一次谈话中肯定地说：“仲甫为天生领袖，一决定事，不能动摇。”在另一个场合，章士钊又说：“我以为仲甫是天生的领袖，还是天生的乞丐。”如果说前者注目的是陈之鲜明个性，这里看中的则是陈之领袖素质，仍颇准确。其共同点在强调陈氏非凡的气质、刚毅的禀性。

1932年10月15日陈独秀及其他派领袖彭述之、宋逢、罗世凡等以“叛国”罪在上海租界被捕，消息传出，全国震惊，蔡元培、胡适、丁文江、傅斯年、翁文灏、罗文干等，致电蒋介石要求将陈案交付司法审判，反对由军法处置，首先保全陈的性命。蒋复电同意了他们的意见。章士钊则自告奋勇，义务为之充当辩护律师。其云：“本律师早年在英国留学，曾闻道于当代法学家戴塞，谓国家与政府并非一物。国家者，土地、主权、人民之总和也；政府者，政党执行政令之组合也。定义既殊，权责有分，因此可危害国家、土地、主权、人民者，才称得是叛国；至于反对政府，乃政见不同，如何能指为叛国呢？”继而又说：陈独秀鼓吹共产主义与孙中山的三民主义，不但不冲突，“而且是一个好朋友”；陈后来与中共分裂组织托派反共，这是“有功于国民党”，“托洛茨基与国民党取犄角之势以清共”。[①]这种形势，当欢迎之不暇，何以治罪之为？

以上章士钊的辩护词，从言论及行为两方面说明陈并未叛国，进而从法理上论证说“法律上并无宣传共产党即为犯罪之规定”等等。因此被告之罪不能成立，要求法院宣告无罪。这个辩护词，洋洋洒洒数千言，文情词理都很好，四座为之震惊！

但事出意外，章的话音刚落，陈独秀立即起来声明说：“章律师之辩护，以其个人观察与批评，贡献法院，全系其个人之意见，并未征求本人同意。至于本人政治主张，不能以章律师之辩护为根据，应以本人之文件为根据。”[②]陈之不满意，主要在于辩词中有：托派与国民党“取犄角之势以清共”的话，不能代表自己的思想而且是个原则问题，所以他立即起来否认。而“本人之

① 唐宝林等：《陈独秀年谱》，上海人民出版社1988年版，第437页。
②《陈独秀开审记》，《国闻周报》第10卷第17期。

文件”就是他自撰之《辩诉状》，其中有云：“今之国民党所仇视者，非帝国主义，非军阀官僚，乃彻底反对帝国主义，反对军阀官僚，实在努力于最彻底的民族民主革命的共产党人。”说到中国共产党反对派即托派的最终目的，陈在大堂上昂然宣称：“世界革命，在中国需要解放民众，提高劳动者生活。关于夺取政权，乃当然的目的。”在陈是“威武不能屈”，他的信仰不能动摇；在章士钊，这突如其来的事使其坐立不安，十分尴尬。后来章士钊常对人说，交友遍天下，可是有三个人不好交，其中之一就是陈独秀。但又补充说，虽然如是，大家关系仍保持始终，从无诟谇。

陈独秀的行径令友人百思不得其解。如当年他任安徽都督府秘书长时的顶头上司柏文蔚就好生埋怨，他对陈独秀之第三子陈松年说：“你父亲老了还是那个脾气，想当英雄豪杰，好多朋友想在法庭上帮他的忙也帮不上，给他改了供词，他还要改正过来。”[①]柏之所谓“供词”，大概就是那辩护词。其实这位当年的安徽都督，不懂得“当时与先生致力于新文化运动诸人，今日或居党国显要，或受社会崇拜；以先生之学力，若求高名厚利，与世人争一日长短，将何往而不自得耶？”[②]然而，若那样则陈独秀就不成其为陈独秀了。陈独秀之人格魅力不等于其信仰，但又不能排除其信仰。

根据刘太希所述，陈独秀为“辩护词”责备章士钊，“谓其不识本末，且言现已无家，为团体人类奋斗了十余年，从此有一个交代，可以撒手不管了，个人乐得借此作一安身立命的归宿”；说他“言毕微笑，态度安详，而精神怡适，似一切都已放下”。并引章氏话说：“当时他好像对着一位禅宗大师，终于感觉其优美之灵魂脱颖而出，以形其完整之人格。一般朋友托代为慰问的话以及营救他出狱的，亦使章氏无法出口。因为当时他的境界，已经超越了生死关头，谈不上营救不营救，说出来反无意思了。”[③]这才真正是人格美的境界。

八、独有故人陈仲子：章士钊情系狱中旧友

“陈、彭案”经过十二天审判后，陈独秀与彭述之共同以文字为叛国之宣

---

① 陈松年：《回忆父亲陈独秀》，王树棣等编《陈独秀评论选编》下册，河南人民出版社1982年版，第321页。

② 王森然：《近代二十家评传》，书目文献出版社1987年版，第232页。

③ 刘太希：《苏曼殊与陈独秀》，《太希诗文丛稿》第53页，转见陈万雄《新文化运动前的陈独秀》，香港中文大学出版社1979年版，第124—125页。

传，判刑十三年（后改为八年），押赴南京第一监狱服刑。之后，章士钊曾多次去狱中看望陈独秀，并写下《念故人陈独秀》诗，抒发胸中之郁情。其诗如下：

龙潭血战高天下，一代功名奕代存；
王气只今收六代，世家无碍贯三孙。
廿载浪迹伤重到，此辈青流哪足论？
独有故人陈仲子，聊将糟李款牢门。

陈独秀字仲甫。该诗末句引用於陵陈仲子之典故，称陈为"陈仲子"，有双关之意。陈仲子为楚国义士。据说楚王闻其贤，拟聘之为相，陈不愿，逃之，为人灌园。章通过这个故事，说明陈独秀有其主张，不肯随波逐流，表示同情。陈独秀害有肠胃病，时常发作，在狱中法医看不好。有一天，上海亚东图书馆（出版社）的汪原放特地到南京监狱中去看望他。陈托汪回沪后，帮忙去请一位姓黄名钟的医生来狱中为自己看病，说黄先生诊脉，摸得清楚，与此同时，又写了一封信，请汪转交章士钊。

汪回到上海后，先去找到黄医师，黄一口答应愿意亲自赴南京，但有一个条件，需要有章士钊的信作为保障，才敢前去。汪得其依允，甚为高兴，便立即奔赴章律师事务所，向章报告，恰好碰到章由外面出庭回来，下了汽车，立刻在事务所写字台上，写了一封信给黄医师。章在信中说：

应君先生左右：积年违教，时切驰想。近以陈独秀先生在京患病，非得先生为之诊治，不足以起沉疴，而坚病者之信。原放兄来言，从者慨然愿往，不胜佩仰，顷以俗冗未克趋教，一俟台驾返沪，定当耑诚奉谒。余不一一。手请
台安。

弟章士钊顿首[①]
七月十八日

汪原放说，这封信是挥汗写成的，他的一个老随从还用芭蕉扇替他打着

① 汪原放：《亚东图书馆与陈独秀》，第160页。

扇。当天他们乘夜车赶往南京，第二天一清早便到狱中为陈看病。在狱中黄医生为陈仔细看过后，开了一些针剂及常服的药后，就离开监狱了。据黄医生说，陈是旧病复发，不太严重。章士钊得此消息后，也感到十分欣慰！

1934年9月，汪原放又接到陈从狱中写的来信，并附有宣纸一张，请他转交章士钊。陈想在朋友中，选择四位能书法者，各写一幅，合为一小屏，挂在牢房中，朝夕观赏，以此消愁。

士钊得此讯息后，很快作了一首诗，写好拿去裱了，请汪送往南京。据汪说：这张屏条真裱得好，且是绫裱的。其诗及附言如下：

夜郎流客意何如？犹记枫林入梦初。夙鄗诸生争蜀洛，那禁文网落潘吴。议从刻木威奚在？煎到同根泣亦徒。留取心魂依若县，眼中台鹿会相呼。

三十年前楚两生，君时扪虱我谈兵。伯先京口长轰酒，子谷香山苦嗜饧。昌寿里过梅福里，力山声杂溥泉声。红蕖聚散原如此，野马风棂目尽迎。（弗洛伊德画一囚室，其人目送窗棂间，日光一线，和平梦想事件均浮动于中）

独秀兄近自江宁函索拙书，因便为长句写寄。世乱日亟，衣冠涂炭，如独秀幽居著书，似犹得所，奉怀君子，不尽于言。

士钊

甲戌初冬

章在这首长诗里，回忆了他俩与赵声（伯先）、苏曼殊（子谷）、秦力山、张溥泉等人，当年在上海闹革命时朝气蓬勃的生活情景，形象逼真，给人印象深刻。然而，人生无常，章最后引用弗洛伊德的囚室画中人物形象，意在安慰陈须处逆境而无忧，以待世道变化之来日！此诗意味深长，感情真诚，充分表现了章士钊对陈幽居牢中的关怀和希望。[①]

九、山居忆故人：陈、章江津诗话

1937年“七七”事变起，在胡适等人的奔走呼号下，陈独秀于8月23日

① 参阅白吉庵：《章士钊传》，作家出版社2004年版，第283—285页。

被提前释放，1938年8月辗转到了四川江津。而这年的12月，章士钊摆脱汉奸的纠缠，绕道香港抵达陪都重庆。他1943年3月28日致书胡适说："弟蛰居陪都六年，亦有颜回陋巷之乐。"章的处境远非陈独秀所能比拟，但他却时时不忘老友陈独秀。据说，有次陈独秀住进重庆医院，章士钊去看他，他向陈说："你很好！我像小瘪三样。"

"你找弱男回来管管好了。"

"那更糟，越管越坏。"

弱男是清季名公子吴彦复的女儿，章氏夫妇早不住在一起，章是有姨太太的，章含之称为"抗战夫人"。"小瘪三"是上海话，是"混"的意思。"小瘪三"云云，自是章氏自嘲之言，[①]其实他当时已成蒋介石座上宾，蒋称赞他的"逻辑学"，并嘱他到中央警官学校去讲课。

陈、章见面不多，多以诗赋相慰，而怀旧则是其主旋律。章士钊《念奴娇·怀重庆诸友》下阕有云："谁管独秀峰高，延年魂在，读得书如故。作客漫将诗骨换，稍稍寻声按谱。"1939年夏，陈因城内天气太热，不适于病体居住，于是由江津迁往到离城三十多里的鹤山坪去住，但又觉得山中寒气袭人不宜养病。此事章士钊知道后，即约陈到重庆来同住，并附《劝仲甫移居》[②]一首，诗云：

山中消息使我惊，血如山重耳雷鸣。
深山寒气不任受，友劝移居非恶声。
我忝廪食专一室，足有隙地招友生。
记否昌寿里中味，黑衣白虱相纵横。
抹除四十年间事，尔我再起用笔耕。
连床虽无苏张伴，老潘隔江仍可面。
溥泉官大不可唤，沐波勤口定常见。
干戈满地两秃翁，几时聚散何须算！
罢俄小说应重翻，快来与我共笔砚。

---

① 参见台静农：《酒旗风暖少年狂：忆陈独秀先生》。
② 诗见《章士钊全集》第7卷，文汇出版社2000年版，第179页。下文引章赠陈之诗，皆见此卷。

“记否昌寿里中味，黑衣白虱相纵横”，说的是当年（1903年）他们在上海昌寿里共办《国民日日报》的事，此时他们共同的朋友苏曼殊、张华飞都已作古，唯有老潘（赞化）时任江津国立九中总务主任，“隔江仍可面”。老潘与章士钊都劝陈换个生存环境，最好是去重庆与章氏同住，如同当年在昌寿里“嚣俄（雨果）小说应重翻，快来与我共笔砚”。陈却没有接受章的盛情邀请。

之前，陈独秀曾有《简孤桐》诗一首致章士钊。诗云：

竟夜惊秋雨，山居忆故人。
干戈今满地，何处着孤身？
久病心初静，论交老更肫。
与君共明月，起坐待朝暾。

章士钊有《答独秀》云：

仲子绝豪望，独居鹤山坪。
闲看岭头云，偶作寄友诗。
世局未可问，病久却相宜。
总持静者心，收摄一切奇。
往事在俄顷，后事吾岂知！
还讯山中人，尔鹤吐何词？

与陈氏“与君共明月，起坐待朝暾”的乐观向上精神相反，章氏反倒相当消沉，这种情绪章氏在《怀独秀鹤山坪》《和赞化访仲子鹤坪依韵》等诗中都有所反映，前者称道陈氏：“清荷接眼浑生爱，恶竹横胸定欲裁”，后者说自己：“知我向平情未了，愿隳门第自相谋。”章士钊明言他俩到老处世哲学仍有别。以至章士钊邀陈同游：“应须同放棹，一访石船秋”，却遭陈辞谢：“秃翁森两个，隔水话不成。”（《寄独秀》）

1941年8月2日，陈居鹤山坪，寓所被盗，消息传到重庆，章甚以为念，曾作《独秀遇盗诗》：“乱世百不道，盗道亦互轻。朱门不敢动，翻动鹤山坪。坪中伊何人，寂寞一陈生。陈生旷无有，残稿东西横。”谴责了乱世盗亦不道，然后转而说：“聊以诗慰之，为塍故旧情。”不久又闻被盗之物，盗又还

之，章又有诗云："西风吹彻古渝州，遥望幽栖动客愁。长物有时令盗惜，不才何用遣官忧。"（《寄独秀》）

同年，日机对重庆大轰炸，章寓所被毁，陈独秀知道后即致书问候。章因此作《独秀书来以吾寓被轰炸为忧》以作答谢。诗云：

饭颗山间讯，浑疑禹穴荒。
盯猜应不远，欲杀似难防。
人鬼艰为界，虫鱼愿徙乡。
洞门新活计，歧路旧佯狂。
贾谊欲无舍，周颙何处墙。
卅年梅福里，回首自凄凉。

日机想炸就炸吧，我们防不胜防，好在"贾谊欲无舍，周颙何处墙"，充其量如我们当年在梅福里办《国民日日报》时那般情景。从中可看出其交情之深，友谊之厚，即便在处境困难情况之下，仍互相关怀。

但为杨朋升父亲书写墓志铭的事，陈独秀对章士钊很有意见，杨是陈当年在北大的学生，陈从南京监狱到江津避居都得到过他的资助，陈无以为报，当杨请陈为其父撰墓志铭时，陈自然乐意为之。撰讫，杨又让陈出面求一名人书写。先拟请胡适书之，陈说："适之字既不佳，且远在海外，托写亦不便也。"[①]转请章士钊写，正值章寓被日军所炸之际，陈再三催促，他却久拖未办。陈在致杨信中对章不免有怨言，如1940年12月28日信云："昨日友人自渝来云，行严面告他'纸到必写'。纸及稿倘尚未寄，盼即寄去，惟稿必钞副，恐其失去或者第二次甚至第三次向兄索稿之事。因此人疏懒生活无秩序。自幼即如此，老来更习名士派，不可治矣。"即使如此，"至于写，弟可担保其终必践约也"。同时解释，章之久拖未写，也是事出有因："其旧居已毁于轰炸，方在修理中。"[②]又拖了好几个月仍未办，陈1941年5月20日致杨信中对章的批评也就升级了，说："行严官僚习气又加以名士习气，书法又不足被之金石，吾无何必定欲彼书之耶。"

---

① 陈独秀：《致杨朋升》，《陈独秀著作选编》第5卷，第310页。
② 陈独秀：《致杨朋升》，《陈独秀著作选编》第5卷，第311、312页。

陈也有信直接去催章，并对章的“懒性”有所批评。这才有章之《独秀书来促写杨朋升父墓表》的诗：

懒性从来作答迟，多君笃老重风期。
剧伤羊祜碑仍□，为识杨雄字失奇。
笔债偿从积薪后，作家误被隔邻嗤。
恰逢湘水归休日，定与书成当去思。

此诗第三句，原注“谓克强墓”。黄兴克强墓有碑无文。原请蔡元培作墓表，而蔡等章士钊提供行状。一等再等，不见行状，故黄兴墓至今仍是有碑无文。无独有偶，古代羊祜墓也是有碑无文，传为趣谈。不过，章这次还是有心偿还笔债的，只是抗战时期，生活很不安定，顾此失彼，只得期待“恰逢湘水归休日，定与书成当去思”。话虽如此，但实际上终未写成，从而使杨父之墓也是有碑无文。

陈独秀去世后两年的1944年，章士钊仍有《过江津怀独秀》诗云：

鹤山曾此住幽人，鹤去人空腾古津。
我是山阳江上客，怕嫌闻笛失寻邻。

十、性格的命运：陈、章不同之归宿

章士钊在陈独秀朋友中似乎有些另类色彩，作为中国近代著名的学者和社会活动家，章士钊曾谋道各界，历经孙中山、袁世凯、岑春煊、段祺瑞、蒋介石政府，几乎始终活跃在政治舞台的中心，在近代诸多历史事件中他发挥着他人无法替代的作用。

但我们这一代人多是从鲁迅杂文中认识他的。鲁迅有两篇名文《记念刘和珍君》《论“费厄泼赖”应该缓行》曾被收入中学语文课本。这两篇文章告诉我们，章士钊就是那参与制造“三·一八”惨案镇压学生运动的教育总长，失势后又成了必须穷追猛打的“落水狗”。“痛打落水狗”一时成了挂在青年学子嘴上的口头禅。鲁迅的《中国现代之孔夫子》堪称他的精神外传，他也如他笔下的孔圣人“做定了‘摩登圣人’是死了以后的事，活着的时候却是颇吃苦头的”，死后“种种的权势者便用种种的白粉给他来化妆，一直抬到吓人的高度”。中国现代文化史研究一度是以鲁迅的是非为是非。人们无心去考较章士钊1925年就辞去了教育总长之职，而“三·一八”惨案则发生在翌年的三月，[①]与他当无直接关系，只跟着鲁迅喊他为“落水狗”。

直到“文革”中广大知识分子多成了“落水狗”，而章士钊却受到毛泽东的保护，特别批准章士钊的《柳文指要》以高规格出版，堪称数一数二的奇迹（此外仅郭沫若的《李白与杜甫》）。章士钊一生复杂多变，但有两点他一直坚持不变。一是坚持“调和论”不变，从“调和论”出发，在南北议和与国共和谈中他都是重要角色。二是终生坚持文言写作不变，他的书架上从不摆鲁迅著作。章含之问他是否对鲁迅当年骂他耿耿于怀，他回答：“你看我的书架上哪里有一本白话书？”那部超过百万字的《柳文指要》也是用文言文写成的。1973年5月，章士钊以九十三岁之高龄奉毛泽东之命赴香港游说“统战”，结果于7月1日客死香港，或许可说是殉职。12日，在北京八宝山举行隆重的追悼大会。郭沫若致悼词说：“章士钊先生……为国家的统一大业，不辞劳苦，鞠躬尽瘁。”

---

① 章含之：《忆父亲》，《风雨情》，上海文艺出版社1994年版，第31页。

新文化运动之先声
——陈独秀与诗僧苏曼殊

苏曼殊是个“性情奇、行止奇、思想奇”，“文章艺术尤奇”的诗僧、画僧，更是个情僧。

陈独秀与苏曼殊，一个刚烈倔强且时见偏激，一个率直天真又多愁善感。怎么看他们两人的行为与性格都难以惺惺相惜，而不争的事实是他们终身互视对方为知己。当苏曼殊之《碎簪记》在《新青年》第2卷第3、4号（1916年11、12月）连载时，周作人初读即称“颇佳”；钱玄同进而说：“曼殊上人思想高洁，所以小说描写人生真处，足为新文学之始基乎。”

一、才子佳人共一魂

1903年9至10月间，陈独秀与苏曼殊以诗为媒结缘于上海《国民日日报》。这一年陈独秀25岁，苏曼殊20岁，都是风华正茂的年纪。

此前的1902年9月，陈独秀因在家乡安庆藏书楼传播新知、鼓吹革命被当局通缉，与潘赞化再次赴日，进成城学校陆军科。这时苏曼殊正由日本横滨大同学校转入成城学校陆军科。是年冬，陈独秀、苏曼殊与张继、潘赞化等发起组织“青年会”，以民族主义为宗旨，以破坏主义为目的。此乃“日本留学界中革命团体之最早者”。青年会本为拒俄——反对沙俄入侵我东三省而成立，清廷却恐其酿成反清之革命，于是派学监姚煜百般阻挠。然抽刀断水水更流，姚的行径反倒激变成陈独秀挥剪惩姚的壮举。此举发生在1903年的3月31日晚。章士钊记载了这富有诗意的一幕：

姚煜一风尘下吏，偶辖一省海外学务（时充湖北留学生监督），无端撄留学生之逆鳞，由张继抱腰，邹容捧头，陈独秀挥剪，稍稍发抒割发

苏曼殊（1884—1918）

代首之恨。驯致酿成交涉大故，三人被遣返国，邹容则乘机刊布《革命军》，激起排满浪潮，不足十年，而清帝退位。区区一辫发去留，而关系种族存亡之大如此。[①]

头发引起的风波，在有清一代演出过种种悲喜剧。章士钊此段文字点化得颇佳，而今仍有人接过章的话题，说这一瞬间对陈独秀而言极富象征意义——他一生所走的道路在这一剪中就选定了，他为之终身奋斗的，便是剪去国民灵魂中的“辫子”。头上的辫子易剪，灵魂中的辫子却不易剪，因而他注定走上了一条悲壮之路。[②]

陈独秀归国后的9月，苏曼殊因不听监护人——表兄林紫垣的劝告，被断绝费用，也满怀义愤踏上了归途。苏曼殊先赴苏州吴中公学，因陈独秀与章士钊在上海《国民日日报》“对掌词笔”[③]，堪称“《苏报》第二”，即从苏州赶到上海充当《国民日日报》译员。

苏曼殊充当译员，当务之急是学汉语。苏是个混血儿。苏父杰生自18岁就在日本横滨经商，有一妻三妾，其中有一妾为日本姑娘河合仙，他又私通小姨河合若子并生下曼殊。曼殊出生不到三个月生母别嫁，由河合仙认养。作为“相子”的曼殊直到六岁才为父所认，并接回广东老家。在老家他却被视为“异类”而生活在风刀霜剑之中。这就是苏曼殊所谓身世难言之恫。特殊的身世令少年曼殊难以在国内安生，遂东渡日本，且过早遁入空门，幸得西班牙籍老师庄湘教诲，他的英语程度竟远胜其汉语。据章士钊说，曼殊“自初识字以至卓然成家，不过二三年。始在沪与钊共笔墨时，学译嚣俄小说（即雨果《悲惨世界》）殊不成句，且作字点划八九乖错，程度犹远在八指头陀之下”。[④]八指头陀也是一位从粗识文字而自学成名的“异人”。据冯自由说，在大同学校读书时，曼殊“性质鲁钝，文理欠通，绝未露其头角……转学东京刻苦攻读之年，正留学界翻译书籍风起云涌之日，若学生稍通文理，即译书自给。曼殊独以短于国学，既不能争雄士林，复无以取给学费，其困苦可知矣”。“曼殊之用力于诗及古文辞，当在壬寅青年会成立以后……其文

---

① 章士钊：《疏〈黄帝魂〉》，《辛亥革命回忆录（一）》，文史资料出版社1961年版，第229页。
② 余杰：《永远的“新青年”》，《陈独秀研究动态（1—22）》合订本，第326页。
③ 章士钊：《吴敬恒——梁启超——陈独秀》，《甲寅》周刊第1卷第30号。
④ 章士钊：《与柳无忌论曼殊著作函》，《苏曼殊年谱及其他》，北新书局1928年版，第17页。

字始见于上海《国民日日报》，寻而诗文并茂，名满天下。谁复知彼于大同学校时代，固混沌未凿之小儿耶”。[1]二三年间由“初识字以至卓然成家”，乃至“诗文并茂，名满天下”，其契机就在于结识了陈仲甫这等良师益友。

1903年在国民日日报社时，苏曼殊与陈独秀同居一室，亦师亦友，切磋诗艺。章士钊曾以“烂柯山人”之名著小说《双枰记》，对这段生活有记载：“后靡施复来自闽，余方经营某新闻社，即约与同居。……独秀山民性伉爽，得靡施恨晚。吾三人同居一室，夜抵足眠，日促膝谈，意气至相得。时更有社友燕子山僧喜作画，亦靡施剧谭之友。”据柳无忌介绍，此中的所谓某新闻社就是国民日日报社，独秀山民是仲甫，燕子山僧是曼殊。在此三人中间，曼殊和仲甫交谊最深，在学问方面，亦颇受仲甫的影响。柳氏进而说：“曼殊就因仲甫的影响，启示了自己的天才，成为一个超绝的文人了。”[2]曼殊的诗艺天才一经仲甫的启迪，立即将诗写得有模有样。1903年10月7日，苏曼殊在陈独秀编辑的《国民日日报》上以苏非非为笔名发表了他的处女作《以诗并画留别汤国顿》：

蹈海鲁连不帝秦，茫茫烟水著浮身。
国民孤愤英雄泪，洒上鲛绡赠故人。

海天龙战血玄黄，披发长歌览大荒。
易水萧萧人去也，一天明月白如霜。

苏曼殊悟性极强，一旦迷上写诗，就能以诗与师友尤其是独秀相酬唱。

1913年底，曼殊赴日看病，临行写下《东行别仲兄》：“江城如画一倾杯，乍合仍离倍可哀；此去孤舟明月夜，排云谁与望楼台？”[3]送行的独秀被其依恋之情所感动，当即亦赋有《曼殊赴江户，余适皖城，写此志别》云：“春申浦上离歌急，扬子江头春色长；此去凭君珍重看，海中又见几株桑。”除了劝曼殊远行珍重之外，而对友人之“乍合还离”不免添几分沧桑感，更何况他也急于离沪归皖参加讨袁战斗。

---

① 冯自由：《苏曼殊之真面目》，《革命逸史》初集，中华书局1981年版。
② 柳无忌：《苏曼殊及其友人》，《苏曼殊全集》第5册，中国书店1985年版，第9页。
③ 此诗及《游不忍示仲兄》《过若松町有感示仲兄》，皆见马以君《燕子龛诗笺注》，四川人民出版社1983年版。

苏、陈既为挚友，他们常以诗互诉衷肠，从诗到禅到革命，无所不谈。但谈得更多的，似乎还是爱情话题。1906年，苏、陈同在皖江中学任教，暑期同赴日本，归国时陈有《偕曼殊自日本归国舟中》云：

身随番舶朝朝远，魂附东舟夕夕还；
收拾闲情沉逝水，恼人新月故湾湾。

据台静农说，1938年陈在江津时应邀为其书写过几首旧作，其中就有这首七绝。并且陈还谈起这段“故实”：某年他同曼殊、邓以蛰（邓仲纯三弟）自日本回国，船上无事，曼殊喜欢说在日本结交的女友如何如何，而仲甫先生与邓以蛰故意说不相信，有意挑动曼殊，开他玩笑。曼殊急了，走进舱内，双手捧出些女人的发饰种种给他两个看，忽地一下抛向海里，转身痛哭。虽说已是几十年前的事了，仲甫说时神色还有些黯然。[①]陈诗中有抚有谑，其情殷殷，好不感人。

曼殊虽曾几度削发为僧，受到“教规”的限制，但他对多情女子却十分眷恋，视与女子的生离死别为人生之大不幸，故被世人称为“情僧”。金凤的从良，使他感到“尽日伤心人不见”；静子的殉情，弄得他“无端狂笑无端哭”；百助的他往，叫他痛苦得“日日思卿令人老”；雪鸿的苦别，惹得他想到“可能异域为招魂”；与花雪南的不遇，更令他苦闷到“瘦尽朱颜只自嗟”……弗洛伊德有言，艺术和天才的形成，都将在女人或温柔或残酷的身上找到源泉。曼殊的诗散佚较多，现存只五十题一百零三首，其中最为感人的还是他“其哀在心，其艳在骨”的爱情诗。而其爱情诗的知音恰是陈独秀。

1909年春，曼殊于东京结识一弹筝女郎百助，相亲相爱。但当百助欲以身相许时，苏却以“出家人”为由婉拒之，同时陷入极端的痛苦与矛盾之中，唯有写诗向独秀倾吐苦衷。如他的《游不忍池示仲兄》：“白妙轻罗薄几重，石栏桥畔小池东。胡姬（指百助）善解离人意，笑指芙蕖寂寞红。”[②]离别本苦，却不直白，明言“笑指”荷花，却又以“寂寞红”点睛，其悲愈烈。又如

① 台静农：《酒旗风暖少年狂——忆陈独秀先生》，原载台北《联合报》副刊，1990年11月10日、11日。
② 马以君：《燕子龛诗笺注》，第49页。

《过若松町有感示仲兄》(二首):“孤灯引梦记朦胧，风雨临庵夜半钟。我再来时人已去，涉江谁为采芙蓉?”“燕去楼空”的典故镶嵌自然，化前人诗句更不显痕迹。“契阔死生君莫问，行云流水一孤僧。无端狂笑无端哭，纵有欢肠已似冰。”①如呼如号发自五内，凄情惨意引人同悲。

最能见证陈、苏在情爱观上共鸣共振的，是1909年他们围绕百助情事所唱和的《本事诗》各十首。②

兹录几首对读。第一首，苏作：

无量春愁无量恨，一时都向指间鸣。
我亦艰难多病日，那堪重听八云筝。

陈和：

双舒玉笋轻挑拨，鸟啄风铃珠碎鸣。
一柱一弦亲手抚，化身愿作乐中筝。

艰难多病的曼殊，尚不堪聆听那弹奏出无限春愁无限恨的八云筝；多情之独秀却愿化作乐筝，让玉笋般的巧手一柱一弦地亲抚着。

第六首，苏作：

乌舍凌波肌似雪，亲持红叶索题诗。
还卿一钵无情泪，恨不相逢未剃时。

陈和：

目断积成一钵泪，魂销赢得十篇诗。
相逢不及相思好，万境妍于未到时。

曼殊变前人佳句“恨不相逢未嫁时”为“未剃时”，准确地勾画出其禅心

---

① 马以君:《燕子龛诗笺注》，第58、59页。

②《本事诗》之创作时间，靳树鹏等《陈独秀诗集·前言》中认为1906年之作，非是。柳亚子《对于曼殊研究草稿的意见》说:“曼殊《本事诗》脱稿后即分寄给朋友，我和高天梅、蔡哲夫都有和作，现在留存在我的旧诗中，这的确是一九〇九年上半年的事情。”另，关于苏诗之“本事”历来说法有四：一、写百助的(柳无忌《苏曼殊及其友人》)；二、写静子的(熊润桐《苏曼殊及其〈燕子龛诗〉》；三、静子是百助的影子(罗建业《曼殊研究草稿》)；四、写一种理想的美人(周作人《曼殊与百助》)。今姑从第一说。

与爱心之矛盾；独秀则变无情泪为有情诗，将“万境妍于未到时”之哲理转移成“相逢不及相思好”的情爱观，较曼殊更为豁达。

第八首，苏作：

碧玉莫愁身世贱，同乡仙子独销魂。
袈裟点点疑樱瓣，半是脂痕半泪痕。

陈和：

湘娥鼓瑟灵均泫，才子佳人共一魂。
誓忍悲酸争万劫，青衫不见有啼痕。

多愁善感的情僧曼殊对美若天仙却身世卑微的百助充满着同情，百助的脂痕、曼殊的泪痕重重叠叠，使其袈裟斑斑驳驳，宛若一片带泪的樱花——何等凄美的形象。独秀则是那种男儿有泪不轻弹的烈性汉子，他劝勉挚友誓忍悲酸，绝不流泪，去与命运抗争，如同鼓瑟、求索的湘娥与屈原。这自然更显出这对朋友性格上之差异。

尽管如此，陈、苏诗风却颇为相似，以至孰作孰和，长期被混淆。沈寂先生对之有过精到的考证。他说，20世纪60年代有人从蔡哲夫家发现《本事诗》二十首，由曼殊以“娟秀如女子”的字迹工整誊抄。署“曡”和署“仲”各半。“曡”即曼殊，“仲”即仲甫。并把“仲”的诗置于首，仿佛“仲”为原唱，“曡”为和者。但细读其内容，可知原唱者为曼殊。大概出于曼殊对“仲兄”的尊敬，才把位置颠倒了的。与世传的《本事》十首相对照，署“曡”的第五首（“愧向尊前说报恩”）为过去所未见，属新发现。署“曡”的第四首，过去被当作《为调筝人绘像》，不列为《本事诗》。署“仲”的第四首（“丹顿裴伦是我师”）和第五首（“慵妆高阁鸣筝坐”），长期以来被当作曼殊《本事诗》之二、之七，今还原为仲甫之作。这也是新发现，打破了传统的陈见。即便如此，仍然有人觉得这两首诗都只能是曼殊而不大像仲甫所作。总认为从诗的语气看，“并不使人怀疑那不是曼殊的诗”[①]，这除说明人们先入为主的成见不易放弃外，更能说明曼殊与仲甫的诗之相似程度。若从诗中所述及的

① 文芷：《曼殊上人诗册》，沈寂《陈独秀传论》，安徽大学出版社2007年版，第167页。

内容看，又不得不承认署“皛”的诗，“却又确是曼殊当年经历过的事情”。[①]

诗如其人，细读就能分辨。曼殊诗中的“生身阿母”“袈裟点点”“淡扫娥眉朝画师”“湘兰天女”“华严瀑布”“恨不相逢未剃时”“赠尔多情书一卷”“芒鞋铁钵无人识”和“持锡归来悔晤卿”等句，都是以“和尚”的身份为特点的。

苏、陈诗的基本风格，均宗古而不拘泥于古，有所创新。郁达夫说，读曼殊的诗有“一脉清新的近代味”，[②]诗中有画，画中有诗，绘形传神，风格清新，独具匠心。陈的诗则多典故，但寓意沉郁，有深远的寄托。从对古诗的创新上说，陈也比苏强。胡适在谈论仲甫的诗时说：“他的诗有很大的变化，其中有一首哭亡兄（即《述哀》）可说是完全白话的，是一种新的创造。”[③]陈还把当时所出的一些新名词，如“联邦新制度”“自由”“革命”等引进旧体诗中，但又有出韵，说它为“解放体”[④]亦未尝不可。想来陈是有意把旧体诗逐步引向新体诗，就像他提倡白话文一样。“一九二一年以还，仲甫忽摒弃旧诗不作……守常解说云：‘仲甫平生为诗意境本高，今乃大匠傍观，缩手袖间。窥其用意，盖欲专心致志于革命实践，遂不免蚁视雕虫小技耳。’”[⑤]其实，在《新青年》上，他已带头写新体诗了。这种精神也是曼殊所不具备的。[⑥]

苏唱陈和，堪称中国近代诗坛之佳话。于此说者不少，却多附会之言，亦可谓：“都云作者痴，谁解其中味。”当年同和苏诗者有柳亚子等人，他们都为诗坛高手。如第一首柳亚子和诗为：“智慧难参欢喜果，人天赢得不平鸣；新诗谱出消魂史，不为灵箫却为筝。”高天梅和诗是：“相逢应了前生愿，绮恨偏从弦上鸣。春士善愁秋女怨，最移情算八云筝。”蔡哲夫的和诗是：“美人心事英雄泪，无恨辛酸共一鸣。谁省浔阳凄绝后，有人更感八云筝。”[⑦]第十首柳亚子和诗为：“割慈忍爱无情甚，我有狂言一问卿；是色是空无二相，何须抵死谢调筝？”高天梅和诗是：“文君白首诗何怨，薄幸人争笑长卿。如许人华谁赏识，为君青眼奏银筝。”蔡哲夫的和诗是：“底事相逢还避面，画图早已识卿

---

① 文芷：《曼殊上人诗册》，沈寂《陈独秀传论》，安徽大学出版社2007年版，第167页。
② 郁达夫：《杂评曼殊的作品》，《苏曼殊全集》第5册，第116页。
③ 胡适：《陈独秀与文学革命》，陈木辛编《陈独秀印象》，学林出版社1997年版，第176页。
④ 王健民：《辛亥革命以前的陈独秀》，《传记文学》第20卷第5期，1972年5月。
⑤ 罗章龙：《亢斋汗漫游诗话》（一），《湘江文艺》1979年第11期。
⑥ 沈寂：《苏曼殊与陈独秀》，《中国文化研究专刊》第5辑，复旦大学出版社1987年版。
⑦ 马以君：《燕子龛诗笺注》，第33页。

卿。漫嗔游婿来狂客，斜倚银屏索弄筝。”①

应该说，柳亚子等人的和诗并非不佳，但他们多少有些置身事外的劝谕，而不及陈独秀设身处地的感悟与体贴，所以他们的和诗从来没有与曼殊原诗相混，而唯陈独秀之和诗与曼殊心心相印。原因何在？盖缘独秀亦为情种，惺惺惜惺惺，知曼殊独深。况且当时独秀与妻妹高君曼正由热恋转为同居杭州，其所遭受之阻力与所获得爱情之喜悦均非常人所能想象。

二、新得佳人字莫愁

陈独秀在与高君曼同居杭州的1909年秋，亦即和苏曼殊《本事诗》之后不久，写下了《感怀二十首》。此组诗虽为“忧时感世之作”，更是言情之作，是献给“新得佳人”高君曼的情诗。

对于这位高君曼，潘赞化1959年有文介绍说：“高君曼女士曾在北京女子师范读书，文学专长，思想新颖，与独秀颇相得，以至亲密关系，近（进）而发生爱情，同居沪上渔阳里（与我同里），故对其家情形知之最详。”②这里说是1915年前后的上海时代。此前1910年他们新居杭州时独秀31岁，君曼25岁，两情相悦，甚为欢洽。同时尚有文友沈尹默、刘季平（刘三）、马一浮等诗酒相酬。所以沈尹默说：“我和陈独秀从那时订交，在杭州的那段时期，我和刘三、陈独秀夫妇时相过从，徜徉在湖山之间，相得甚欢。”③这里自然包含着对在这“往来无白丁”的雅境中应酬自如的高君曼的称赞。可见这位高君曼在朋友中颇有美誉。汪孟邹曾夸她为“女中之杰”。④此时之陈独秀怎能不诗兴勃发。1910年冬他有信寄苏曼殊云：“与公别后，即遭兄丧，往东三省扶棺回里，路过上海，晤邓秋枚，始知公已由日本乘船过沪赴南洋。去年岁暮，再来杭州，晤刘三、沈尹默，均以久不得消息为恨。兹由朱少屏所得公住址，殊大欢喜。继今以往，望时惠书，以慰远念。仲别公后胸中感愤极多，作诗亦不少，今仅将哭兄丧诗及与公有关系绝句奉上。公远处南天，有奇遇

---

① 马以君：《燕子龛诗笺注》，第46页。

② 潘赞化：《我所知道的安庆两小英雄故事略述》，《陈独秀研究参考资料》第1辑第203页，安庆市历史学会1981年编印。君曼在北京所上学校，朱文华认为当为1908年创办的北京女子师范学堂，该校至1919年才改为北京女子高等师范学校，而非后者（见朱著《陈独秀评传》第49页注）。

③ 沈尹默：《我和北大》，《五四运动回忆录》（续），中国社会科学出版社1979年版，第165页。

④ 汪孟邹：《梦舟日记》1915年5月15日，转见沈寂《汪孟邹与陈独秀》，《陈独秀研究》第1辑，第365页。

否？有丽句否？仲现任陆军小学堂历史地理教员之务，虽用度不丰，然‘侵晨不报当关客，新得佳人字莫愁’。公其有诗贺我乎？”[①]欣喜之情，溢于言表。他新得佳人，即邀曼殊写诗相贺，自己则更当有丽句记之。这“丽句”就是《感怀》二十首。

其第一首决非诗人以佳人自喻，而实为其对新得佳人之赞美：

委巷有佳人，颜色艳桃李。
珠翠不增妍，所佩兰与芷。
相遇非深恩，羞为发皓齿。
闭户弄朱弦，江湖万余里。

这里不仅称赞新得佳人天生丽质，艳若桃李，无须粉饰，更称道这位佳人与自己志同道合，虽暂隐委巷，闭门弄弦，却志存高远。

但是这位佳人身份非常，她是独秀结发妻子高晓岚（乳名大众）同父异母的妹妹高君曼（乳名小众），仅此就使他们的结合忧喜参半：在朋辈中是津津乐道，在世俗中却被愤愤责难。如《感怀》之二云：

春日二三月，百草恣妍美。
瘦马仰天鸣，壮心殊不已。
日望苍梧云，夜梦湘江水。
晓镜览朱颜，忧伤自此始。

这里的第三联，借用的是古代传说中帝尧的两个女儿娥皇、女英同嫁帝舜的故事。现实生活中的独秀没有帝舜那么幸运，在那里舜之二妃千里寻夫，当知舜南巡死于苍梧之野，哭悼不已，遂溺湘江。陈氏虽也有不惜为国赴难的决心，但家事却不得安宁。

陈独秀这种人生选择是惊世骇俗的，但人之感情实是难以言说的，如《感怀》之三云：

得失在跬步，杨朱泣路歧。

---

① 陈独秀：《致苏曼殊》，见柳亚子编《苏曼殊全集》卷4，第122页。按，李商隐《富平少侯》原句为：“当关不报侵晨客，新得佳人字莫愁。”其信所云“与公有关系绝句”即《存殁六绝句》。

变易在俄顷，墨翟悲染丝。
人心有取舍，爱憎随相欺。
八骏虽神逸，绝尘犹可追。

当感情蒙蔽理智时，他爱憎未必很准确；但其一旦作出取舍时，真可谓八骏难追。

1897年冬，18岁的陈独秀与比他长三岁的高晓岚成亲。[①]陈为新科秀才，高为将门之女，两者结合，也算门当户对。那么，这位高夫人到底是个什么角色呢？最权威的说法是陈同时代的友人的话。濮清泉说："陈的原配夫人高氏是个旧式家庭妇女，在乡中有贤惠之名。"[②]潘赞化说，高氏"为皖北霍邱高某，从军功在清廷赏穿黄马褂，且有世爵，将门之女也。完全旧式，与独秀思想相隔距离不止一世纪，平时家庭不和，多口舌之争。独秀留洋，欲借其夫人十两重金镯为游资，坚决不肯，时常吵口。独秀奔走革命，在家极少"。[③]那么陈氏是如何评价这位高夫人的呢？很少有文字言及。我则认为《感怀》之十五，可能是陈对其原配夫人的评说：

力父佩璇玉，被服妖不妍。
背人傅脂粉，巧笑尾群仙。
玉台谒王母，心醉天子篇。
高邱一回首，众女空婵娟。

诗中辛辣地嘲笑东施效颦、不知其丑的行为，高邱一回首——不是艳惊群芳，却是"众女空婵娟"，实为奇丑无比。如果陈氏真的是这样看待其原配夫人，实有失雅量，他明知"君子绝交不出恶声"[④]，何况夫妻一场。但有一点可肯定，即陈独秀与高晓岚之间思想感情相差甚远，他们之夫妻关系早已名存实亡。

---

① 陈与高晓岚成亲之日，无确凿记载，只能按其长子延年的生年（1898年）向前推一年。高氏为安庆统领高登科之女，因自幼受继母虐待，虽出身名门却目不识丁。据沈寂2002年9月9日致笔者信中称"高大众"，大名应为"君梅"，所谓高晓岚者，陈松年（独秀之第三子）说另有其人。我曾以此询之于长璞（独秀之孙女），答曰不知。在未确证之前姑存旧说。

② 濮清泉：《我所知道的陈独秀》，《文史资料选辑》第71辑，中华书局1980年版。

③ 潘赞化：《我所知道的安庆两小英雄故事略述》。

④ 陈独秀：《致汪原放》，转见汪原放《回忆亚东图书馆》，学林出版社1983年版，第171页。

有这切肤之痛，陈独秀1904年在《安徽俗话报》发表《恶俗篇》，痛快淋漓地批判中国封建包办婚姻制度，提倡以感情为基础的自由婚姻。他说：“你看中国人结婚的规矩，那一个不是父兄作主，有一个是男女相悦，心服情愿的吗？唉！开店的人请个伙计，还要两下里情投意合，才能相安。漫说是夫妇相处几十年的大事，就好不问青红皂白，硬将两不相识、毫无爱情的人，配为夫妇吗？”这些话语之中，该有陈氏多少人生感慨啊！思维开放的陈独秀非常向往西方的自由婚姻：“现在世界万国的结婚的规矩，要算西洋各国顶文明，他们都是男女自己择配，相貌、才能、性情、德性,两边都是旗鼓相当的，所以西洋人夫妻的爱情，中国人做梦也想不到。”因而他热切呼吁：“但愿天下父母心，爱惜人间儿女苦！”

凡此种种，就是陈独秀策动婚变的思想基础。在这里仿佛预闻到了“五四时代”个性解放之先声。但陈的行为为世俗礼教所难容。胡适说：“因恋爱问题及其他问题他同家庭脱离了关系，甚至他父亲（钟按，当为嗣父陈衍庶）要告他。”[①]濮清泉说，陈与妻妹结合“这事曾引起了乡里的非议，说是太不像话。但陈处之泰然，一笑了之”[②],甚至他大儿子延年“小时即受母氏（钟按，指高晓岚）先入之言，对父颇少感情，而独秀公而忘私，父子间极不相得”[③]。直到1930年高晓岚去世时，君曼带着孩子回安庆奔丧，这时陈家的人和亲友对她和独秀的婚事仍然有所非议。这些世俗偏见当是陈独秀当年携高君曼背井离乡、移居杭州的重要原因。这些人生际遇，自然也会化为《感怀》诗中的篇章。其第四首，写赵武灵王与女娃殃及身后的婚恋，“宗族害其贤”；第六首以《韩非子·说难》中的寓言写他们的行为“奈何撄逆鳞”，“邻人乃见疑”；第七首从鲧为治水偷了天帝的息壤而被处死，叹“人心无是非，是非徒自网”，皆传递着个中信息；第十二首所云：“鸱枭岂终古，惊散双鸳鸯；美人怀远思，中夜起彷徨”；第十三首所云：“西巢三株树，振翮一哀鸣；王母不可见，但忆董双成”，则说得更明白。有趣的是传说中西王母的侍女董双成，也曾炼丹于杭州西湖妙庭观，这更易引起陈氏的共鸣。其第十七首云：

---

① 胡适：《陈独秀与文学革命》，陈东晓编《陈独秀评论》，1933年3月版。
② 濮清泉：《我所知道的陈独秀》。
③ 潘赞化：《我所知道的安庆两小英雄故事略述》。

女娃为精卫，衔石堙东海。
东海水未堙，女娃心已改。
夸父走虞渊，白日终相待。
奈何金石心，坐视生吝悔？

愿如精卫填海、夸父追日般无怨无悔地追求自由幸福的生活。如果说第二十首是对他们长期奋斗的总结（“饮羽及石梁，九载甘肃瑟”）与光明未来的期待（“十日丽芜枭，光明冀来日”），那么第十首则为对苦尽甘来的现实的品味：

东邻有处子，文采何翩翩。
高情薄尘俗，入海求神仙。
归来夸邻里，朱楼列绮筵。
今日横波目，昔时流泪泉。

陈独秀《感怀》二十首，堪称献给“新得佳人”高君曼之情歌，不必过分穿凿，去求什么革命的微言大义。

有着如此这般情感之旅的陈独秀，自然更能充分地理解曼殊在爱心与禅心之间的挣扎。

不过,曼殊决无独秀为爱而弃家私奔的勇气,他宛如《红楼梦》中的贾宝玉，充其量只是个“意淫”者而已。这或许是他对独秀“新得佳人字莫愁”，却无诗以贺的原因所在。曼殊有多起无疾而终的恋爱史，每到两情相悦将要触电之际，他总是“还卿一钵无情泪，恨不相逢未剃时”。身披袈裟的曼殊也喜吃花酒，包天笑在《海上蜃楼》、毕倚虹在《人间地狱》这等纪实小说中都写过曼殊吃花酒的趣事。包天笑1962年见到曼殊遗墨，睹物思人，写下了这样的诗句：“记取秋波春月夜，万花簇拥一诗僧。”“万花”云云自是诗家的夸张，但当年与曼殊相悦的名花确实不少。曼殊飞笺征花，戏谑谈笑，纯为凑兴，酿造热闹的氛围。他非但没有调戏之举，也没有亵渎之言，可谓谑而不虐。曼殊在上海与十几个青楼女子交往，最钟情的是“温暾可人”的花雪南。有一次宴罢夜深，他坚持驱车到花雪南家小坐，醉不择径，几经折腾，到花家连坐都不坐，只从袖间摸出一方手帕送给花雪南，然后挥手而别，令同行的陈巢南与忏慧徒呼："和尚真是痴子一个，不懂事体。"殊不知和尚有阮籍风度，非常人所理解。曼殊视女人为美的化身，犹如画家面对模特儿，仔细打量，观赏而已。传说曼殊在上海昵爱一名花，几乎形影不离，食于斯，寝于斯，却坐怀不乱。有人对之诠释为：由于自幼形成的压抑封闭心理抑或性无能而形成的自卑感，使苏曼殊不敢正视自己的爱情，每每到了冲锋陷阵时，只是冠冕堂皇地理智撤出自己名义上业已占领的女性阵地。因而称之为忍受痛苦的残忍的天才。[①]对曼殊坐怀不乱的表现，与之相悦的校书也大为诧异，俏问其故，曼殊郑重作答："爱情者，灵魂之空气也。灵魂得爱情而永存，无异躯体恃空气而生活。吾人竟日纭纭，实皆游泳于情海之中。有人说情海即祸水，稍涉即溺，这是误认孽海为情海的话，并不符合实际，只是物极必反，比如登山，及峰为极，越峰则开始下降。性欲也是如此，性欲乃爱情之极。我俩相爱而不及乱，才能永守此情，虽远离关山，其情不渝。乱则热情锐减，我不欲图肉体之快乐，而伤精神之乐，所以才如此愿你我共守。"[②]此乃纯为"意淫"理论。周作人甚至疑心"和尚是患着单思病，他怀抱着一个永远的幻梦，见了百助、静子等活人的时候，硬把这个幻梦罩在她们身上，对着她们出神，觉得很愉快，并不想戳破纸窗讨个实在：所以他的恋爱总没有转到结婚问题上去，她们对他的情分到底如何，或是有没有,也都不可知"[③]。这似乎可视为对曼殊关于爱情的诗文与表现到位的心理分析。

三、风流和尚只意淫

1903年与陈独秀共事《国民日日报》，是苏曼殊诗兴勃发、诗艺大进的时段。这年12月《国民日日报》被迫停刊，曼殊与独秀共译的《惨社会》的连载也因此中辍。"曼殊天天嚷要离开上海"，当时苏与陈独秀及何梅士同住一处。陈"不许他走"。某日，苏见陈外出，即约何梅士去看戏，到戏馆后，苏说要回宿舍拿钱来会钞。"谁知一去不来……还到寓所，见他的行李铺盖都没有了。并且在台子上发现了他的一封信。信上说明不辞而别的原因。"陈独

① 张国安：《红尘孤旅苏曼殊》，上海书店出版社1999年版，第179页。
② 转见张国安《红尘孤旅苏曼殊》，第154页。
③ 周作人：《曼殊与百助》，《苏曼殊全集》第4回，第395页。

秀说："原来他恐怕我不放他走，所以趁我出去的机会，特此把梅士骗到戏馆里。"[1]就此一别数载。

苏陈再次聚首，是在1906年。

曼殊离沪后，回广东落发为僧，南游暹罗、锡兰，学梵文。又参加华兴会的长沙起义，继而在长沙实业学堂教书。陈仲甫自《国民日日报》停闭后，即回安徽办《安徽俗话报》，又办安徽公学于芜湖。大概在1906年，仲甫说："我重到上海，有朋友在酒馆请我吃饭，正在谈话中间，忽然闯了一个和尚进来，却是曼殊来也！……此时他僧装而吃酒吃肉。我们劝他改穿西装。他坚执地不肯。但隔了几时，却又自动的改了。问他什么缘故？他说：'吃花酒不方便呀'！此时的曼殊，一切颇和几年前不同，几年前说话很少，几乎不大开口，而此时却会高谈阔论起来。几年前除了我们以外没有朋友，而此时却朋友很多，不但有男朋友，并且有女朋友了。"[2]章士钊也说："昔日同在国民报社，伏案译嚣俄小说，终日不作一语，若有深思者然。今番相见，则一绝风流之和尚。"[3]这年苏曼殊先是应刘师培之邀任教于芜湖皖江中学，又与陈独秀成为同事。暑假众人相约东游日本，假满与邓以蛰同船回国，船上有曼殊哭诉情事的佳话，引出陈《偕曼殊自日本归国舟中》的佳作，模写曼殊心态。回国后他们又都任教于皖江中学。

1907年苏曼殊与刘师培夫妇先赴日本，陈独秀因联络革命党人活动被通缉，也赴日进正则英语学校学习。一说其与苏曼殊、邓仲纯同住"一间小房"，而陈于南京狱中回忆说，"在日本留学期间，他交往最熟的是章士钊、苏曼殊二人，他们三人住在一个贷家里（即合租一屋居住）"，"他们三人虽各有各的性格，各有各的志趣，但友情融洽，毫无芥蒂，可以称得上挚友"。据章士钊说："从一九〇六至一九一〇年，为分途实行期。"一部分人搞暴动，一部分人搞暗杀，"一部分埋头苦学"。陈在"苦攻英语"，苏也在"埋头苦学"。因而，这一时期陈、苏不大过问政治，尤其是章太炎、张继等人在东京同盟会总部掀起"倒孙"（中山）运动，陈、苏都没参加同盟会。陈在南京狱中回

---

① 柳亚子：《记陈仲甫先生关于苏曼殊的谈话》，柳亚子《苏曼殊年谱及其他》，北新书局1928年版，第283页。

② 柳亚子：《记陈仲甫先生关于苏曼殊的谈话》。

③《章士钊秋桐杂记》，《民立报》1912年4月20日。

忆说：有一次三人断炊，叫苏曼殊拿几件衣服在当铺当点钱来买吃食，他与章士钊在家里等待，哪知苏一去不返，等到半夜，他俩因不耐饥饿就睡了。午夜苏才回来，手上拿了一本书在看。他俩问他："钱呢？买了什么吃的？"苏说："这本书我遍寻不得，今天在夜市翻着了。"他俩说："你这疯和尚！你忘记了我们正饿着肚子？"苏说："我还不是一样，你们起来看看这本书就不饿了。"他俩气得连骂几声："死和尚，疯和尚"，就蒙被而睡，而苏将这本书看到天明，直到看完为止。这当是苏曼殊埋头苦学的证据。陈独秀进而说：章士钊和他俩不同，不爱文艺而致力于政法，是个十足的官迷。章当时和一个大佐夫人恋爱，被大佐侦知，写信来要和章决斗，他们三人商量叫章逃避了，才免了一场大祸，否则章早已死在那大佐的刀下，也就不能在段祺瑞执政时当什么司法总长和教育总长了。

陈还说，在日期间，除苏曼殊、章士钊二人以外，陈独秀和章太炎也时常过往，他很钦佩章的"朴学"，认为他是一个"国宝"，而章对陈的"小学"也十分赏识，认他为"畏友"。他说章太炎为人非常小气，朋友向他借钱偿还时付息，他竟受之而无愧色，是一个嗜钱如命的人，是一个文人无行的典型。章后来给军阀官僚写墓志、寿序一类的东西，一篇文章要五千至一万元的润资，便是他人格庸俗的表现。他说章太炎尽管对我国文史有很深造诣，但有他可笑的偏见，即章太炎认为甲骨文是宋朝人的伪造。这一偏见，使人看出章在这一方面的无知。①

相形之下，陈独秀还是与苏曼殊最投缘。

当曼殊历练成诗人时，独秀乐与之唱和；当曼殊化身为小说家时，独秀则为之作序喝彩。曼殊感伤主义的小说中多情反被多情误的男人，往往同时被两个花容月貌或才情超凡的女性所爱，结局往往是有情人难成眷属、女性因之香消玉殒，如《断鸿零雁记》中的雪梅，《非梦记》中的薇香，《碎簪记》中的莲佩、杜灵芳，唯《绛纱记》中的秋云投井自杀未遂，属例外；男子的唯一出路是遁入空门，无一例外。

苏曼殊的小说带有神奇的自传色彩，是其"意淫"型爱情诗的另一种文本。陈独秀对之深为理解，他曾一言以蔽之，说苏曼殊"爱谈精神恋爱"。此

---

① 濮清泉：《我所知道的陈独秀》，《文史资料选辑》第71辑，中华书局1980年版。

当是解读曼殊小说的一把钥匙。陈独秀曾于1915、1916连续两年分别给苏的《绛纱记》《碎簪记》作序。陈独秀自称："余性懒惰，每日靧面进食，且以为多事，视执笔为文，宁担大粪。"为一个作家的小说连续写两篇序言，要算难得的例外。

针对曼殊身为僧人，陈氏在《绛纱记序》中，将佛理与基督教义相融，来解读人生之两大难题：死与爱。曼殊于小说中描写薛梦珠与谢秋云之间此冷彼热、生离死逢的曲折离奇的爱情故事，并将这故事置于"海内鼎沸，有维新党、东学党、保皇党、短发党，名目新奇且多，大江南北，鸡犬不宁"的背景之中；于愁世伤时之余，将超尘脱俗的清高理想绘为一幅"世外桃源"。陈序尤为可贵处，在将《绛纱记》与爱尔兰剧作家王尔德自然主义作品相比较，指出"爱情者生活之本源也——斯义也，无悖于佛，无悖于耶"，则见独秀文学视野之宽阔与文学思维之超前。《绛纱记》自署"昙鸾"，其与梦珠是何关系，曾令读者颇费猜疑，连柳亚子也一度坠入雾中。唯陈独秀一语破的："昙鸾与其友梦珠行事绝相类。庄周梦蝴蝶，蝴蝶化庄周，予亦不暇别其名实。"①暗示书中梦珠与昙鸾、曼殊实为一人。而柳亚子虽知"梦珠"乃曼殊谐音，却以为其与昙鸾都是曼殊的友人。后来知道上当了，专写了篇考证文章，检讨自己当初忽视了独秀序中的暗示。

《碎簪记》叙主人公庄湜因不愿在为袁世凯劝进的文字上签名而被拘，获杜灵远鼎力相救，遂与其妹灵芳缔结香盟。但为其叔父软硬兼施，迫其移情于"工刺绣、通经史"的莲佩。庄湜不为所动，其叔怒而击碎灵芳与他定情的玉簪，并劝说灵芳与他割断情丝。最后，莲佩因得不到爱情而自杀，庄湜因受感情折磨而死，灵芳也自缢殉情。

小说情调虽过于伤感，主人公性格也过于软弱，但它把这一爱情悲剧放在一定的家庭、政治背景下表现，其可贵处在于没有浅薄地将制造悲剧的责任归于某个人的品质，庄湜的叔父倒是被描写成"和蔼可亲"，甚至还有"慈爱之心"，其所作所为都是根据"古人明训"，这就把批判的矛头直指封建名

---

① 苏曼殊（署"昙鸾"）《绛纱记》，及陈独秀之序（署"独秀"，皆见《甲寅》杂志第1卷第7号（1915年7月）。按，同期尚有章士钊（署"烂柯山人"）为之写的序。又按，陈延年担任中共领导后也不愿写文章，曾说过与乃父类似的话："要我写文章，我宁愿挑大粪。"（见郑超麟《怀旧原书》，东方出版社1995年版，第124页。）

教。对此作陈氏有《碎簪记后序》云：

> 余恒觉人世间，凡一事发生，无论善恶，必有其发生之理由；况为数见不鲜之事，其理由必更充足，无论善恶，均不当谓其不应该发生也。食色性也，况夫终身配偶，笃爱之情耶？人类未出黑暗野蛮时代，个人意志之自由迫压于社会恶习者又何仅此？而此则其最痛切者。古今中外之说部，多为此而说也。前者吾友曼殊造《绛纱记》，秋桐造《双枰记》，都是说明此义，余皆叙之。今曼殊造《碎簪记》，复命余叙，余复作如是观，不审吾友笑余穿凿有失作者之意否耶？

虽不能说陈序真的有穿凿之嫌，但他确有借题发挥，呼唤个性自由与恋爱自由之意。并以此为线，将《绛纱记》以及此篇《碎簪记》串连起来，进而强化这种意向。

应该说，在民初文坛，苏曼殊的小说将中国文学传统与西方浪漫情调巧妙结合，不啻为中国文坛带来一股清泉；其一定程度的反对封建礼教、追求理想人生的倾向，使他较之其他作家作品更接近五四新文学，以致钱玄同在鲁迅小说尚未问世之日曾设想："曼殊上人思想高洁，所以小说，描写人生真处，足为新文学之始基乎。"[①]以致"推倒一时豪杰"的陈独秀，竟不无偏爱地将《碎簪记》连载于新文学运动阵地《新青年》第2卷第3、第4号上（1916年11、12月），并于《新青年》第2卷第4号不失时机地发表自撰的《碎簪记后序》。尽管胡适对"情僧"曼殊小说的批评颇有偏激之辞，[②]却并不妨碍陈独秀在序中对其小说从新的角度予以高度评价。宏观地看，陈序所云种种，尤其是个性自由与恋爱自由观，实为"五四"新文化运动之先声。

四、丹顿裴伦是我师

据说，在清末民初的翻译界，苏曼殊是堪与严复、林琴南相提并论的翻译家，严复功在哲学社会科学的译介，林琴南致力于小说翻译，苏曼殊则倾

---

① 钱玄同语，转引自杨义《中国现代小说史》第1卷，人民文学出版社1986年版，第61页。

② 胡适《答钱玄同书》中云："《绛纱记》所记全是兽性的肉欲。其中又硬拉入几段绝无关系的材料，以凑篇幅，盖受今日几块钱一千字之恶俗之影响也。"见《胡适学术论文集·新文学运动》，中华书局1993年版，第353页。

心于诗的译介，成三足鼎立之势。我不想去考量这种评价是否得当，更感兴趣的是从翻译中能见到苏曼殊生命中的另一种风采。如果说他的诗文创作大体偏于阴柔之美，而他的翻译则多选择具阳刚之美的作家作品。

曼殊对英国19世纪伟大的浪漫主义诗人拜伦可谓推崇备至。礼赞之："善哉，拜伦以诗人去国之忧，寄之吟咏，谋人家国，功成不居，虽与日月争光，可也！"[①]进而说："拜伦生长教养于繁华、富庶、自由的生活中。他是个热情真诚的自由信仰者"，"拜伦的诗像种奋激性的酒料，人喝了愈多，愈觉得有甜蜜的魔力。它们通篇中充满了神迷、美魔和真实。在情感、热诚和直白的用字内，拜伦的诗是不可企及的，他是个坦白而高尚的人。正当从事于一件伟大的事业，他就到了末日。他去过希腊，在那里曾住着几个为自由而奋斗的爱国者。他一生的生活、境遇与著作，都缠结在恋爱和自由之中。"[②]他视"拜伦是足以贯灵均（屈原）、太白"的。[③]他引拜伦为异域知己，为之高歌："秋风海上已黄昏，独向遗编吊拜伦。词客飘蓬君与我，可能异域为招魂。"[④]曼殊"循陔之余，惟好啸傲山林。一时夜月照积雪，泛舟中禅寺湖，歌拜伦《哀希腊》之篇。歌已哭，哭复歌，抗音与湖水相应。舟子惶然，疑其为精神病作也"[⑤]。足见曼殊爱拜伦之诗到了何等痴迷的程度。正是带着如此崇敬之情，曼殊进入了拜伦的诗境，并努力将之译为汉诗，介绍给中国有识之士。

拜伦的长篇叙事诗《唐璜》富于辛辣的讽刺、诙谐的剖析、诗意的描写，表达了作者对封建专制的蔑视和愤恨之情。苏曼殊对《唐璜》怀有极大的热忱和兴趣。他先将其中的《哀希腊》十六节全部译出。希腊在历史上曾经打败过强敌波斯，而现在却甘心在土耳其的统治下苟活，忘却了亡国的屈辱。这使拜伦殊为痛心："我为希腊往昔光荣的逝去而羞，更为当今希腊所不幸遭受的屈辱而哭。我要作飞翔天际的鸿鹄，至死飞且鸣。我要摔碎这盛满希腊佳酿的酒杯：这奴隶之国，哪值得我念念不忘！"拜伦诗中所抒发的这些情感，又何尝不是苏曼殊当时的情怀呢？

---

① 苏曼殊：《拜伦诗选自序》，《苏曼殊全集》第1册，第125页。
② 柳无忌：《译苏曼殊潮音自序》，《苏曼殊全集》第4册，第35—36页。
③ 苏曼殊：《与高天梅书》，《苏曼殊全集》第1册，第223页。
④ 苏曼殊：《题拜伦集》，马以君《燕子龛诗笺注》，第66页。
⑤ 飞锡：《潮音跋》，《苏曼殊全集》第4册，第41页。

苏曼殊到底是位情僧，用极古朴雅奥的五言长句译了拜伦的《答美人赠束发毵带》。

有趣的是，苏曼殊翻译拜伦诗，是1906年9月他偕同陈独秀东渡日本省母的船上进行的。他在《断鸿零雁记》中云："船行可五昼夜，经太平洋。斯时风日晴美，余徘徊于舵楼之上，茫茫天海，渺渺余怀。即检罗弼大家所贻书籍，中有莎士比亚、拜伦及室梨（按，即雪莱）全集。余尝谓拜伦犹中土李白，天才也；莎士比亚犹中土杜甫，仙才也；室梨犹中土李贺，鬼才也。乃先展拜伦诗，诵《哈洛尔游草》，至末篇，有《大海》六章，遂叹曰：'雄浑奇伟，今古诗人，无其匹矣！'濡笔译为汉文如下。……余既译拜伦诗竟，循环朗诵。时新月在天，渔灯三五，清风徐来，旷哉观也！"①

同船的陈独秀自无袖手旁观的道理，他本与曼殊有同好，他在和曼殊《本事诗》中有云："丹顿（按，即但丁）裴伦（按，即拜伦）是我师。"他会按捺不住要与苏曼殊磋之切之，且亲自动手译出拜伦《留别雅典女郎四章》。

与曼殊所译拜伦《答美人赠束发毵带》对读，似有唱和的意象。拜伦的这四首译诗，署名"盛唐山民"，分别于1908年、1909年、1911年收入苏曼殊编辑出版的《文学因缘》《拜伦诗选》《潮音》。后来由别人再编《拜伦诗选》却不见收录，理由是"盛唐山民"不是曼殊，致使《留别雅典女郎》这四首译诗在国内失传，直至文公直编《曼殊大师全集》时，又误认为"盛唐山民"实无其人，乃曼殊随意署的别名，于是又从东京"仅存之梁绮庄发行中寻出"。殊不知"盛唐山"即安庆市内一个山坡名（马厚文《盛唐山得名考》,《安庆史话》）;"盛唐山民"即陈独秀的又一笔名，犹如陈独秀以"独秀山"之名而自称"独秀山民"。陈独秀在太平洋上与曼殊同译拜伦的诗，除了共同爱好，亦不排斥为曼殊示范。曼殊将之收入自己编辑的诗集，自然是珍藏着那份亦师亦友之情。

选择拜伦，显然不仅仅是苏、陈的个人爱好使然，而与当时潮流息息相关。当时一批先知先觉的知识分子，"今索诸中国，为精神之战士者安在？有作至诚之声，致吾人于善美刚健者乎？有作温煦之声，援吾人出于荒寒者乎"？于是"别求新声于异邦"。就在苏、陈海上共译拜伦的第二年，鲁迅在

---

①《苏曼殊全集》第3册，第36—41页。

日本写就名文《摩罗诗力说》，着力介绍了以拜伦为首选的摩罗诗派，作为破中国之萧条的“先觉之声”。[①]曼殊的《拜伦诗选》与序都是1906年9月初成于海上的，1908年（一说1907年）出版于日本。钱基博称赞：“欧诗之译，自玄瑛始，而出以五言，辞必典则，仿佛晋宋。”然曼殊深知“诗歌之美，在乎气体”，他的译诗尽管遵循“按文切理，语无增饰；陈义悱恻，事辞相称”的原则，实行之中不能不慨叹：“译事固难，况译以英文，首尾负竭，不称其意。”人们念念不忘曼殊“翻译拜伦的诗，经陈独秀润色而出版”[②]。其实黄侃、章太炎也都对曼殊译诗有过“沾溉”。陈独秀却高度肯定曼殊的创造能力，他直到晚年还说，曼殊译诗“既不失原意，又属重新创作，颇为奇妙”[③]。

如果在诗学领域总体是曼殊在师从独秀，那么到梵文领地他们的师徒关系就倒过来了，是独秀向曼殊学习。

曼殊“遁迹佛门，益旁通佛典”[④]。1904年游历锡兰学习梵文时，就对之十分推崇，认为“文词简丽相俱者，莫若梵文，汉文次之，欧洲番书，瞠乎后矣。汉译经文，若输虚迦，均自然缀合，无失彼此。盖梵汉字体，俱甚茂密，而梵文八转十罗，微妙瑰琦，斯梵章所以为天书也”[⑤]。并说：“夫欧洲通行文字，皆原拉丁，拉丁原于希腊，由此上溯，实本梵文。他日考古文学，唯有梵文、汉文二种耳。”可是“顾汉土梵文作法，久无专书，其现存龙藏者，唯唐智广所选《悉昙字记》一卷，然音韵既多龃龉，至于文法，一切未详，此但持咒之资，无以了知文义”[⑥]。他致力编译《梵文典》，研究古音韵，不仅着眼文化交流，更为使古老民族文化得以复兴。曼殊对世界各民族语言、字义异同的比较研究，在他的《燕子龛随笔》等作品中随处可见，并从梵文经典中证实“支那”一词，不是“秦”之转音，亦不是因瓷器得名的，而是天竺人盛赞中夏人“巧黠之意”。[⑦]陈独秀与苏曼殊深有同感，他也慨叹：“罗典文章曾再世，悉昙天语竟销声”——古希腊罗马典籍尚且有人译成中文流布于世，而与汉语血肉相连的灿烂的古印度文化竟在中土销声匿

---

① 鲁迅：《摩罗诗力说》，《鲁迅论文学与艺术》，第4—35页。
② 孙湜：《关于苏曼殊之点点滴滴》，《逸经》第12期，1936年。
③ 濮清泉：《我所知道的陈独秀》，《文史资料选辑》第71辑。
④ 冯自由：《苏曼殊之真面目》。
⑤ 苏曼殊：《文学因缘自序》，《苏曼殊全集》第1册，第121页。
⑥ 苏曼殊：《梵文典自序》，《苏曼殊全集》第1册，第119页。
⑦ 苏曼殊：《答玛德利湘处士书》，《苏曼殊全集》第1册，第236页。

迹！因而他不仅全力支持曼殊编译《梵文典》，竟跟随着曼殊苦学梵文，且涉佛典，同时用英法德文之发音，与梵文、中国古韵等相比较，进行音韵学研究。

《梵文典》1907年完成，陈独秀立即赋诗祝贺："千年绝学从今起，愿罄全功利有情"；"本愿不随春梦去，雪山深处见先生"，不仅称颂其编撰《梵文典》的善举，还对他打算不辞劳苦效唐僧西游深表敬意。1909年苏曼殊与章太炎倡议在中国建立一梵文图书馆，陈独秀竟是发起人之一。至于《梵文典》，则可惜因印刷者"索价太奢"，未得付梓。而陈独秀却由此与音韵学结下了不解之缘，并将曼殊的《梵文典》手稿，终身相携。何之瑜在致胡适信中提供了这一动人情节，他说："我在仲甫先生遗箧中，发见一本《初步梵文典》的手稿，字迹很像仲甫先生的手笔。我就去问邓仲纯，他告诉我，他和曼殊和尚、仲甫先生三人，共同住在东京一间小房里，曼殊向仲甫学字、学诗文，所以曼殊的字很像仲甫，曼殊的诗，不仅像，好多是仲甫做的或改的；而仲甫则向曼殊学英文、梵文，每天都呀也呀也，他很讨厌，时常还因此吵嘴。这大约是清光绪宣统年间的事。那么仲甫先生对音韵文字学的功夫，更不是无由来也的了！"[①]需要说明的是，陈独秀当初为曼殊改诗是常有的事，而越俎代庖则未必。

曼殊在中西文学因缘的互译上志向甚宏，贡献甚巨，既有志于西诗西文译成汉语，又有兴于将中国古诗译成英语。前者不易，后者更难。曼殊不满于现有的英译汉，他说："先是在香江读Candin师所译《葬花诗》，词气凑泊，语无增减；若法译《离骚经》《琵琶行》诸篇，雅丽远逊原作。夫文章构造，各自含英，有如吾粤木棉素馨，迁地弗为良。况歌诗之美，在乎节族［奏］长短之间，虑非译意所能尽也。"他叹惜："今吾汉土末世昌披，文事弛沦久矣。大汉天声，其真绝耶?"为这种崇高的使命感驱使，曼殊果然着手进行那汉诗英译的艰难工程，从《诗经》到唐代李、杜选了七十多首诗作翻译，终于1908年1月编成《文学因缘》两卷，由日本东京博文馆出版，成为"移译诗歌，售世最早，一时震惊之"的文化现象。曼殊意犹未尽，1911年又完成英汉诗曲互译的《潮音》一书，成为传播中外文学互动的潮音。曼殊在汉诗

---

① 何之瑜：《致胡适》，《胡适来往书信选》下册，中华书局1979年版，第261页。

英译的过程中始终得力于朋友章太炎、黄侃，尤其是陈独秀的解惑与润饰。曼殊在《文学因缘自序》中称陈独秀为“畏友仲子”，他说：“畏友仲子尝论‘不知心恨谁’句，英译微嫌薄弱。衲谓第以此土人译作英语，恐弥不逮，是犹倭人之汉译，其蹇涩殊出意表也。又如‘长安一片月’，尤属难译，今英译亦略得意趣……顾欧人译李白诗不可多得，犹此土之于Byron（拜伦）也。其《留别雅典女郎》四章，则故友译自Byron（拜伦）集中。”

前文提及翻译《留别雅典女郎四章》的故友即“畏友仲子”——陈独秀。曼殊认为其翻译水平已“不可多得”，故愿将之视为范本收入自己的译集中并心悦诚服地与之切磋，尽管他快人快语，发现瑕疵会一针见血指出，决不苟且，却并不影响他们亦师亦友的关系，并亲切地称之为“畏友仲子”——又敬又畏之谓也。

五、半部小说写春秋

如果说在诗歌翻译上苏、陈是同气相求，那么在小说翻译上他们则是志向相投。

《惨世界》是法国著名作家维多克·雨果（1802—1883）《悲惨世界》最早的中译本。它初名《惨社会》，自1903年10月8日起，间日连载于《国民日日报》，到第十一回半因该报被封而中止。署名为“法国大文豪嚣俄著，中国苏子谷译”。这苏子谷即是陈独秀新结识的朋友苏曼殊。

苏曼殊当时初到上海《国民日日报》任编译，与陈独秀、章士钊等共事，并赁屋同居。苏曼殊以其“不工为文章，造词多乖律令”[①]的汉文去翻译雨果的《悲惨世界》，自然只有借助陈独秀了。柳无忌说：“当曼殊第一次到上海，住在国民日日报社译法文《惨世界》时，仲甫已同他相识，字句间为他指点修改不少。这时曼殊于汉文的根基尚极浅，文字亦不甚通顺，仲甫隐然是他的老师。”[②]陈独秀也曾说：“《惨世界》是曼殊译的，取材于嚣俄的哀史，而加以穿插。我曾经润饰过一下。曼殊此书的译笔，乱添乱造，对原著者很不忠实，而我的润饰更是马虎到一塌糊涂。此书初在《国民日日报》登载，没有

---

① 钱基博：《现代中国文学史》（1930年）。
② 柳无忌：《苏曼殊及其友人》，见柳亚子编《苏曼殊全集》第五册，北新书局1928年版。

登完，报馆就被封闭了。当时有甘肃同志陈竟全在办镜今书局，就对我讲：‘你们的小说没有登完，是很可惜的，倘若你们愿意出单行本，我可以担任印行。’我答应了他，于是《惨世界》就在镜今书局出版。并且因为我在原书上曾润饰过一下，所以陈又添上了我的名字，作为两人合译了。”①镜今书局1904年版之《惨社会》署名是苏子谷、陈由已同译。“由己”就是陈独秀的别号。1918年苏曼殊逝世，胡寄尘将镜今本交上海泰东图书局翻印，“删去嚣俄和陈由已的名字，变成苏曼殊大师遗著”，②而内容则一字未改，仅在书名上增一“悲”字，称《悲惨世界》。1925年春泰东图书局再版时，又恢复了原名《惨世界》。尔后《苏曼殊全集》仍以镜今本收录了这部小说。

《国民日日报》主编是章士钊，陈独秀、张继佐之。章士钊在《双枰记》中有段文字记叙他们的编辑生活，说：“余与独秀尚未寝，盖新闻脱版速亦无前于十二句者。脱版后必更阅全稿，防有误字，此役余与独秀递为之。然一人为之，余一人恒与相守，不独往寝，故余与独秀同逾十二句不睡以为常。此次余为值，独秀就旁案移译嚣俄小说。”③可见，陈独秀远不只是在字句间为苏指点修改，而是亲自动手“译”以至编发了《惨社会》。陈独秀说苏译于原作“加以穿插”，“乱添乱造”，实亦为夫子自道。据章士钊《疏〈黄帝魂〉》记载：“时有朱菱溪，湖南时务学堂头班生，镇筸人，为人卤莽灭裂，要挟同学，使派己作代表回上海组织民权人士，经营出版事业。迷于狎邪，所事不终。陈独秀在《惨社会》小说中露骨攻之。菱溪大怒，必狙击独秀然后快。时独秀与吾同住，经调停始无事。”④可见借译作小说抒其政想，且攻击恶人丑事，正是陈独秀当时所热衷的文字游戏。章士钊说，陈独秀“时与香山苏子谷共译嚣俄小说，极写人类困顿流离诸状，颜曰《惨社会》，所怀政想，尽与此同”⑤。反过来说，为抒“政想”，兼以攻邪，小说翻译在陈独秀那里自然只能是“对原著者很不忠实”，放笔穿插，甚至抛开原作“乱添乱造”，才足以尽兴。

《惨世界》节译自雨果《悲惨世界》第二卷《沉沦》的第一到第十三节。

---

① 柳亚子：《记陈仲甫先生关于苏曼殊的谈话》，见《苏曼殊年谱及其他》，北新书局1928年版，第284页。
② 柳亚子：《〈惨社会〉与〈惨世界〉》，见柳亚子编《苏曼殊全集》第4册，第422—423页。
③ 烂柯山人（章士钊）：《双枰记》，《甲寅》杂志第1卷第4号。
④ 章士钊：《疏〈黄帝魂〉》，《辛亥革命回忆录》（一），中华书局1961年版，第22页。
⑤ 孤桐（章士钊）：《吴敬恒——梁启超——陈独秀》，《甲寅》周刊第1卷30号，1926年1月30日。

其第一至第六回，虽有改变却大体忠实于原著，但自第七回至第十三回，则完全是创作。作者凭空写了明男德、范财主、孔美丽等几个人物，敷演出不少新情节。到第十三回后半段，又勉强回到雨果原书，金华贱（冉·阿让）为孟主教（卞福汝）感化而终。就翻译而言，其与“信、达、雅”无缘，是失败之作；就创作而言，其由翻译走向创作，仍不失为有意义的尝试。如同临帖，初尚规范，继而出帖，终忍不住龙飞凤舞起来。“乱添乱造”云云，实在是一种情不自禁的创造境界。

《惨世界》译作中有过苏曼殊的劳动，但其从文字到根本见解，都借重并认同陈独秀。而且1904年经陈独秀全面“润饰”而成的镜今本《惨世界》，与连续本《惨社会》相比，“书中内容和报上所载，颇有不同之处，回目亦经修改”。柳亚子说：“不完全的《惨社会》是曼殊的原意，完全的《惨世界》却是仲甫所续成并修改的了。前者等于高兰墅之续《红楼》，后者又等于金圣叹之改水浒。”[①]当初连载时只署苏曼殊之名，自是陈独秀提携他的意思；镜今本苏、陈同署，是作为友谊的纪念；苏曼殊逝世后，去陈名只作苏之遗作处理则是友人怀念曼殊所致。

透过《惨世界》这“半部书”，我们可以看到陈独秀，尤其是苏曼殊令人陌生的一个精神层面，也能看到中国近代小说史上一道新鲜的光环。

陈独秀、苏曼殊译著《惨世界》，如同“小说界革命”的领袖梁启超等，是“借小说家言，以发起国民政治思想，激励爱国精神”，并显示他们独特的思想风貌。

以往的研究注重《惨世界》的“反清”思想是不错的。

但陈独秀、苏曼殊的深刻处在远未停留于种族复仇主义的立场上，而着重分析批评了民众的愚昧落后与爱国名士的口是心非。对于前者，他们借讲法国国情进而分析了中国民众愚昧的原因在：“被历代的昏君欺压已久，不许平民习此治国救民的实学，所以百姓的智慧就难以长进。”因而提出拯救人心为当务之急。男德说：“这好惨的世界，好惨的世界！我男德若不快快拯救同胞，再过几年，我们法国的人心，不知腐败到何地步！”

对于那些口是心非的名士，苏、陈批评得更为严厉：“尚海（上海）那个

① 柳亚子：《〈惨社会〉与〈惨世界〉编后记》，《苏曼殊全集》第4册，第430页。

地方，曾有许多出名的爱国志士。但是那班志士，我也都见过，不过嘴里说得好，实在没有用处。一天二十四点钟，没有一分钟把亡国灭种的惨事放在心里，只知道穿些很好看的礼服，坐马车，吃花酒。还有一班，这些游荡的事倒不去做，外面却装着很老成，开个什么书局，什么报馆，口里说的是借此运动到了经济，方好办利群救国的事；其实也是孳孳为利，不过饱得自己的荷包，真是到了利群救国的事，他还是一毛不拔。哎，这种口是心非的爱国志士，实在比顽固人的罪恶还要大几万倍。”

与上海那些假名士形成鲜明对比的，是作为侠客式的社会主义者的形象：男德。男德，姓明名白字男德，谐音“难得明白”，别号项仁杰（像人杰），是个“立志要铲除人间一切不平的有志青年”。他声称：“我想救这个人间苦难的责任，都在我一人身上”，说，“我活在世界上一天，遇着一件不平的事，一个没有良心的人，我就不能听他过去”。他视恶如仇，见义勇为，他为救金华贱去劫监狱，为村妇报仇去刺杀贪官满周苟，锄强扶弱，伸张正义，他更有许多闪光的思想与惊人的名言。金华贱是根据《悲惨世界》里的主人公冉·阿让的原型改写的，他为了全家人的活命，在饥不可耐的情况下拿了店家一块面包，被打得鲜血淋漓，并被关进监狱十九年。男德为这金华贱鸣不平，说：“世界上物件，应为世界人公用，那注定应该是那一人的私产吗？那金华贱不过拿世界上一块面包吃了，怎么算是贼呢？”“世界上的人除了能做工的，仗着自己本领生活；其余不能做工，靠着欺诈别人手段发财的，那一个不是抢夺他人财产的蟊贼呢？这班蟊贼的妻室儿女，别说穿吃二字不缺，还要尽性儿的奢侈淫逸。可怜那穷人，稍取世界上些些东西活命，倒说他是贼，这还算平允吗？”这种是非颠倒现象，都是因为“世界上有了为富不仁的财主，才有贫无立锥的穷汉”。这种财帛公有的观点，虽未必科学，但在当时可谓振聋发聩。

正是从这种财帛公有的观念出发，男德提出要“用狠辣的手段，破坏了这腐败的旧世界，另造一种公道的新世界”。在第二十回作者以“雅各伯党定了几条规矩”，展示了那公道新世界的蓝图：第一条，取来富户的财产，当分给尽力自由之人，以及穷苦的同胞；第二条，凡是能做工的人，都有到那背叛自由人的家里居住和占夺他财产的权利；第三条，全国的人，从前已经卖出去的房屋田地以及各种物件，都可以任意取回；第四条，凡是为自由而死的遗族，须要尽心保护；第五条，法国的土地，应当为法国的人民的公产，无论何人都可以随意占有，不准一人多占土地。这新世界的蓝图虽是粗线条的，其间不乏幼稚乃至空想的成分，但仍可以看作是近代中国革命党人设计的最早的“社会革命”方案。同盟会成立前，风行海内外的革命檄文首推邹容的《革命军》和陈天华的《警世钟》，作为当时先进思潮的代表，它们是民族主义、民主主义兼而有之，却均无一语涉及社会贫富问题。《惨世界》具有中国近代一般革命党人所拥有的民族主义与民权主义思想，且更多地思考着社会底层人们的命运问题。这使之当年就成为鼓吹革命的流行书刊之一，今天仍被论者认为“如果康有为的《大同书》由于从未公开发表可以撇开不计的话，《惨世界》中雅各宾派的‘规矩’显然可以视之为20世纪中国的第一个社会主义纲领”。①

如何实现那公道的新世界呢？这同样是“难得明白”的大问题。苏、陈既反对上海种种假名士口是心非的行径，也不赞成雨果将仁爱替代刑法，作为医治社会、拯救人类的良方，他们主张以革命的手段（包括暗杀、组织会党、大起义兵）去改变一切——破坏旧世界，另造新世界。男德向克德道：“杀父冤仇，原不可不报。但自我看起来，你既然能舍一命为父报仇，不如索性大起义兵，将这班满朝文武，捡那黑心肝的杀个干净；那不但报了私仇，而且替这全国的人消了许多不平的冤恨，你道这不是一举两得么？”不过，书中描写给人印象深的还是男德的暗杀义举。革命前他凭一身侠胆一把利刀（他曾对刀说：“我一生仁义道德都仗着你方能够去做。”）去劫监狱、杀贪官；革命后，他又在秘密会党中充当秘密杀手。当男德从党会里闻得大总统拿破仑想做专制君主的野心一天天暴露，压制民权的手段一天天惨烈，不觉怒发冲冠，寻思：“我法兰西志士送了多少头颅，流了多少热血，才能够去了那野蛮的朝廷，杀了那暴虐的皇帝，改了民主共和制度，众人们方才有些儿生机。不料拿破仑这厮，又想作威作福。我法兰西国民乃是义侠不服压制的好汉子，不像那做惯了奴隶的支那人，怎么就好听这鸟大总统，来做个生杀予夺独断独行的大皇帝呢？”于是他身怀炸弹去暗杀拿破仑，不幸未

① 杨天石：《苏、陈译本〈惨世界〉与近代中国早期的社会主义思潮》，《中国社会科学院研究生院学报》1995年第6期。

中，他即开枪自杀，显出英雄本色。男德以“狠辣的手段”去完成惊天动地的事业，以“狠辣的手段”去实现自我完善，这表明中国的社会主义思潮从它的开始阶段，就拒绝雨果式空想社会主义的温和与改良，而倾向激烈与彻底。

应该说，塑造了男德的形象，是《惨世界》为中国近代文学史所提供的一份难得的贡献。男德的形象实际上是刚刚登上政治舞台的中国资产阶级革命派人物的精神写照。书中的尚海即是上海，书中人是“中国人蒙上法国的面皮”。[①]1903年初，因沙俄侵略中国东北，在留日的中国学生和上海等大城市的新型知识分子中爆发了拒俄运动，运动遭到清政府禁止后，他们就迅速转向革命。于是，东京和上海等地出现了不少宣传革命的报刊和小册子。一时间，放言高论，蔚为风气。对此，清政府采取了更严厉的镇压措施，《苏报》被封，章太炎、邹容被捕。这样上海等地的革命党人不得不采取较为隐蔽的宣传方式。《惨世界》正是这一特殊形势下以特殊形式（寓创作于翻译之中）出现的革命文学之花。

六、苏陈、雨果有异同

苏、陈且译且作，无非是借题发挥，宣传革命。然而，苏、陈何以于浩瀚的西方小说中，独选中雨果的《悲惨世界》？

首先由于他俩熟悉西方文学，酷爱雨果作品。邓以蛰曾回忆1907年他和苏、陈留学日本的故事：

> 陈仲（甫）沉酣于他的拜轮（Byron）与雪莱（Shelley）的全集；和尚（钟按，即苏曼殊）终日无衣衫出门，吃着睡着，哼他的以龚定盦为蓝本的七言绝句（他当时所出的《文学因缘》《潮音》中翻译诸作，凡是五七言古体，不是章太炎修改的，便是仲甫所作，和尚只会绝句）。我弟兄两人凑兴的事也不少。若独秀仿效（希望仲甫见到勿生气）或尝试拜轮式的浪漫生活，到得他本性太强，仿效不易，格格不入的时候，他老是愤慨多怒。首当其冲的人固是别人别性，但形诸文字的是封封给我们

① 杨鸿烈：《苏曼殊传》，《晨报副刊》1923年11月28日。

两兄弟的信。这些信倘能流传人间（倘若我家山房一切无恙，这些信必定还在人间，但不敢保），潘彼得了，保加侨了（Boccacio），猛忝动了（Montaigne），都没有那些文字的痛快淋漓。[①]

其实苏、陈对西方文学，更倾慕的是法兰西文明。1932年以降多年与陈独秀同处一狱且同为托派领袖的表弟濮清泉[②]，晚年所作《我所知道的陈独秀》，虽偶有失误，仍不失为当代“陈学”中的权威文献。他说：

> （陈独秀）他去到日本留学，是在辛亥革命以前。……在日本留学期间，他交往最熟的是章士钊、苏曼殊二人，他们三人住在一个贷家里（即几人合租一屋居住）。他说一人一个性格，他自己专攻西方民主学说，酷爱西方文学，尤其是浪漫派的作品，他对雨果的《悲惨世界》佩服得五体投地。他说他对欧洲文学名著都涉猎了一下，没有一篇能与《悲惨世界》匹比的。[③]

这些故事虽都发生在苏、陈留日期间，仍可视之为其当初改译《惨世界》的背景。

雨果是位政治倾向鲜明的作家。据说，日本自由党总理板垣退助访问欧洲时询问雨果：怎样才能有效地把自由平等思想传播到民众中去？雨果答：应当让他们读我的小说。

雨果又是一个伟大的人道主义者，他长期关怀社会底层的命运。在一首诗中写道：

> 我同情贫寒的人和劳动者。
> 对他们讲友爱，从思想深处。
> 怎样带动动荡不安的受折磨的群众，
> 给权利以更巩固的基础和更大的规模？

① 邓以蛰：《癸酉行笥杂记》，天津《大公报》1933年11月15日。
② 濮清泉在《我所知道的陈独秀》中说：陈独秀母亲“娘家姓查，和我母亲是堂姊妹，他母亲比我母亲大二十余岁，故名是一辈，从年龄上说是两辈人。陈独秀和我名义上是老表，而他大我二十六岁，外婆家教我以长辈看待他，事实上我的确把他尊为长辈，五四运动时期，我几乎把他看作‘神圣’，看作‘哲人’，当时全国青年也是如此”。
③ 濮清泉：《我所知道的陈独秀》，《文史资料选辑》第71辑，中华书局1980年版。

怎样减少人世间的痛苦，饥饿，艰难的劳动，贫困和罪恶？

这种问题紧紧抓住了我。[①]

这首诗很好地表达了雨果创作《悲惨世界》的主旨。

可以看出，打动苏、陈的正是雨果对社会底层悲惨命运的深切同情。这也是他们乐于翻译《悲惨世界》的真正原因。

然而《悲惨世界》是篇幅宏大的长篇巨制，为什么苏、陈只选译了其中的一小段呢？其主要的原因就在于：在改造社会的途径上，苏、陈与雨果有明显的不同。

雨果认为，应该用仁爱来替代压迫。因此，他集中全力，塑造了卞福汝主教和冉·阿让这两个理想化的人物。在雨果笔下，卞福汝是一个虔诚的基督徒，十全十美的救苦济贫的慈善家。雨果不惜以整整两卷篇幅来刻画他，赋予他崇高的人道主义思想，视之为改造社会的力量。正是他，教育并感化了冉·阿让。冉·阿让虽然原来善良纯朴，但社会的残害和法律的惩罚使他日益孤僻、凶狠，“逐渐成为一头猛兽”，“具有凶狠残暴的危害欲”。他出狱后走投无路，卞福汝主教热情招待了他，他却偷走了主教家里的银制餐具。在他被押解回来时，卞福汝像接待老朋友一样接待了他，不仅说明餐具是送给他的，而且还另送了他一对珍贵的银烛台。卞福汝的崇高行为使冉·阿让的灵魂震颤，受到感化，自此转恶向善，成为一个像卞福汝一样高尚的、充满人道主义精神的人。

雨果笔下的冉·阿让的后半生，他所兴办的工厂和慈善事业，他当市长的城市及其市民命运的改变，都是作家善良愿望的体现。雨果本人受过19世纪30—40年代法国空想社会主义的影响，《悲惨世界》以浪漫主义手法所透露出来的“光明”也是一种空想社会主义的乌托邦。

中国是个斗争传统很盛的国家，农民的暴动与起义史不绝书。在近代，国家、民族的灾难愈重，人民受到的压迫愈深，反抗、斗争的热情也就愈加高涨。当时，中国革命党人相信，只有革命才可以改变一切，也才可以得到一切。从《惨世界》看，苏、陈追求的是，通过革命和战斗，建立财富公有

① 安德烈·莫洛阿：《雨果传》，湖南人民出版社1983年版，第564页。

的社会。他们不相信仁慈、博爱和慈善事业可以解决中国及其广大人民的问题，自然也就不相信雨果对冉·阿让后半生的描写，删节不译是一种必然的选择。[①]

若作进一步考察，晚清乃中国历史上少有的大变动的时代，面对此国运飘摇风雨如晦的艰难局面，崛起了一大批救亡图存的仁人志士。诚如章太炎1906年12月在《民报》一周年纪念会上演说所云："以前的革命，俗称强盗结义；现在的革命，俗称秀才造反。"这批秀才受古代游侠精神的滋润、东邻武士道风之吹拂、法国大革命的启迪、俄国虚无党人之刺激，欲重铸国魂，不仅舞文弄墨，而且舞枪弄棒，以为所谓革命无非两途：一是暴动，一是暗杀。以致"尚侠轻生"，对"流血"的崇拜，对"牺牲"的渴望，使得晚清志士们在解读游侠形象时容易将其刺客化——不只因其暗杀的手段，更因其必死的信念：在最后一击中体现（鉴赏）生命的辉煌，这一意象令时人深深陶醉。最著名的莫过于谭嗣同戊戌变法失败后的拒绝出走："各国变法，无不从流血而成。今日中国未闻有因变法流血者，此国之所以不昌也。有之，请自嗣同始！"[②]这种烈士心态，在晚清志士中相当普遍。所谓"文明者购之以血"，"列国文明皆自流血购来"。[③]这一说法，在近代为不少革命党人所接受。前清翰林出身的蔡元培，当为中国近代斯文的象征，然其1904年组织光复会，"本为暗杀计，然亦招罗暴动者"，便是有组织有宗旨有计划的暗杀团。一时间，章士钊、杨笃生、张继等秀才都组织了暗杀团，欲刺杀顽固派的首领慈禧太后。[④]

陈独秀深受此风潮影响。他在《安徽俗话报》上先撰《东海兵魂录》，再撰《中国兵魂录》，呼唤尚武精神。其早期诗章中亦充溢着这种尚武精神："英雄第一伤心事，不赴沙场为国亡"（《哭汪希颜》）"男子立身唯一剑，不知事败与功成"（《题西乡南洲游猎图》）。1904年10月间，陈又赴上海参加有章士钊、蔡元培在内的暗杀团，"天天从杨笃生、钟宪鬯试验炸药"，蔡元培"也

① 杨天石：《苏、陈译本〈惨世界〉与近代中国早期的社会主义思潮》，《中国社会科学院研究生院学报》1995年第6期。
② 蔡尚思等编：《谭嗣同全集》，中华书局1981年版，第546页。
③ 梁启超：《新中国未来》；杨笃生：《湖南之湖南人》等。
④ 此节参阅陈平原《中国现代学术之建立》第七章《晚清志士的游侠心态》。

常常在试验室练习，聚谈”。[1]1905年7月又参与策划吴樾狙击出洋五大臣。

苏曼殊堪称一个革命和尚，他先后参加了拒俄义勇队、军国民教育会、兴中会、光复会、亚洲和亲会、反袁二次革命；在军国民教育会中练过武，在香港曾动念要刺杀沦为保皇派领袖的康南海；二次革命代十方法侣发表讨袁宣言，有骆宾王《讨武曌檄》的痛快淋漓，震撼群雄，“可堪午夜闻鸡起”。包天笑有《送别子谷》“死生流转终相值，风雪来招武士魂”，讴歌的就是曼殊“行云流水一孤僧”的另一面“易水萧萧人去也”的革命气概。正是其性格中的柔中有刚与陈独秀的刚中有柔，形成刚柔互补、天作之合。对雨果《悲惨世界》倾向的取舍上，他们亦作亦译，宣泄革命激情，也配合得如此完美，为近代文学史与革命史都留下不可磨灭的佳话。

苏、陈在《惨世界》中，以“狠辣的手段”去完成惊天动地事业的男德形象，所表现的拒绝雨果式空想社会主义的温和与改良，而追求激烈与彻底的社会革命的倾向，即源自于中国晚清这种特殊的文化背景。

此外，在对于卞福汝主教的态度上，苏、陈和雨果也有明显的不同。译稿最初在《国民日日报》上发表的时候，卞福汝主教被描写为虚伪做作的“贪和尚”，后来陈独秀在定稿时部分恢复了雨果著作的原貌，但由于仓促马虎，还是保留了初稿的某些痕迹。

欧洲革命思想是生长于西方国家土壤中的文明之花，有自己独特的社会、时代环境和文化传统。中国近代知识分子在介绍欧洲革命思想时，面对的是中国的土壤、社会、时代环境和文化传统，加上社会功利主义和社会实用主义盛行，因而，有选择、有改变是必然的。只不过有的是无意的误译，有的是有意的曲译罢了。

陈氏晚年曾就翻译发表过高见：“直译决非一字一扣，一句一摹，而是保住原著风格；意译亦非随心所欲，胡乱行文。外文与中文差别很大，风俗习惯亦不相同，能直译的当以直译为准则；不能直译的，就应辅以意译，我意直译意译相辅而成，决不应偏向一方，而违‘信、达、雅’。”由此他认为“翻译这种工作，不是闹着玩的，首先要精通外文，本国文字也要通达。现在有些懂点ABCD的人，就大胆地搞起翻译来，真叫做荒谬绝伦，我认为严复

---

① 任建树：《陈独秀大传》，上海人民出版社1999年版，第69页。

对译书的要求‘信、达、雅’三字，还应该遵守。信，就是忠实于原著；达，就是译文要通顺；雅，就是文字要力求优美。现在有人说这三个字不足为训，我说，非也。严译丛书，用古文体写的，青年人读不懂。但他是先读通原著，然后才从事重新创作，使之成为中文书，态度是严肃的，工夫是下得深的。当时在知识分子中，起了启蒙作用。”[①]这些意见，今天看来仍相当中肯。可见陈氏是深通翻译准则的。他从这个准则出发，既反对林纾式的“意译”，也反对（或曰尤其反对）胡秋原式的“直译”——这往往是死译瞎译，叫读者如看天书，不知所云。然而苏、陈青年时代翻译雨果《悲惨世界》时，一方面急于借助域外经典艺术地表达自己的革命主张，一方面又发现即使是域外经典也不足以直接表达自己的革命主张，因而是始而译，继而改，终而作，虽还打着译的旗号，实来不及去讲究什么信、达、雅，这恰恰真实地反映了晚清动荡时代革命志士的心态。

七、曼殊善画工虚写

曼殊不仅是个情僧、诗僧，也是个天才的画僧。他四岁就显露了绘画的天分，曾“伏地绘狮子频伸状，栩栩如活”，“所绘各物，无一不肖”（苏绍贤《先叔苏曼殊之少年时代》）。十五岁入日本横滨大同学校学中文，时绘小幅画作分赠同学，并有幸为教科书绘制插图。1903年秋，曼殊被迫弃学回国，作诗且作画表明心迹，从此绘画成为曼殊短暂生涯中一道亮丽的风景线。他与独秀相与切磋的非但诗艺，还有画艺。

陈独秀也深具美术素质。独秀一直支持刘海粟的“艺术叛徒”行为，多次为他及其女弟子潘玉良题画，潘由青楼女子变成著名画家“不能不归功于陈独秀的引导”。1904年陈创办《安徽俗话报》时，还亲自挥毫作了八幅形神并具的“漫画”，成为中国漫画之先驱（“漫画”字样在中国首见于1904年《警钟日报》）。如果循此方面多操画笔，说不定他也会成为一个“艺术叛徒”。陈之美术素质溯其本则有家学渊源。独秀的父亲早卒，他曾自称是“没有父亲的孩子”，童年时代由“白胡子爹爹”（祖父）管教，青年时代侍从嗣父亦即叔父（字昔凡）。这位嗣父由举人而知县而知州而知府，官运财运俱佳，振

① 濮清泉：《我所知道的陈独秀》。

兴了陈氏门第；这位昔凡公也是一位饮誉一方的书画家与收藏家。陈昔凡的山水画属虞山派，他摹习王石谷的青绿山水，几可乱真。

有这么个书画家的嗣父，陈独秀自然在耳濡目染中受到书画艺术的熏陶，从而在其以后的阅历中显现出颇高的书画艺术素质。美学家邓以蛰是清代著名书法家邓石如五世孙，也有家学渊源。他说："（陈独秀）他曾酷爱书画，他到过我的山庄，将我家的收藏一一评定，为之编目，其中较好的如弘光时成回和尚山水小幅、渐江山水幅等等，他称之不去口，上面的题跋他多能背诵（曼殊画中成回的题句，就是他诵与和尚的）。记得他为了一幅萧尺木的山水得不到手，竟同朋友翻脸！如今我也酷爱字画，好为赏识，我自问在东京同住的时候，受他的影响不少。"①

陈独秀既从昔凡公那里接受了书画的基因，也从其藏品与书画实践中窥测到中国书画的利弊。以致在"五四"新文化运动中，陈独秀提出了美术革命的命题。他旗帜鲜明地指出："若想中国画改良，首先要革王画的命。"这王画即清初"四王"（王时敏、王鉴、王石谷、王原祁）画派中的王石谷（翚），亦即其嗣父陈昔凡师事的"四石"（邓石如、刘石庵、王石谷、沈石田）之一。独秀要革王画的命，堪称革以陈昔凡为代表的父辈的命。他所有反传统的观念中，都或多或少地激荡着一种仇父情结。曼殊对此与独秀有共鸣。由于家学的原因，陈独秀对王画太熟悉了。他说："我家所藏和见过的王画，不下二百件，内有画题的不到十分之一；大概都用那临、摹、仿、抚四大本领复写古画，自家创作的简直可以说没有。这就是王派留在画界最大的恶影响。到后来的扬州八怪，还有自由描写的天才，社会上却看不起他们，却要把王画当作画学正宗。说起描写的技能来，王派画不但远不及宋元，并赶不上同时的吴墨井（吴是天主派教徒，他的画法的布景写物，颇受了洋画的影响），像这样的画学正宗，像这样的社会上盲目崇拜的偶像，若不打倒，实是输入写实主义，改良中国画的最大障碍。"② "打倒"云云，虽不免过火，然按之于中国绘画史，陈氏之激扬文字，则似正中四王画派之要害。

陈独秀力倡美术革命，归根到底在两端：其一以写实主义改造主观写意

---

① 邓以蛰：《癸酉行笥杂记》，天津《大公报》1933年11月15日。

② 陈独秀：《答吕澂》，《陈独秀书信集》，新华出版社1987年版，第241页。

画法，其二以创造精神改变抄摹复古之风。其本质是以西画画风改造中国画画风，以现实主义改造中国国民性。[①]

陈独秀“美术革命”的口号提出于1919年初，此时曼殊已作古，自然无法读到他的宏篇；但“美术革命”思想在独秀是早存此念，他未必不曾与曼殊议及，从而获得曼殊的认同并影响着曼殊的绘画实践。

据黄永健《苏曼殊绘画年谱》统计，曼殊从1903年到1914年约绘画85幅，现存唯一《曼殊上人妙墨册子》仅收画二十二幅，其中有两幅是赠独秀的：一为《挐舟金牛湖图》，一为《华罗胜景图》。对这两幅画黄永健都有较好的解读。[②]

《挐舟金牛湖图》（又名《西湖泛舟图》），作于1905年秋天，此时曼殊正挂单西湖白云禅院，就在前几个月他还在上海吃花酒，折腾一阵后他“后脚还扎在上海的女闾，前脚却已踏进了杭州的寺庙”，从而过起真正的僧侣生活。一天，他与寺里的僧友一同泛舟西湖，皓月高悬，佛塔冲破芦荻直指太空。曼殊舍舟登岸，即兴挥毫，画下此景。他以明月、佛塔、芦荻作背景，前景一舟斜插湖面，舟尾少年僧人弯腰蹙眉以篙拨浪，舟首一僧伫立望月忘情吹笛。有题跋者以为吹笛僧“眉宇间悲壮之气逼人”，即曼殊的形象化身。其或即为曼殊化身，只是吹笛僧徒见坚毅的背影，并不见其“眉宇”。曼殊自题：“乙巳挐舟金牛湖寄作仲子”。金牛湖即杭州西湖，相传汉代有金牛现于湖中，故名。曼殊画中多是“孤僧”形象，极少有“双僧”形象。以此“双僧”图赠“仲子”陈独秀，是否有呼朋唤侣之寓意在其中？尽管他深知独秀虽曾涉佛理却决不会出家。现实是现实，意向是意向。明知其不能，不妨想象而为之也。

《华罗胜景图》是曼殊1909年初春受独秀《华严瀑布》感召而创作的。《华严瀑布》为陈氏于1908年下半年游览日本华严瀑布时所写。原有十余首，1911年2月19日上海《民立报》刊发其中八首，诗前有《小奢摩室诗话》称：“仲甫近诗，前已录于诗话（钟按，指《感怀》二十首）。近又以其庚戌以后诗稿见寄，内有游日本华严泷五绝十余首。思想绝高，胎息亦厚，兹录数作

---

① 陈独秀：《答张护兰》，1917年5月1日云：“‘不诚实’三字，为吾国道德文学之共同病根。……旧文学与旧道德，有相依为命之势。”此可视为陈在文学、艺术、道德领域不遗余力地提倡现实主义（写实主义）的总体观念所在。

② 黄永健：《苏曼殊诗画论》，中国社会科学出版社2001年版，第65、90—91页。

如下云。”今所见者仅此八首。

其一

湖水深且碧，波静敛微白。
东注落为泷，高悬一千尺。

其二

矫若天龙垂，倒挂玲珑石。
飞沫惊四筵，无语万山碧。

其三

仰瞻接奔雷，俯视迷霾雾。
回首觅归途，夕阳红满树。

其四

少女曳朱裙，掩面色凄恻。
自惜倾城姿，不及君颜色。

其五

列峰颦修眉，湖水漾横波。
时垂百丈泪，敢问意如何？

其六

死者浴中流，吊者来九州。
可怜千万辈，零落卧荒丘。

其七

日拥千人观，不解与君语。
空谷秘幽泉，知音复几许。

其八

我欲图君归，虚室生颜色。
画形难为声，置笔泪沾臆。

华严瀑布为日本三大瀑布之一。昔日常有厌世者来此寻求解脱，故有“死之瀑”之称，陈诗中“死者浴中流”即言此。但陈决不悲观厌世，“时垂百丈泪，敢问意如何？”他以淡雅之笔描摹、礼赞了华严瀑布之高洁美观：“少女曳朱裙，掩面色凄恻。自惜倾城姿，不及君颜色”；有人将陈氏与高君曼的结合提前到1907年，说高随同留学日本，《华严瀑布》就是“佳人在侧”而写成的。这大概是为突出其“浪漫的情怀”而撰写的情节。确切的实事倒是“友人在侧”而写成的。这友人即苏曼殊。

曼殊在《华罗胜景图》上有跋云：“华严瀑布在日光山蓬瀛绝胜处也。仲子曾作《华严瀑布》诗十有四章，词况丽赡。又忆昔入罗浮过黍珠庵，读破壁间何氏女诗有：‘百尺水帘飞白虹，笙箫松柏语天风’，亦可诵。吾今作是图，未识可有华罗之胜否？”[①]足见曼殊是要步独秀“词况丽赡”诗作之后尘，以图画来显现“华罗之胜”。画面主体是一株古松扎根悬崖，微曲却尤显劲挺的主杆奋然撑天，苍龙盘旋般的虬枝在向宇宙展示着它的生命力。一僧与苍松相向而卧，身躯斜撑，腿脚与苍松根部相接形成犄角之势，稳若磐石，在不平衡中求得平衡。那僧扭首翘望对面山峰飞流直下的瀑布，凝神聆听那天籁之声，仿佛在与之作心灵的对话。独秀诗中慨叹：“日拥千人观，不解与君语。空谷秘幽泉，知音复几许？”而此画里画外的曼殊则是那华严瀑布的知音，因他于华严的幽秘中平添了罗浮的佛韵。“我欲图君归，虚室生颜色”：独秀的愿望终在曼殊的画笔下变成了现实，曼殊《华罗胜景图》据说就是在独秀居住的清寿馆中画成的。黄永健说，这幅画是苏曼殊的绘画技艺走向成熟时的一幅杰作，其虚实相生，动静结合，画中有禅，甚至切中陈独秀美术革命的意向。[②]

堪称20世纪中国画坛先驱人物的苏曼殊，也如陈独秀那样批评文人画末流因袭的画风，他说：“及至今人，多忽略于形象，故画焉而不解为何物，或专事临摹，苟且自安，而自诩自矜者有焉。”[③]曼殊对传统文化虽是爱恨交加，但他“工文词，长绘事，能举中西文学、美术而沟通之”，更向往独秀指点的“采用西洋写实的精神”。1917年苏在《送邓、邵二君序》中说“将有意大利

① 马以君编注：《苏曼殊文集》（上），花城出版社1991年版，第366页。
② 黄永健：《苏曼殊诗画论》，第64、90页。
③ 苏曼殊：《画谱自序》，《苏曼殊全集》，第129页。

之行，绝域停骖，胡姬酒肆”。[1]1918年3月曼殊处于弥留之际，仍念念不忘请朋友带信给陈独秀、蔡元培，希望他们能为之筹集经费，送他去意大利学西洋画。[2]可惜两个月后（5月2日），他就驾鹤西去了。曼殊不幸也幸，早在1907年就有《曼殊画谱》（即画册）问世，日后成为20世纪中国画坛大师级人物的黄宾虹、陈师鲁、高剑父、李叔同等当时都还没有画册出版。《曼殊画谱》由其女弟子何震（刘师培之妻）编就，并在序中准确地指出曼殊“所作之画，则大抵以心造境，于神韵为尤长”。[3]

陈独秀对曼殊的画总体评价，接近何说。1910年他在杭州写成名篇《存殁六绝句》，怀念存友与亡友共十二人，都是“有道德，有诚意，有牺牲精神，由纯粹之爱国心而主张革命”的仁人志士。当时曼殊远在南洋任教，久无消息，一旦打听到他的住址，独秀“殊大欢喜”，第一时间将这“与公有关系绝句奉上”。其第六首为：

曼殊善画工虚写，循叔耽玄有异闻。
南国投荒期皓首，东风吹泪落孤坟。

自注：“存为广州曼上人，殁为同邑葛循叔。”“南国投荒期皓首”，是说曼殊曾效玄奘去西天取经；“曼殊善画工虚写”，则是言其画风。直到晚年在南京狱中陈独秀还念念不忘“苏曼殊作画，教人看了如咫尺千里，令人神往，不像庸俗画匠之浪费笔墨，其吟咏则专擅绝句，发人幽思，字里行间别有洞天。”[4]说的是其画中有诗，诗中有画，诗画之中皆有禅意。既有情采又有禅味，既空灵又别有丘壑，堪称近代艺坛之一绝。苏有画赠陈，陈则有诗题之。现存仅有1906年所作《曼上人作葬花图赠以蛰君为题一绝》：

罗袜玉阶前，东风杨柳烟。
携锄何所事，双燕语便便。[5]

此画所画的是黛玉葬花的故事。此画是送给他们共同的小弟弟邓以蛰的，

---

① 苏曼殊：《送邓、邵二君序》，《苏曼殊全集》，第138页。
② 李尉：《苏曼殊评传》，社会科学文献出版社1990年版，第446页。
③ 柳亚子编：《苏曼殊全集》第4册，中国书店出版社1985年版，第24页。
④ 濮清泉：《我所知道的陈独秀》。
⑤ 安庆陈研会编：《陈独秀诗存》，安徽教育出版社2003年版，第36页。

邓当时在安徽公学学习，仅十五六岁。邓终生将此画作为他们友谊的象征珍藏着。

曼殊与邓以蛰可谓世交，1907年秋他在秦淮河畔给邓以蛰的父亲邓绳侯画过一幅《寄邓绳侯图》，且有跋云："怀宁邓绳侯艺孙，为石如先生贤曾孙也。究心经学，不求闻达。丙午（1906年）衲至皖江，遂获订交，昕夕过从，欢聚弥月，亡何，衲之沪。月余，申叔来，出绳侯赠衲诗曰：'寥落枯禅一纸书，欹斜淡墨渺愁予。酒家三日秦淮景，何处沧波问曼殊？'忽忽又半载，积愫累悕，云胡不感，画此寄似。曼殊志。己酉八月既望，属（嘱）蔡守补题。"[①]陈独秀晚年在江津曾得邓以蛰之兄邓仲纯医生的多方关照，感激之余，曾以隶书录写了邓绳侯赠苏曼殊的绝句，并有跋说："此吾乡邓先生绳翁寄曼殊诗也，事在清之末年。今为先生之哲嗣仲纯兄书之。先生往矣，余亦年老，追怀往事，能毋悬乎？独秀书于江津，民国廿九年，时年六十有二。"[②]我相信作为烈士暮年的陈独秀书此具有多重意义，其中不乏对画僧曼殊的深切怀念：何处沧波问曼殊？

八、三爱深情说三郎

> 只此一个和尚，/百千人看了，化作百千个样子。/我说他可怜，只是我的眼光，/却不知道他究竟可怜不可怜。

刘半农的这首《悼曼殊》，道出了解读曼殊的困惑。不妨先且听郁达夫1927年五卅所作《杂评曼殊的作品》是怎么说的。郁达夫说：苏曼殊"他的译诗，比他自作的诗好，他的诗比他的画好，他的画比他的小说好，而他的浪漫气质，由这一种浪漫气质而来的行动风度，比他的一切都要好"。[③]郁达夫对曼殊的作品所排的次序未必准确，却读懂了曼殊的气质与风度。曼殊"行动风度"表现为虽一生徘徊在"出世"与"入世"之间，却始终以"出世"的情怀做着"入世"的事业：众生一日不成佛，我梦中宵垂泪痕，折射出"超尘绝俗"的人格魅力。

---

① 转见黄永健：《苏曼殊诗画论》，第50页。
② 安庆历史学会编：《陈独秀研究参考资料》（第一辑）插页，安庆市图书馆1981年1月印。
③ 郁达夫：《杂评曼殊的作品》，《苏曼殊全集》第5册，第115页。

陈独秀与苏曼殊不仅有诗缘[①]、有文缘、有画缘，更有情缘。他对曼殊浪漫气质、行动风度、人格魅力都有着深切的解读与评说。前文所及的几篇序言与赠诗不再重复，独秀说曼殊则集中在两个时期，一为曼殊逝世后的1920年9月16日在上海与柳亚子的对话，一为晚年在南京狱中与濮清泉的对话，稍事梳理，堪称一篇完整的"苏曼殊论"。

陈独秀在南京狱中说：

> 苏曼殊是个风流和尚，人极聪明，诗、文、书、画都造上乘，是大有情人，是大无情人，有情说他也谈恋爱，无情说他当和尚。
>
> 苏曼殊作画，教人看了如咫尺千里，令人神往，不像庸俗画匠之浪费笔墨；其吟咏则专擅绝句，发人幽思，字里行间别有洞天。
>
> 苏曼殊爱谈精神恋爱，如《断鸿零雁记》即其自况，但又爱吃猪油年糕，实属假和尚。
>
> 苏曼殊译拜伦、雪莱的诗，都是用中国古体诗写出的，既不失原意又属重新创作，颇为奇妙。[②]

此段可视为其"曼殊总论"。"苏曼殊爱谈精神恋爱"云云，堪称对这一个"风流和尚"的艺术与行径作精神分析的总钥匙，可谓知己之言。唯说曼殊是"假和尚"，疑为濮清泉之误解误传，独秀既以欣赏口吻说曼殊是"风流和尚"，就不会说他是"假和尚"。

对曼殊诗歌创作的成功，学界似乎过多强调外因的作用，独秀则准确地分析了曼殊是怎样从一个绝顶聪明的人成长为天才文学家的。他说：

> 曼殊是一个绝顶聪明的人，真是所谓天才。他从小没有好好儿读过中国书，初到上海的时候，汉文的程度实在不甚高明。他忽然要学做诗，但平仄和押韵都不懂，常常要我教他。做了诗要我改，改了几次，便渐渐的能做了。在日本的时候，又要章太炎教他做诗，但太炎不曾好好的教，只由着曼殊自己去找他爱读的诗，不管是古人的，是现代的，天天拿来读。读了许多东西以后，诗境便天天的进步了。所以照曼殊的历史讲起来，能

① 陈独秀现存诗140首，其中与苏曼殊唱和的就有28首，再无第二例。
② 濮清泉：《我所知道的陈独秀》。

够成就到如此地步，真是不容易的。他实在是一个天才的文学家。[①]

曼殊不拘小节，行径古怪，引起了多种解释与评议。章太炎说他“盖老氏所谓婴儿也”。并列举他许多古怪举止，如说他“不了解人事至不辨稻麦期候，啖饭辄四五盂，亦不知为稻也；数以贫困从人乞贷，得银数枚即治食，食已银亦尽；尝在日本，一日饮冰五六斤，比晚不能动，人以为死，视之犹有气，明日复饮冰如故；……欲更娶，人无与者，乃入倡家哭之，倡家骇走，始去；美利加有肥女，重四百斤，胫大如汲水瓮，子谷视之，问：‘求耦耶？安得肥重与君者？’女曰：‘吾欲瘦人’。子谷曰：‘吾体瘦，为君耦何如？’其行事多如此”，[②]被描写成十足的痴呆。柳亚子对此并不置信，认为吃冰的事纵然会有，亦属夸张。至于哭于倡家及美利加女等事，则全不足信。但柳对苏“患精神病”又是认为可以相信的。并说，像西洋人所说的那样，“许多天才的人，都是有精神病……说他有精神病也不算侮辱他”。[③]章士钊对曼殊的削发又还俗却又终身不娶，自称“早证法身，三戒俱足”，而又吃肉穿西装、吃花酒，称之为世间情场上的输者。诗云：“情帐从来属反刍，倘非全胜愿全输。苟完两局归清祖（顺治帝），一局长输首曼殊。”自注云：“情之正面要作皇帝，负面则僧尸之。”[④]

凡此种种，误解者有之，隔靴搔痒者有之。近百年来解读曼殊的著述多矣，但真正理解曼殊的当数独秀。对于曼殊之“傻气”，独秀有云：

> 至于人情世故方面，曼殊实在也是十分透彻，不过他不肯随时俯仰，只装点做癫癫疯疯的样子……章太炎做的文章上，几乎形容他是一个傻子，其实他住在日本的时候太炎和刘申叔（师培）冲突的原因，他完全是明白的。好在他们都当他是傻子，什么事都不去回避他，而他也一声不响只偷偷地跑来告诉我。照这样看起来，当曼殊作傻事的人，他们还在上曼殊的大当呢！

---

① 柳亚子：《记陈仲甫先生关于苏曼殊的谈话》，柳亚子《苏曼殊年谱及其他》，北新书局1928年版，第284页。下引陈独秀言皆见此篇。

② 章太炎：《曼殊遗画弁言》，《苏曼殊全集》第5册，第77—78页。

③ 柳亚子：《冯自由“苏曼殊之真面目”笺注》。

④ 文芷：《曼殊上人诗册》。

陈独秀肯定地说："在许多旧朋友中间，像曼殊这样清白的人，真是不可多得了。"

对于曼殊的暴饮暴食，独秀亦有云：曼殊的贪吃，人家也都引为笑柄，其实正是他的自杀政策。他眼见自己向往的民国政局如此污浊，又未找到其他的出路，厌世之念顿起，于是便乱吃乱喝起来，以求速死……成功患了不可救药的肠胃病而死去。

独秀说曼殊，既情动于中，又不失理性。茫茫人海，舍独秀又有谁能如此深刻、准确地解读曼殊！正因为如此，他们生前都十分尊重、敬服对方，引对方为知己。独秀总称曼殊为"苏公""曼上人"；曼殊则称独秀为"仲""仲子""仲兄"乃至"仲哥"。自1903年订交到1918年逝世，只要有机会曼殊都会与独秀相聚相饮相谈，即使是1912年5月独秀任安徽都督府秘书兼高等学堂教务长，忙得不可开交，曼殊也忍不住去"打扰"他。有曼殊《致邓仲庆初信》为证，他于信中说："昨至仲兄处，已见过嫂夫人。……仲兄处常去，唯仲兄忙极，又好讲笑话。"独秀赠曼殊诗中有云："羊车我若过卿宅，细饮番茶话夙缘"，"朱弦休为佳人绝，孤愤酸情欲语诉"。足见他们聚谈之密。有趣的是苏、陈订交之际，独秀以"三爱"为笔名发表了不少华章；而曼殊小名三郎也在他自传性小说中时隐时现，意象之中冥冥相对，更显示其友情非凡。此节专叙独秀解读曼殊，故名之曰：三爱深情说三郎。

新文化运动之余韵

——陈独秀与同乡后学台静农

仲老晚年想写两部书，一是中国史，一是中国文字史。他给我的信曾说："中国文化在文史，而文史中所含乌烟瘴气之思想，也最是毒害青年，弟久欲于此二者各写一有系统之著作，以竟《新青年》之未竟之功。"

——台静农

一、恨不逢君尽一壶

人生在世不能没有朋友。胡适有言："清夜每自思，此身非吾有：一半属父母，一半属朋友。"[①]人到晚年就可能格外害怕孤单，也就格外渴望有朋友，即使烈士暮年也未例外。1941年端午节后，陈独秀在四川江津写了这样一首诗：

除却文章无嗜好，世无朋友更凄凉。
诗人枉向汨罗去，不及刘伶老醉乡。

此诗现存多种手迹。有的有序："闻光午、之瑜、静农、建功诸君于屈原祭日聚饮大醉，作此寄之。"有的有跋："闻光午、之瑜、静农、建功夫妇于屈原祭日聚饮大醉，作此寄之。建功兄嘱为书此以为纪念。民国三十年七月于蜀之江津，独秀。"[②]这首诗稿陈独秀本已寄魏建功，七月又应魏之嘱写成条幅赠他留作纪念。可见陈独秀与聚饮诸君是何等看重那次端午聚饮，由此更折射出陈因未参加聚饮而生出失落感乃至凄凉感。凡此种种皆缘自陈对诸君友

① 胡适：《朋友篇·寄怡荪经农》，《胡适诗存》，人民文学出版社1989年版，第168页。
② 见《陈独秀研究动态》合订本，第168页。

情的珍爱。

光午即周光午，湖南宁乡人，时任聚奎中学校长，对陈独秀敬爱有加，曾请他到聚奎中学演讲。之瑜即何之瑜，也是湖南人，北大毕业生，时任教于江津国立第九中学，受北大同学会委托悉心照顾陈独秀的生活，直到陈生命的终结，陈死后又为他的遗著出版而奔波。建功即魏建功，江苏海安人，他不仅是北大毕业生而且是个著名的语言学家，时任教于白沙女子师范学院，致力于推行国语，他与陈在文字学上多有切磋。静农即台静农，安徽霍邱人，与陈堪称世交，是陈的“铁杆粉丝”。

这些人都是陈独秀暮年避居江津时难得的知交。平时各自忙碌，难得一聚。早在1940年冬陈独秀就致信台静农说，他“甚望兄及建功兄新历年能来此一游”，并担心台“新移居诸事，想尚未停当，建功兄病恐亦未全复元，来游城中之举，谅必推迟矣”。次年年初，他又致信台静农，询问“兄约于何日能来此，或竟不能来，均望示知”，这是二月八日的信。隔几天，十三日又有信：“上元已过如许日，谅兄已无暇来此一游矣。”可见陈独秀多么期待着与相知诸君一聚。直到1941年端午节当天，陈还有信致台：

> 瑜兄自回聚奎后，未有信来，不知何事忙或有病，乞示知！

不久陈独秀从台静农信中得知，端午节诸君聚饮，而且大醉。何等乐事，何等雅事。此情此景，他期之已久。而今失之交臂，岂非憾事！陈独秀乃性情中人，对之该是何等怅慨。六月十五日他致信台静农，开头即云：

> 来示已悉。闻兄等痛饮，弟未能参加，颇为惘然！

言之不足，则抚杯长吟。于是有了这“落寞怅惋”之情溢于言表的诗篇。不知陈独秀是否真的能豪饮，他晚年时时寄情于酒却是实事：“邻家藏有中山酿，乞取深卮疗不眠”（《病中口占》）；“自得酒兵鏖百战，醉乡老子是元戎”（《寒夜醉成》）。

陈独秀的一生犹如屈原“路漫漫其修远兮，吾将上下而求索”。他充当着“终身的反对派”：由选学妖孽而康党，而乱党而共党，而共党反对派——托派，以至托派的反对派……他也如屈原“众女嫉余之娥眉兮，谣诼谓余以善淫”，虽“哀民生之多艰兮”，唯有“长太息以掩涕”，“既莫足与为美政兮”。

既然如此，与其效法屈原去投汨罗江，去充当殉道者，还不如像“竹林七贤”之一的刘伶那样，醉生梦死，老死醉乡。不过这也只是说说而已，或偶尔的情绪波动，而暮年的陈独秀其心灵主旋律还是：“沧溟何辽阔，龙性岂易驯”（《和斠玄兄赠诗原韵》）；“相逢须发垂垂老，且喜疏狂性未移”（《与孝远兄同寓江津出纸索书辄赋一绝》）。但避居江津的陈独秀毕竟寂寞难耐，他渴望“于今老病干戈日，恨不逢君尽一壶”。而相知诸君屈原祭日——端午节聚饮大醉，竟然落下了这位醉翁，他岂不疾呼：世无朋友更凄凉！

客观地说，陈独秀于江津时代并不乏亲朋好友。除上述诸君之外，还大有人在。且不说他嗣母、大姐、第三子等相继聚集江津，也不说江津的国立第九中学师生中多安徽人氏。而对其生活有着重大影响的人也能点出一串，如延年医院的邓仲纯，既是老乡又是医生，既充当了陈的保健医生又充当了他的联络员，陈有三病四灾多在延年医院调治，来往的信件也多从这里周转，陈收寄信的地址“江津黄荆街83号”就是延年医院所在。江津富绅邓鹤年（蟾秋）、邓燮康叔侄景仰陈独秀的学识与人品，多次邀请陈到其“康庄”小住疗养。邓氏“康庄”在江津西门外的长江边上，风光宜人。陈独秀小住时驻足游目，不只一次感叹“得此佳景，平生足矣”。陈独秀1942年5月27日在贫病交加之中逝世，邓氏家族慨然捐出衣衾棺木与“康庄”前坡之墓地，了却陈独秀之宿愿。此乃后话。时任川康绥靖公署少将参谋的杨朋升，不断设法救济陈独秀，有时故意向陈索字，然后以润格的名义给陈寄钱，让他“心安理得”。北大同学会更是前仆后继地关照陈独秀，先有罗汉，罗在重庆大轰炸中丧身后又有何之瑜继承此项使命。时任教于重庆复旦大学的郑学稼，也像北大同学一样崇敬与关怀着陈独秀，晚年则“义不容辞”地撰写了皇皇巨著《陈独秀传》，以“公开”陈独秀的民主思想。郑1987年6月写成陈传初稿，同年7月13日病逝于台北，足见其对陈独秀之深情。

而台静农则堪称陈独秀晚年知己。解读晚年陈独秀，则不可不说台静农。

二、台静农豪侠印象

对台静农（1903—1990）最初的印象，是从舒芜20世纪90年代的回忆文字中获得的。

舒芜与台静农抗战末期同任教于国立女子师范学院。这个学校坐落在四川江津的白沙镇，紧靠长江，与外界只有水路相通，距陪都重庆有90公里。舒芜说他初见台静农的印象就特别好：深灰色的布长衫，方形黑宽边的眼镜，向后梳的头发，洪亮的皖北口音，朴质、平易、宽厚、温和，可敬而可亲，或者首先该说可亲，而可敬即寓于可亲之中，没有某些新文学家的“新气”，没有某些教授学者的“神气”，他为新文化曾三次入狱，可是也看不出某些革命志士的“英气”。[①]

1925年，23岁的台静农与同乡同学韦素园、韦丛芜、李霁野等组织文学团体——未名社，在鲁迅的鼓励下着力于乡土小说的创作，从此与鲁迅来往密切。据鲁迅日记，从1925年4月27日两人相识起，到1936年10月16日鲁迅逝世的十一年间，台静农拜访鲁迅39次，致信74封；鲁迅回访9次，回信69封。1922年台在北大旁听过鲁迅讲中国小说史、《苦闷的象征》。1928年、1930年鲁迅主编未名丛刊，就分别收入台静农的两本乡土小说集：《地之子》与《建塔者》。香港作家刘以鬯曾说：“二十年代，中国小说家能够将旧社会的病态这样深刻地描绘出来，鲁迅之外，台静农是最成功的一位。”1935年，鲁迅编《中国新文学大系·小说二集》时，收台静农小说四篇，享受同等待遇的此外只有鲁迅与陈炜谟。鲁迅在序言中高度评价台静农，他说：

> 要在他的作品里吸取“伟大的欢欣”，诚然是不容易的。但他却贡献了文艺，而且在争写着恋爱的悲欢，都会的明暗的那时候，能将乡间的死生，泥土的气息，移在纸上的，也没有更多，更勤于这作者的了。[②]

台静农对晚明尤其是明代遗民文学艺术有深好，所以他的诗文冷峻而空灵，也用“空灵”来评鲁迅的文章。他在上海与鲁迅谈到那篇《小说二集序》时说：“先生这篇，写得很空灵。”鲁迅说：“也只能这样了。”

舒芜还写到台静农的另一面印象。抗战时教师的生活很清苦，台家人口较多，经济负担很重，他在亲自买米劈柴之余仍能自得其乐，每天午饭总要喝点酒，爱吃炒得很硬的炒饭，常常一碗炒饭，两碟咸菜，就那么下

---

① 舒芜：《忆台静农先生》，《未免有情：舒芜随笔》，东方出版中心1997年版，第150页。

② 鲁迅：《中国新文学大系·小说二集序》，吴子敏等编《鲁迅论文学与艺术》，人民文学出版社1980年版，第821页。

酒。客人来了，他没有客套，也没有架子，一面继续喝酒，一面谈天。他论人论事主宽，从不为苛刻之论，但是对于文人学子依附权贵、钻营仕路者，却是嫉恶如仇。1943年，重庆一些群众团体向最高当局进献九鼎纪念废除不平等条约。顾颉刚撰写铭文，用的是旧时歌颂皇帝的那套词藻，例如“允文允武，乃圣乃神”之类。知识界哗然，台静农拍案痛斥：“什么‘允文允武，乃圣乃神’！ ×××！”居然骂出一句很不雅驯的话。这话竟然出自他那么宽和文雅的人之口，他真是气极了。其且有《孤愤》诗云：“孤愤如山霜鬓侵，青灯浊酒夜沉沉。长门赋卖文章贱，吕相书悬天下喑。”他自注，“吕相书”指蒋介石的《中国之命运》；至于“长门赋”，则是讽刺当时某些知识分子向蒋氏献书的行为。舒芜有一次与台闲聊，说政府要给抗战期间教学有成绩的教授颁奖，其中可能有台。台静农竟然慌张起来，叹气说：“这如何好！一辈子教书，到了得他这么个奖，叫我如何见人！”狂狷之气，可见一斑。

舒芜还写了一个颇能见其性格的细节：有一晚，静农先生到我的宿舍谈到深夜，借了劈柴刀去。临行时，我看了他一手提灯笼一手提刀，想着他这个样子走在深夜山上，觉得有趣。他也把手里的刀扬一扬，道：路上还可以做一票生意哩！[①]大有林冲夜奔的意象。可见他灵魂深处有股豪侠之气。

这就是江津时代台静农的形象。

将这个形象与同处江津的陈独秀联系起来，在我是撰写拙著《文人陈独秀》时的事。在四方求索有关陈独秀的文献时，我得知海峡对岸的“中央研究院”中国文哲研究所1991年影印出版了《台静农先生珍藏书札（一）》，收陈独秀致台静农一百多封信，另有诗卷、对联、自传手迹等，堪称稀世珍宝（原件藏台湾大学文学院图书特藏室）。安徽大学沈寂教授藏有此书，慨然允我全部复印供用，我从中获益匪浅。

然而，对于这份珍贵文献，虽有若干学者在使用，但对其价值的发掘却远远不够。这份文献不仅是陈、台友谊的见证，更是陈独秀烈士暮年生活与精神的写照。

靳树鹏、任建树，尤其是吴铭能对这份文献的整理（誊清、点校、注释）

---

① 舒芜：《忆台静农先生》，《未免有情·舒芜随笔》，第156—160页。

颇见功力[①]，为后来的使用者带来极大的便利，可谓功德无量。今则以吴铭能的校订本为依据，撰写陈独秀与台静农一章。

三、坐起忽惊“诗”在眼

静农兄左右：

弟病血压高，五十余日迄未稍减，城中烦嚣，且日渐炎热，故于此病不宜，燮逸劝往聚奎过夏，云彼处静、凉、安全三者均可保，弟意以为连接校舍之房屋，未到暑假以前，恐未必静，倘（一）房租过多；（二）床、桌、椅、灶，无处借用；（三）无确定人赴[市]场买柴米油盐等。有一于此，则未便贸然前往，兄意以为如何？倘兄亦赞成我前往，上述三样困难，请就近与邓六先生一商赐知为荷。

此祝

教安

弟独秀手启　五月十二日

这是陈独秀给台静农的第一封信，时间是1939年5月12日。陈独秀1932年10月15日被捕入狱，在南京狱中待到1937年8月23日，因抗战爆发而减刑出狱，辗转武汉、重庆，1938年8月初应同乡同窗（当年同留学日本）好友邓仲纯（字初）之邀，避地江津。到江津两个月后初见台静农，此一老一少竟一见如故，遂订忘年交。台静农有名文《酒旗风暖少年狂——忆陈独秀先生》记叙他们那历史性的相见：

一九三七年“七七”事变发生，抗战开始，仲甫先生被释出狱，九月由南京到武汉。次年七月到重庆，转至江津定居。江津是一沿江县城，城外德感坝有一临时中学，皆是安徽流亡子弟，以是安徽人甚多。而先生的老友邓初（仲纯）医师已先在此开设一医院，他又是我在青岛山东

① 参见靳树鹏：《陈独秀晚年与台静农书信》（收陈致台信38封），《书屋》2000年第11期；任建树主编：《陈独秀著作选编》第五卷（收陈致台信29封）、第六卷（收陈致台信21封），上海人民出版社2009年版；吴铭能：《历史的另一角落：档案文献与历史研究》（陈致台信日期可稽者97封，日期不确定者5封，有信封无信者12封，及诗文卷全收），商务印书馆2010年版。按下文所引陈独秀致台静农信皆据吴本，为省篇幅不另作注。

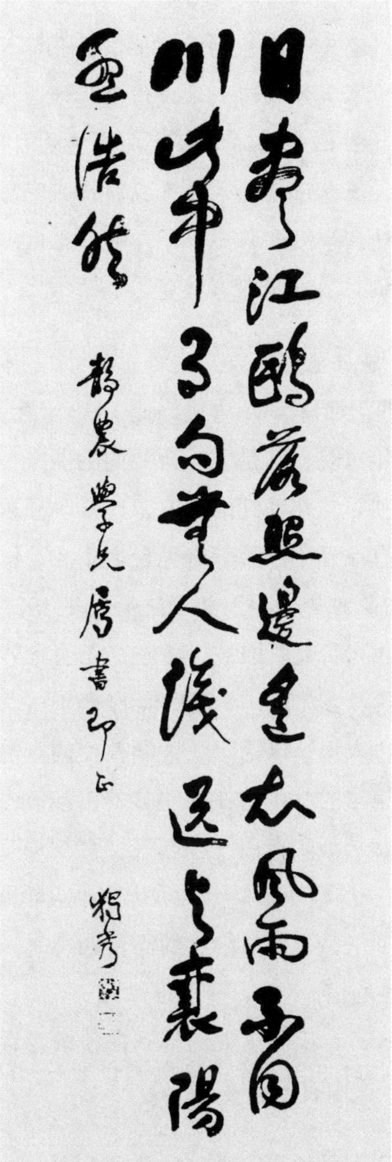

台静农藏陈独秀条幅。

大学结识的好友。家父也因事在江津，我家却住在下流白沙镇。这一年重庆抗战文艺协会举行鲁迅先生逝世二周年纪念，主其事者老舍兄约我作鲁迅先生生平报告，次日我即搭船先到江津，下午入城，即去仲纯的医院，仲纯大嚷“静农到了”。原来仲甫先生同家父还有几位乡前辈都在他家，仲甫先生听家父说我这一天会由重庆来，他也就在这儿等我。这使我意外的惊喜，当他一到江津城，我就想见到他，弥补我晚去北京，不能做他的学生，现在他竟在等着见我，使我既感动又惊异。而仲甫先生却从容谈笑，对我如同老朋友一样，刚未坐定，他同我说：“我同你看柏先生去”，不管别人，他就带我走了。

台静农在江津县城初见陈独秀，是鲁迅逝世二周年纪念之次日。鲁迅1936年10月19日逝世，那陈、台初见当是1938年10月20日。陈、台见面的地方是邓仲纯的延年医院，邓是陈、台共同的朋友，而台静农的父亲台兆基（字佛岑）也是陈独秀与邓仲纯的朋友，这样陈独秀在未见台静农之前就对他有所了解，因而有在延年医院等着见台之举动，以至一见就“如同老朋友一样”。而台静农对陈独秀更早有崇敬之心，他1922年才到北京，先在北大国文系旁听，继入北大研究所国学门肄业，陈独秀早于1920年离开北京去了上海，所以台说“我晚去北京，不能做他的学生”，多有相见恨晚的遗憾。

台静农抗战初流亡入川，以沦陷区大学教授的身份被安置在国立编译馆（非正式人员），编译馆当时就坐落在江津县的白沙镇，台即定居在白沙（后来编译馆迁走，国立女子师院在白沙办起来，台与舒芜同任教于该校，直到抗战胜利后出川）。白沙虽属江津，但从重庆乘小火轮顺长江南下，天不亮开船，至江津县城已是下午，再到白沙又约需三四小时，所以江津县城与白沙之间的日常联系只有靠通信。

与陈独秀见面不久，台氏父子就约他到白沙镇看看，他至少在白沙住了一宿。台在《酒旗》一文中有记载：

这一天我们父子到江边等他，独自一人来，没有他的女伴。我家住在江边柳马冈一栋别墅小洋楼，是租邓燮康君的。晚饭后，我们父子陪他聊天，他谈笑自然，举止从容，像老儒或有道之士，但有时目光射人，则令人想象到《新青年》时代文章的叱咤锋利。

我一时想起他少年时的诗学，因问他，听说先生早年在龙眠山朝夕背诵杜诗，那作的诗一定不少。他听了笑了。于是我拿出纸笔来，他写了游西湖韬光与虎跑三首律诗，一首是与曼殊的绝句（并停下笔神色黯然地讲起曼殊的恋爱故事）。

次晨，我准备纸笔，请他写字，因他早年喜欢书法，并用功于篆字。他以行草写了一幅四尺立轴，他说多年没有玩此道，而体势雄健浑成，使我惊异，不特见其功力，更见此老襟怀，真不可测。又写了一副对联，联文云：坐起忽惊诗在眼，醉归每见月沉楼。

首句是明人诗，次句是他的诗，这是他早年集的，还没有忘记。题款称我父亲为“丈”，称我为“兄”，我们父子当时都说他太客气！其实他还大我父亲三岁，这是传统的老辈风范，而我却不觉有些惶悚。[①]

正是出于传统风范，陈在信中称晚辈的台静农为“兄”，而自称“弟”。陈独秀前年8月进江津到次年5月第一次写信给台静农，历时9个月仍居无定所。初拟住邓仲纯家，因邓妻不容，而住进江津城东郭家公馆的西厢，1939年1月初回“延年医院”后宅，5月初又迁到江津城西的施家大院。陈独秀的血压本就偏高，如他给台信中所述。加之3月份他嗣母逝世，更令他心绪不宁，血压攀升。5月5日致杨朋升信，说他“遭丧以后，心绪不佳，血压高涨，两耳日夜轰鸣，几乎半聋已五十日，未见减轻，倘长久如此，则百事俱废矣。心所拟著之书一部未成，诚堪浩叹！夏间拟至嘉定左近觅一清凉地居住，但未悉能如愿耳”。[②]可见陈独秀晚年既有“目光射人”的风采，也有“心绪不佳”的困境，当务之急是“觅一清凉地居住”，“嘉定左近”无着落，于是求助新结识的同乡小友台静农。这就有了5月12日致台静农的第一封信。信中说的聚奎，是私立聚奎中学，前身为聚奎书院，颇有历史，是白屋诗人吴芳吉的母校，校址在江津县的白沙镇外八里许的黑石山，环境和校舍都还不错，故陈氏想借住养病避暑，但又深以房租过多等事为虑，可见其手头较紧。接着5月17日信中有云：

顷晤雪逸兄云聚奎周校长已回信来欢迎我去住，我亦决计去。房租

---

① 台静农：《酒旗风暖少年狂——忆陈独秀先生》，台北《联合报》副刊1990年11月10、11日。
② 陈独秀：《致杨朋升》，水如编《陈独秀书信集》，新华出版社1987年版，第481页。

一节，雪逸云不要；我以为多少总要出一点才好。用人雪逸云不必专雇，有学校工役代办；我以为自雇一个（男工）较为方便。家具一层，雪逸云不大有把握，此事必须准备好，倘聚奎借不出，只好到白沙场小住一二日，购齐再去（床一、饭桌一、厨桌一、书桌一）。

末尾所开必不可少的家具单，如此寥寥四件而已，使人读之凄然。下文又说，闻白沙另有一处房屋出租，“可否劳吾兄亲去一看”；又说“或日内即赴白沙场在银行小住一二日，往聚奎或另租屋，候见兄时再决定，如何？望即示知！”5月18日信又说，血压高涨，“非急得极静、极凉之地休养不可”。可以以此生活琐事殷殷相托，倚仗甚专，足见对这位同乡后辈的信任亲切，已非一般。5月21日又有信，说知道聚奎中学觅合适之屋不易，且病体不堪四小时轮船之挤闹，已托人在江津县城附近的鹤山坪找屋，白沙之行作罢。6月6日信说：

弟移来鹤山坪已十日，一切均不甚如意，惟只有既来之则安之而已。据脉搏似血压已减低，而耳轰如故，是未恢复原状也。此间毫无风景可言，然比城中空气总较好也。

老病栖迟，难得一个托身之所，窘况如见。此后陈氏基本上住鹤山坪，间或返江津县城。[①]

从六月六日向前推十日，陈当是5月26日移居鹤山坪石墙院的，也与他5月21号信所说：“托友人在鹤山坪找屋，弟曾亲往一次，凉、静、可靠，坐滑竿二时可达，三五日即去”，相吻合。鹤山坪方圆40华里，境内有麻柳、五举两个乡，石墙院是前清二甲进士杨鲁丞旧居，属五举乡，这里闭塞，与外界交通唯那二人抬的滑竿可代步。陈既“假寓杨氏”，且为其先人整理遗著，魏建功说他们“宾主甚相得也”。[②]而实际上陈所住的是紧挨灶房的一间正房和

① 参见舒芜：《佳人空谷意、烈士暮年心——读陈独秀致台静农书札》，《书城》1997年第4期。

② 参见魏建功《江津杨鲁丞士钦先生遗著五种》跋语（《魏建功文集》第4册，江苏教育出版社2001年版，第297页）：右江津杨鲁丞士钦先生遗著五种，怀宁陈仲甫独秀先生所为编订付印者也。初，二十六年倭寇来侵，犯我首都南京，政府西迁，两江人士先后随行。仲甫先生亦于二十七年避地入蜀，定居江津，偶从摊贾偿法币二角得一旧钞稿本，读而乐之，以为有清儒乾嘉老师家法，颇异乎蜀学流风，辄留心诹访其人，已乃知为鹤山坪故杨君之作。君事迹具载县志。江津人士与先生往还而交深者，如邓蟾秋、燮康叔侄诸君子，夙恭桑梓，热心公益，见先生推赞，慷慨以尊闻存献为任，谋诸杨君家，尽出藏稿，商请先生为之编订，计所以寿梓传世。先生欣然诺，并以此因缘假寓杨氏，养疴山中，宾主甚相得也。

一大一小两间厢房，也未必安静。[1]为此1940年末他在“鹤山坪之房子并未退租”（12月27日致台信）的情况下，一度“移居大西门外，出城只数十家，离仲纯处甚近”（12月8日致台信），离邓仲纯处甚近可能图治病方便。但考虑较多的是可能移居黑石山，他1940年9月30日与12月17日曾两度写信台静农询问黑石山租房情况，后一封信问得尤为详细：

> 不知黑石山一带治安状况如何？倘治安无虞，弟决计明春新历三月中迁往，乞以此意告知褵老。房屋几间；厨房公用或独用；房租、押租各若干；同居何人（孙子多否）；有无一间窗子大、光线足、可做书房者；房间高有若干尺，有无天篷（原小字注于天头：因房子如过矮及无天篷，则夏天热，不利于贱恙也）；吃水用水距离若干远；均乞问明示知，以便决定租用与否。倘距兄之新居不甚远，兄能亲去看一下，则更好也。

这或从侧面反映了他在鹤山坪的生活多有不便之处。12月20日又与台静农讨论居鹤山坪石墙院与黑石山邓府庄屋的利弊，以定去向。他说：

> 开年江津城自不可居，弟仍回鹤山坪，或迁居黑石山，尚未能大定，以朋友往来之乐，借书之便，鹤坪远不如白沙，而鹤坪房东相处甚得，诸事便当，且有土有农具可借以种菜蔬，邓府庄屋则无此便利，至于治安或者当百卫之政。鹤山坪房屋稍矮，虽有楼板，而距屋顶过近，天气大热时殊难受，不知邓府庄屋如何？不知距聚奎学校若干里？倘离校过一里以外，孤露荒郊，亦不可居也。弟只须住屋二间（原小字注：一卧室，一书房）及火房一榻之地，即租邓府庄屋，只正屋二间足矣，厢房则不需也。

偌大个江津，偌大个中国，竟难找到陈独秀的安身之地，他在寻租房的艰难中该有多少无奈，多少感慨。经过反复掂量，陈独秀还是返回鹤山坪，“为养病计，拒绝来客访谈，不算奇怪也”（1940年9月30日信），“近以该处治安无把握（蜀人所谓强盗及土老二）”（1940年12月17日信），而1941年8

① 靳树鹏：《陈独秀先生辞世前后琐事考》，《陈独秀在江津》，中国文联出版社2002年版，第182页。

月初果有梁上君子造访他，他8月8日告诉台："弟处前日被窃，草稿失去，倘寻不回，下卷写时益觉困难。""草稿"即倾心写作的《小学识字教本》。关于此事，他8月3日函告杨朋升："敝寓昨失窃，窃去衣被等十个余样，恨失去兄在武昌为刻阳文'独秀山民'四字章及弟尚未出版之草稿，甚为可惜也。"他进而叹惜："弟对大局素不敢乐观，近益情见势绌，倘一旦不支，成渝水陆大道必为敌人及汉奸所据，乡间又属土匪世界，无军队或秘密会党势力，亦不能生存，兄为川人定无大碍，弟为老病之异乡人，举目无亲，唯坐以待命耳！"[①]足见其在江津生存环境之险恶。

鹤山坪石墙院成了陈独秀生命的终点站，今则被辟为陈独秀故居陈列馆。其庭院内坊无花、池无鱼，唯有修竹万竿，在风中低语，仿佛在诉说着陈独秀烈士暮年的艰难生涯。

四、独秀江津何以为生

陈独秀曾有如李白"千金散尽还复来"的豪气。陈家因其嗣父陈昔凡的发达由小户人家升格为阀阅之家，在北京前门也有大古董铺。陈独秀青年时代有一次到北京，掌柜听说小东家来了，请他赏个脸光顾一下铺子。他却说："铺子不是我的。"他对嗣父的偌大家产不屑一顾。晚年避居江津的陈独秀的生活却是另一番光景。

先举一例。《古音阴阳入互用例表》是陈独秀音韵学得意之作，初成于南京狱中，1940年冬重订于江津，1941年秋魏建功作序并印成单行本。陈独秀欣然分赠四方友人，让他们共享他的研究成果与快乐。然他却为那小小的邮资犯愁。1941年11月30日有信致台静农：

> 韵表六册、建功写本一册均收到，廿一日、廿六日手书亦均读悉。尹默君处望寄韵表三份去（如已寄一份，望补寄二份！）一赠他自己，一托他转交章行严，一请他设法寄兼士。

第二天又有信说："韵表六份收到，即于卅日匆复一函，谅已达到。倘韵

① 陈独秀：《致杨朋升》，任建树主编《陈独秀著作选编》第5卷，上海人民出版社2009年版，第307—308页。

（表）已全寄江津城，而尹默处未及寄三份，望即将尹默通信处示知，以便由此直接寄去。”到第三天（12月1日）他终于知道邮费了，于是改变主意决定不寄而托熟人带去。再看他致台的信：

昨寄成都韵表一份，弟以为邮费至多不过二角，乃据火房回云邮局索邮费四元七角，弟闻之不胜惊异，不知是邮局弄错了，还是我在封面写明“印刷品”，故需此重费？兄寄成都陈觉玄兄一份，不知邮费若干，望示知！倘每份邮费过一元，尹默处三份万勿邮寄，均待有熟人带去为是！可否托陈馆长带去？

12月7日、12月10日信，还一直在策划着如何以最经济的方式将韵表送到沈尹默、沈兼士、章士钊等朋友手中。且韵表印量有限，送谁不送谁，他也颇费心思。如台静农所供职的编译馆，是他《小学识字教本》唯一可能出版的单位，韵表似乎不能不送它，然送它就不够分配，于是他嘱台静农“残页倘能凑足一本，即送编译馆可也（原小字注：兄最初曾寄来前半本，所残倘在此中，可检出寄上）”。[①]暮年陈独秀与青年陈独秀几乎判若两人，从他如此精细的算计中不难想到晚年陈独秀是何等艰难地度日。

更能反映陈独秀在江津谋生艰难的是他1940年12月23日致杨朋升的信，生性刚烈的陈氏被迫叫苦不迭：

数月以来，物价飞涨，逾于常轨。弟居乡时，每月用二百元，主仆三人每月食米一斗五升，即价需一百元。今移居城中，月用三百元，尚不及一年半前每月用三十元之宽裕，其时一斗米价只三元，现在要七十元，长此下去，实属不了！昨接成都省立传染病某医生来书，据云成都除房屋人工外，其他食用物价较重庆尤高昂，弟因此料想兄处，月非五百元不能维持，或恐不只此，而收入未必有此数，弟尤为困难，不审

① 吴铭能在《读陈独秀书札后记》中说：“如果真要理解陈独秀生活困窘，也许由信封上可以看出，陈氏生活极为寒伧，在近百个留存至今的信封，有的是以广告纸剪裁粘贴而成，把印有文字部分折在里面，空白可书写的部分作为外层；也有的是友人来信的封套，没有丢弃，他再次拆开反拆，以重复使用。在台大图书馆室调阅原件，我从他给台静农先生的信封上，对着台灯，撑开信封内页，发现反拆的封底里面原先寄给陈独秀信件的寄信者地址及姓氏，看出他爱惜物资的一个侧面。也许这些微不足道的蛛丝马迹，正可透露他生活上自奉俭朴的信息。”（《历史的另一个角落》第267—268页）这里或许还能看到陈氏晚年伴侣潘兰珍的劳作。

何以应付之？拟否另设他法谋生，便中乞示一二，以免关怀。

次年11月22日给杨朋升的信又说：

此时弟居乡亦月需费用六百元，比上半年加一倍，兄竟至多我数倍，如何可支？为兄计，唯有出外做官（只有县长或管理粮食之职务，可以发大财），及移家出川（黔、湘、桂之生活费都比川省要少一半）二策。以弟之年力，此二策均不可行，惟有转乎沟壑已耳！[①]

抗战期间，物价失控，民不聊生，身为少将的杨朋升尚且入不敷出，遑论陈独秀。陈独秀也曾一度想迁居贵阳，“以彼处生活比川中便宜一半”，“终以病体不胜此跋涉”而作罢。[②]独秀暮年于江津何以谋生？

首选是卖文为生。卖文为生是陈氏一辈子生活的常态。终其一生仅有几次短暂的公职生涯（安徽都督府秘书、北大文科学长、广东省教委委员长），其余时段都是以卖文为生（办报办刊，鼓吹革命与卖文两不碍），即使在南京狱中他也没有停止卖文。[③]在江津自然也会卖文的。

陈氏致台静农函中，几次说到他的《小学识字教本》一稿售与国立编译馆的稿酬之事。1940年4月14日函云：

编译馆尚欠我稿费二百元，弟以为未交稿，不便函索，希兄向该馆一言之。

同年同月22日函为同一件事，又嘱台为之“婉转一言”。

《小学识字教本》陈独秀是边写边卖给国立编译馆的。一周后的29日函先是说：

馆中有款望直寄弟寓，或由农工银行转下，万万勿再寄第九中学邓

---

① 陈独秀：《致杨朋升》，1940年12月23日，1941年11月22日，《陈独秀书信集》，第510、521页。

② 陈独秀：《致杨朋升》，1942年1月9日，1942年2月12日，《陈独秀书信集》，第523、524页。

③ 陈独秀1935年3月8日于南京狱中，致汪原放信将他与亚东图书馆的书账作了总交代：“弟欠亚东之款（孟翁手），公私两方面在三千元左右，店中又如此困难，我一时无力偿还，心中十分不安。目前办法，唯有将版税逐渐扣还。廉价书目中，《文存》已加入否？望将《文存》极力推销，使我还欠可以加速。倘能销七千部以上，清还旧欠，当相差不远。重新印售以来，不知已销若干部，已有版税若干元，多乞示知！”按，《文存》即亚东版《独秀文存》，1922年初版，到1926年印行8次；1933年再版，1934年又印行一次。

季宣转，请即切告馆中出纳室办事者！

接着说："为编译馆编书（不以任何名义），事或可行，唯馆中可以分月寄稿费，弟不能按月缴稿，馆中倘能信任，弟所受馆中之钱，必有与钱相当之稿与之，不至骗钱也。"

有点讨价还价的意思。不知编译馆以何标准给陈付酬，也不知其已付酬几何，从陈信只知编译馆尚欠他稿费二百元。想是台静农已从中"婉转"疏通，5月18日陈即告诉台："编译馆二百元已寄来，收据附上，请交该馆会计。"

同年6月15日函云：

稿已完全写好抄过……虽非完璧，好在字根半字根已写竟，总算告一大段落，法币如此不值钱，即止此不再写给编译馆，前收稿费亦受之无愧也。

"字根半字根"，即《小学识字教本》的上篇，今见清样凡544字，271页。"法币如此不值钱"，当然不是编译馆的责任，言下之意当是在抱怨编译馆的稿费标准定低了，有另寻出路的意向。不过远水解不了近渴，哪如编译馆这近水楼台。陈独秀终没有为《小学识字教本》另寻出路。倒是编译馆先后两次共预寄稿酬五千元——6月28日函："编译馆二千元已寄来，奉上收据又一纸，请转交该馆出纳为荷。"7月10日又有函："一日函及前一函均收到，编译馆书向归商务出版；其预算中想无印刷费，特别筹款刻弟书，恐怕是一句搪塞的话，倘陈馆长真拟刻弟书而又筹款不得，不妨将续寄之稿费五千元全部或一部分收回应用，最近寄来之三千元，弟尚未付收据，收回手续尤为简单也，可否以此意告知陈馆长，请兄酌之。"

如果说此前是将《小学识字教本》分月零售给编译馆，那么从1940年6月28日以后就是整体预售给编译馆了。7月10日"续寄"云云，可见此五千元之外还有笔预付稿费，只是现存陈、台通信中没有反映。据唐宝林说，教育部所属的国立编译馆1939年约请陈独秀编写一部《教师用的中国文字说明》（即《小学识字教本》上篇），并预付稿费五千元。第二年5月编译馆馆长陈可忠又向教育部打报告，请陈独秀续编《学生用的中国文字说明》（即《小学识字教本》下篇），再预支稿酬五千元。教育部长陈立夫在报告上批示："前稿已否交来？照办。"①

这一万元稿费，应是陈独秀江津生活的重要来源。尽管他着急《小学识字教本》印刷费无着落要拿"续寄"的五千元充数，编译馆未必会同意如此下策。除《小学识字教本》之外，陈独秀还想将《韵表》（即《古音阴阳入互用例表》）也卖给编译馆。1941年11月3日函告台静农："韵表油印终不合意，编译馆如能付印，稿可卖给馆中，兄可告陈馆长，此书在渝可印，且需费不多也。"

同年8月6日信云：

> 《拼音文字草案》早已售于商务，韵表乃初稿，此时不拟正式付印。《连语类编》已约与北大，弟并无他稿可以出售，兄与瑜兄函所谓弟之稿费问题尚谈不到，不知何所指也？

陈独秀晚年所卖之文远非《小学识字教本》一本书，而是有几本书卖给几个出版单位。稿酬之外，还有北大对他生活的维持。

陈独秀1941年8月6日致杨朋升函中云："弟生活一向简单，月有北大寄来三百元，差可支持，乞吾兄万勿挂怀！"②

蒋梦麟在《新潮》中说：（陈独秀）抗战期间在重庆江津，生活一直由北京大学维持他，政府也要我们维持他。有一次我忽然接到他的一封信，说我们寄给他的津贴没有收到，是不是已经停止了？我回信说没有停止，照常寄的。大概抗战时期，交通困难，邮兑较慢之故，没想到我这封信发出后不久，他就死了。③

这每月三百元，是学校要致送，而取得国民党政府同意，还是政府所授意？是以什么名义支付的？是作为聘一名教授的薪俸，还是没有正式名义的特别的"津贴"？蒋氏皆言之未详。是从何时开始致送的，也未详。陈氏

① 唐宝林：《关于陈独秀的文字学论著》，《陈独秀音韵学论文等》卷首，中华书局2001年版。按，唐文下有注云："国民党教育部档案，国立编译馆长陈可忠为请陈独秀续编《学生用中国文字说明》呈文，1940年5月13日，中国第二历史档案馆藏。"1941年9月19日致魏建功信说："若教育部有意不将吾书出版，只有设法退还稿费，别谋印行耳。"《小学识字教本》终未在编译馆出版，稿费退否则待考。

② 陈独秀：《致杨朋升》，《陈独秀书信集》，第517页。

③ 蒋梦麟：《西潮新潮》，岳麓书社2000年版，第341页。

1940年5月29日致台静农函云：

静农兄：

顷见兄于廿五日致仲纯书，愤怒异常，前有友人金君自重庆来江津看我，亦云闻之教育部中人告诉他，部中月给我三百元，今编译馆中又有云弟从部方领到稿费；想必都是部中有意放此谣言，可恨之至！请兄为我严厉辟之，是为至感！

此祝

健康！

弟独秀手启　五月廿九日

昨上一函，谅可与信同时收到也。又及，倘陈馆长亦闻此谣言，可将此函与他一阅！

此所谓谣言，不知是否当时教育部授意或同意由北京大学每月致送陈氏三百元，尚未实行，部中风声已出，而陈氏本人尚未知，故怒斥为谣言。又，这之前一个月即4月29日陈致台函中有云：

任北大讲座固弟之所愿，然以多病路远，势不能行。

似乎北京大学曾酝酿，要聘陈氏为讲座。据说，“西南联大教师的职称，有比正教授还高的一级，叫做‘讲座’，全校只陈寅恪和刘文典二人”。[①]不知是不是后来陈独秀即以“讲座”的职称受聘，但实未到校，故一般人不知道。若依此推测，则北京大学每月三百元的致送，最早当不早于1940年5月，蒋梦麟所说“一直由北京大学维持”或未准确。据蒋梦麟回忆可见，直到1942年陈氏逝世，才停止致送；也可见陈氏逝世前不久，还在每月急切等待着这笔生活费，没有如期收到就写信催问。[②]

北大似乎有维护落难教授生活的传统。1927年李大钊被军阀绞杀后，北大曾照常将李大钊的工资发给他家属。陈独秀蛰居江津时，北大也没有忘记这位文科学长，北大同学会陆续派出专人到江津工作就近照顾陈的生活。北

① 贺祥麟：《西南联大忆旧》，载《出版广角》1997年第1期。

② 参见舒芜：《佳人空谷意，烈士暮年心——读陈独秀致台静农书札》，《书城》1997年第4期。按，鲁迅从1927年10月到1931年12月也曾以“特约普作员”的名义在蔡元培任院长的大学院领每月三百元的干薪。

大那每月三百元或许就是以同学会的名义供给陈独秀的。何之瑜1948年1月7日致胡适函中追述云：

> ……《古阴阳入互用例表》及《连语类编》两种，这两种是仲甫先生在民国三十年自加整理之后，拟交给北大出版的，因为当时北大月赠三百元，为仲甫先生生活费用之故。[①]

可见北大的钱不论以何名义致送，他都不愿无功受禄，所以在民国三十年（1941年）还抱病整理出两部文字学的学术著作，拟交北大出版。这样在他就算将北大每月三百元视为如编译馆那样分月寄稿费，“必有与钱相当之稿与之”，他才心安理得。

贫病交加的陈独秀也偶尔接受各方的援助。如柏文蔚曾送他灰鼠皮袍（穷极被送进典当店），朱蕴山1940年春节前给他送去几只鸭子。还有邓氏叔侄对之也多有接济。以个人名义对陈接济最多的是川康绥靖公署少将参谋杨朋升，从1939年5月5日到1942年4月5日，陈致杨书信有40封之多[②]，从这些信可知杨曾接济陈三次，共2300元；另有三次由杨转交他人的赠款共2200元，令陈独秀感激不已。1940年2月26日有信云：“顷接行严兄由渝转来十六日手书并汇票三百元，不胜惶恐之至！此次弟留渝只二星期，所费有限，自备差足，先生此时想亦不甚宽裕，赐我之数耗去先生一月薪金，是恶乎可，寄回恐拂盛意，受之实惭感无既，辱在知己，并谢字亦不敢出口也。”同年4月7日有信云：“顷又得三月二十日手教，并信笺信封，屡承厚赠，何以报之！”1941年8月6日信云：“屡承吾兄垂念鄙况，既感且惭，无以答雅意，如何可安！”1942年4月5日又有信云：“承赐信纸二百，信封一百，谢谢！以吾兄经济艰难，竟为弟谋及此，且感且惭！”

陈氏接受接济有个原则，即“素无知交者，更不愿无缘受赐”（1940年1月31日信），但亦偶有“素无知交者”伸出援助之手，这往往令其不安，如云：“与晋公素无一面之缘，前两承厚赐，于心已感不安，今又寄千元，且出

---

① 何之瑜：《致胡适》，《胡适往来书信选》下册，第206页。按何之瑜在《陈独秀丛著目》中说：“《连语类编》，此稿著于南京狱中，未注明写作年月。先生流徙居江津时，北大自昆明致金助膏火，先生乃出此稿，书短序以报，因战时困难，北大出版未果。”

② 原信存四川省渠县法院杨朋升案卷中，后转中央档案馆。按，杨本北大出身，且对书画、园林尤其是金石深有造诣。

于吾兄之请求，更觉惭恧无状，以后务乞勿再如此也。”（1942年4月5日）[①]高语罕说陈独秀“在取予之间，十分严谨”。1941年4月22日有信致台静农，说有老舍与姚某同时索字，“老舍的自然很愿意写”，而姚的则不愿写，因姚曾主持“《新蜀报》副张为共党无理的攻击”过他；同年9月16日有信问台，向他约稿的杂志是否是“中央党部组织部所办”？是则不予投稿。写幅字、投篇稿都要弄清对方的政治背景，他在取予之间自然不会苟且。以“不愿无缘受赐”为原则，陈独秀曾拒收过国民党主席蒋介石、中组部长朱家骅等人带有组织色彩的赠款。不过朱家骅与陈独秀都是北大旧人，当朱以个人名义给陈赠款时，陈还是勉强接受过。新近从台湾《朱家骅档案》中发现陈1942年1月29日曾有信谢朱云：“国焘兄来津，奉读手教，并承赐国币八千元，远道将来，不敢辞却，无劳而领厚赐，受之实深惭愧也。弟寓人口既少，生活又简单，去年赐款尚未用罄，今又增益之，盛意诚属过分，以后如再下赐，弟决不敢受，特此预陈，敬希原谅，并谢高谊，余不尽焉。”[②]

陈独秀既“不愿无缘受赐”，也不愿“无劳而领厚赐”，那么其接受朋友的馈赠，总想“投桃报李”，有所回报，或为之题辞、题诗，或以自己收藏的珍品相赠。[③]陈独秀大杨朋升21岁，却有共同爱好：金石书法。他于杨则多有诗书相赠，当杨朋升请陈为他父亲作墓志铭时，陈立即回答：“承示为尊府君志墓，敢不用命，请即将行述寄来，以便乘精神稍佳时，拟稿呈兄修正。”[④]（1940年4月7日信）中国卖文的传统，墓志铭价格甚昂。[⑤]1941年10月12日陈有信致台静农：

> 敬恳者：邓六先生曾嘱为其乃翁写家传，弟病未能，兹将原稿奉上，请兄代为斟酌，小小修削若干，以弟名还之彼等，如需善书者写之，弟

---

① 杨朋升在此信信封上有注：“此为陈独秀先生最后之函，五月二十七日逝世于江津，四月五日寄我也，哲人其萎，怆悼何极。六月二十日。”

② 陈独秀：《致朱家骅》，《陈独秀著作选编》第五卷，第379页。按，此赠款事曾在学术界引起争论，详见靳树鹏新著《普列汉诺夫陈独秀顾准》中《陈独秀能够与国民党互动吗？——兼与左双文先生商榷》，靳著为北京线装书局2010年版；曹家骢、叶春华《陈独秀生前从未接受过蒋介石个人赠款——兼议左双文的“互动”》，江苏省《陈独秀研究》2006年第1期。

③ 葛康俞《据几曾看》中有《赵群臣上寿石刻》一则，云陈独秀曾收藏西汉《赵群臣上寿石刻》旧拓本，“拓法既佳，收藏复完好”。陈为谢邓蟾秋、邓燮康叔侄诸多帮助而以此赠之。

④ 陈独秀：《致杨朋升》，《陈独秀著作选编》第五卷，第305页。

⑤ 濮清泉《我所知道的陈独秀》中陈独秀说：“章（太炎）后来给军阀官僚写墓志、寿序一类的东西，一篇文章要五千至一万元的润资，便是他人格庸俗的表现。”

亦拟举荐兄这笔好生意。

杨朋升自然知道这一行情。陈独秀为杨父写墓志铭分文不取，只作为对杨朋升友谊援助高规格的回报。为写好杨父墓志铭，首先考证杨提供其父生卒年有误，1940年11月17日有函致杨云："事略言尊翁生于光绪庚辰年，寻庚辰为光绪六年，以时间计之，亦当在此年，旁注乃谓为光绪二十几年，恐有误。光绪二十几年无庚辰。光绪帝在位只三十四年，距民国三年只六年。尊翁卒时断不止二十岁左右，且先生生于庚子光绪二十六年，岂有父子生命相差只数年之理耶？"其次在章士钊、胡适、谢无量中择一为书写以被之金石，他嫌章"官僚习气又加以名士习气"不足取；胡"字既不佳，且远在海外，托写亦不便也"；相形之下，还是他四十年老友谢无量合适。则见他是何等重情信诺。

对于邓家叔侄的资助，陈独秀也是铭记在心，邓蟾秋七十大寿时，陈挥毫作篆书："大德必寿""寿考作仁"，聊表谢意。其中"大德必寿"至今还铭刻在黑石山鹰嘴崖上，向人们展示那段珍贵的历史情节。

卖文之余，兼有各方友朋的援助，令贫病交加的陈独秀不仅生活勉强能过，也多少能享受到那人间的温暖。不过，陈独秀毕竟是陈独秀，即使是烈士暮年他也不仅仅满足于谋生，他要竭尽全力去完成"《新青年》未竟的事业"。何为《新青年》未竟的事业？

五、《新青年》未竟的事业

台静农在《酒旗风暖少年狂》中说：

仲老晚年想写两部书，一是中国史，一是中国文字史，他给我的信曾说："中国文化在文史，而文史中所含乌烟瘴气之思想，也最足毒害青年，弟久欲于此二者各写一有系统之著作，以竟《新青年》之未竟之功。文字方面而始成一半，史的方面更未有一字，故拟油印此表（中国古史表）以遗同好，免完全散失也。"这是他将旧作《中国古史表》托我交编译馆为之油印的信，就便提到他晚年要写出古史与文字的两部著作，这在平常谈话中也不止一次的说出他的志愿。他以为在中国长期的封建社会形成的学术思想，有些乌烟瘴气，再不能让它继续下去毒害青年，这是《新青年》

时代所未曾做到的，也就是他虽在衰病的晚年不能放弃的责任。

那“文字方面始成一半”的，即陈氏所著文字学著作《小学识字教本》上卷初稿。陈氏深感中国文字乃思想启蒙的大障碍，亟需改良。他在《小学识字教本自叙》中说：

> 昔之塾师课童，授徒而不释义，盲诵如习符咒，学童苦之。今之学校诵书释义矣，而识字仍如习符咒，且盲记漫无统纪之符咒至二三千字，其戕贼学童之脑力为何如耶！即使中学初级生，犹以记字之繁难，累及学习国文，多耗日力，其他科目，咸受其损，此中小学习国文识国字之法亟待改良，不可一日缓矣。

为此他在革命之余，或在革命受挫之际，或身在囹圄之中，尤其是晚年都致力于文字学研究，并取得了可喜的成果。其第一文字学作品是1910年发表在《国粹字报》（第68、69期）上的《说文引申义考》，第一本文字学专著是1913年反袁失败后流亡上海“闭户过冬”时写作的《字义举例》，1917年出任北大文科学长，遗老遗少“啧有烦言”，熟悉陈的人众口一词说他文字学素养不在章太炎之下，“才慢慢堵住了攻击者的嘴。”[①]1927年“八七”会议后为共产国际充当大革命失败的替罪羊，而隐居上海一年之内完成了《中国拼音文字草案》书稿。从1932年10月至1937年8月，在南京狱中撰成《中国古代语言有复声母说》《实庵字说》《古音阴阳入互用例表》等十多篇文字学的论著，其中有四篇发表在《东方杂志》上。蔡元培称《实庵字说》“触类旁通，逼近太炎，太炎不信金文甲骨文，而独秀则不然，更有理致”。[②]魏建功则说《古音阴阳入互用例表》“开古音学界一新纪元”。[③]《小学识字教本》之前身《识字初阶》亦在南京狱中动笔。

陈独秀文字学研究的基本方向是推行汉字拉丁化即拼音文字。他早在1928年所作《中国拼音文字草案自叙》中就说：

> 有人以为一有拼音文字，汉字便废了，便要烧去经、史、《说文》、

---

① 罗章龙：《陈独秀先生在红楼的日子》，《新华文摘》1983年8月。
② 王世儒：《蔡元培先生年谱》下册，北京大学出版社1998年版，第984页。
③ 魏建功：《致陈独秀》，《陈独秀著作选编》第6卷，第75页。

《尔雅》，这是神经过敏的话。欧洲各国行了国语文数百年，希腊、罗马文至今也不曾废；中国古书当然还应该用旧文字解读，在历史学、考古学，都非依据旧文字的书不可。

有人讥笑制造拼音文字的人是想做仓颉第二；其实想做仓颉第二并不是什么可以被人讥笑的事；中国文字当然不是什么仓颉一人所造，是从远古一直到现在无数仓颉造成的；今后需要许多仓颉来研究制造新的文字。

在南京狱中也与濮清泉谈及中国文字改革的方向：

我研究文字学，就是从发展的观点出发，我主张语言文字都大众化，由繁入简，最后目的是拉丁化即拼音文字。不过在这方面只能是渐变，不能来突变，如果来突变，那就要大家读天书，任何人也不懂。

中国语言的大众化，汉字的拉丁化曾经是20世纪初的一股潮流。1932年12月陈独秀在南京狱中仍希望胡适能为之登高一呼：

坑人的中国字，实是教育普及的大障碍，注音字母这一工具又太不适用，新制拼音文字，实为当务之急。甚望先生能够拿出当年提倡白话文的勇气，登高一呼。①

陈独秀理性地认识到，“中国在拼音文字未行之前，识文字善教育之道，舍此无他途”。让陈氏始料不及的是20世纪末电脑救了汉字的命，拼音文字输入电脑未必比汉字快捷，星罗棋布的孔子学院正在将汉字带向世界，21世纪竟然在全球出现了汉语热，因而20世纪初起步的汉语拉丁化——拼音文字，就只作为识汉字的辅助手段，而不可如当初设计者那样以为可替代汉字。既然在中国不再实行汉语拉丁化，而“识文字善教育之道”就变得更为重要了。陈独秀晚年舍去包括自传在内的种种写作计划，全力去撰写的《小学识字教本》，就是从汉字的源头与造字之原则这一根本处来探求“识文字善教育之道”。他在《小学识字教本自叙》中说：

盖以古之制字者，仰观象于天，俯视法于地，视为鸟兽之文与地之

① 陈独秀：《致胡适》，《陈独秀书信集》，第468页。

宜，近取诸身，远取诸物，此皆视而可见察而可识者也。本非艰深难喻，今之教者依此口讲而手绘之，习者如睹画图，虽下愚可晓，如拨云雾而见青天也。

中国文字（汉字）“作始者或不易，传习者必不难”。而现实中传习者变得难起来，一在“不欲穷究事物之所以然，此吾国科学之所以不昌也”；再则“中国过去的小学家（研究《说文》的人），都拘泥于许慎、段玉裁的《说文解字》和注，不能形成一个文字科学”，[①]致使“识文字之书籍愈多，而文字之形义愈晦”。陈氏则愿一洗陋习，创立中国文字科学。台静农说，书名《小学识字教本》者，以古人童年时学习认字为“小学”，汉以后则以研究文字为“小学”，仲老之书以“小学”名有双关的意思，“教本”者，是为小学教师所用。陈在《小学识字教本自叙》中自信地宣称：

本书取习用之字三千余，综以字根及半字根凡五百余，是为一切字之基本形义，熟习此五百数十字，其余三千字乃至数万字，皆可迎刃而解，以一切字皆字根所结合而孳乳者也。上篇释字根及半字根，下篇释字根所孳乳之字，每字必释其形与义，使受学者知其然且知其所以然，此不独使学者感兴趣助记忆，且于科学思想之训练植其基焉。[②]

六、字字看来皆是血

台静农在《酒旗风暖少年狂》中称赞“这是科学的方法，使两千年来的文化遗产，由芜杂而有体系可寻。尤其是下一代儿童能循此学习，当省却许多脑力。仲老在《新青年》时代摧腐推新，晚年犹为下一代着想，如此精神，能不令人感激”。如此庄严的著作，陈氏是如何写作的呢？1940年6月15日有信较完整地叙说了他写作的具体情景。

静农兄如握：

四日手教读悉。稿已完全写好校过，拟廿前后派火房送至白沙编译

① 濮清泉：《我所知道的陈独秀》。
② 所引陈独秀《小学识字教本自叙》均见吴铭能《历史的另一角落》，第232—233页。吴氏对之有校记，可参阅。

馆交兄手收，前稿望早日钞好，以便将原稿交来人带回，敌机每日光顾，江津城天天有警报，人心慌乱，仲纯兄几乎天天跑警报不在家，月底赴江津聚会之约，势必延期矣。此次续写之稿，约为期月余，日写五六小时，仲纯若在此必干涉也，甚勉强，致于左边耳轰之外，又加以右边脑子时作阵痛，写信较长，都不能耐，势必休息若干时日不可。……

此祝

健康

弟独秀手启　六月十五日

由信可知，写作《小学识字教本》时陈独秀的生态环境极为困苦。一是“敌机每日光顾，江津城天天有警报，人心慌乱”；二是“法币如此不值钱”，谋生不易；三是身体不佳，左耳轰鸣，右脑阵痛，“写信较长，都不能耐”。四是此信未提及的亲友死丧不断，心灵重创，先因丧母而血压高涨，继以丧姊“微身且苟延”，再加蔡元培之死其“心情上无数伤痕中又增一伤痕”。此外尚有国共两方的政客偶来造访，未必不是打扰。正是在此困境中陈独秀仍坚持“日写五六小时”，争取按期完成他的《小学识字教本》。

陈独秀对《小学识字教本》的“完美追求”几乎到了残酷的境界。《小学识字教本》上篇1940年6月15日即“完全写好校过”。写作之艰辛且不去说，写毕又有三个反复校改的过程。先是随抄随校又随改，稍有缺失如双行旁注诸多误作正文，遂至文义上下不属，就认定“此必重写，决非勘误表所能济事”（1942年4月5日信）；再是终于誊录成清稿，仍反复校读，或有新见新证或有毛病被发现。吴铭能按时间作了梳理，从1940年6月18日到1942年4月20日两年多时间内，陈独秀有49封信对成稿增改计有两百多处；还有是对油印本的校勘。与此同时他还在坚持着对下篇的写作。直到他生命的最后一个月，不幸食物中毒一病不起，无力写信仍口述由邓仲纯转达台静农：

仲兄嘱转达吾兄者，以后教本印稿不必寄来校对，径可付印，盖因此次一病，必须数月之休养，方能恢复健康，绝无精力校对，以免徒延日期也。弟大约再留山上一二日，视仲兄病况如何！弟原拟于上星期日（十七日）赴渝一行，乃因仲兄病而终止也。

廿日午后又书

这封口述信距陈独秀逝世只一个礼拜。然他用力最多且最为珍视的著作《小学识字教本》终未完成，就于1942年5月27日撒手人寰，未竟书稿上最后一个字竟是“抛”。何之瑜有志曰：

按仲甫先生于三十一年五月十三日上午著稿至此“抛”字时，适人过访，旋即卧病，至五月二十七日逝世，乃成绝笔矣。此下象声字百五十六已先撰成。之瑜记。

陈独秀再也没有机会去诠释那传奇的“抛”字；但对他的这一生命奇观却引出种种宿命论的解说。

从1932年10月入南京监狱，到1942年5月逝世江津，陈独秀的主要心血都耗在这部《小学识字教本》上。宛如曹雪芹之写《红楼梦》，“字字看来皆是血，十年辛苦不寻常”。

这样一部以生命铸成的著作，陈独秀生前当然希望它能及时出版，广为传播，惠及大众。他生前一直在焦虑着出版事宜，更担心书稿会在战火中散失。1940年6月16日有函致台静农云：

兹派焦姓火房将全稿五册送上，收到望即交馆中速钞速印，希望能于秋季开课前出版。如此时局，此稿全不出版，皆有散失之可能，香港印刷固佳，但随时皆有被日本占领之可能，倘川中能刻篆文，弟极端赞成兄在川雕板之提议，成都太远，校对不易得人。欧阳先生在江津城所刻诸书均可用，《词品》用小字刻颇精美，《毛诗》石印稍次之，均附上一阅。馆中如同意，兄可函仲纯兄向欧阳一调查刻印处在何所及刻价纸价若干也。弟意好的毛边纸亦比洋纸价贱，最好馆中自己买纸，雇工到白沙开雕。

这里对出版方式、出版成本都有周详的思考与安排。次日又有信：

稿子昨日火房送上，谅已收到。江津县城谣言甚炽，人心甚为恐慌，弟以为白沙之危险过于江津城，望兄劝编译馆在黑石山聚奎中学借屋一二间，存储要件，钞录拙作之稿，即派人在彼处为之，以免万一损失，是为至盼。此祝（原小字注：倘弟稿钞好，一时不能付印，望寄存聚奎）！

隔一日又有信：

有人谓雕板太慢，倘商务能加速排印，寄港亦可（原小字注：因有美国牵掣，日本或不敢即取香港），惟寄书来川仍不便，只有寄纸版来渝续印一部分之法；弟意川中如能刻篆字，终以川中雕刻为宜也。巴黎近郊，英、法军如不能打一胜战，恐难免与德言和，德、俄、义、日势力益盛，世界将有更黑暗一时期也。

函上端有眉批：即在川刻印，亦宜加工速成，时局变化，今日不知明日之事也。真可谓忧心忡忡，渴望早日出版这部《小学识字教本》。然而，事与愿违，《小学识字教本》在陈独秀生前终未出版。究其原因，以往学者多说是教育部长陈立夫欲去掉书名中“小学”二字，而陈又决不屈尊更名，造成僵局。其实诚如吴铭能所言，也未必如此。试看1941年陈立夫给陈独秀的信：

仲甫先生大鉴：

大著《小学识字教本》斟酌古今诸家学说，煞费苦心，间下己意，亦多精辟，自宜付梓，以期普及；唯书名称为《小学识字教本》，究属程度太高，似可改为《中国文字基本形义》，未审尊意何如？即希示复为荷。顺候撰祺

陈立夫顿首　十，十一

一个多月后，陈独秀有信回复陈立夫：

十月十一日惠书诵悉。许叔重造《说文》，意在说经；章太炎造《文始》，意在寻求字原；拙著《识字教本》，意在便于训蒙，主旨不同，署名遂异，以其内容高深不便训蒙者，朋辈中往往有之。此皆不知拙著第一种乃为教师参考而作，儿童课本别有一种，但编排单字三千余，不加诠释，绝无高深之可言，俱见全书，疑虑自解也。

三十年十一月十三日[1]

---

① 陈立夫信收于《台静农先生珍藏书札（一）》第270页，按其未著年，编者说明云：“三十年十一月十三日信中所附”，认定其为民国三十年写的。而陈独秀的复信是台静农所过录的，收入《书札》第271页。

早在1940年11月23日致台静农信，陈独秀就说过："弟写此书，用意本在便利现代高初小学教育，非以考古，人们视为普通读物，那便最好，衡以古义，识字本属小学，亦可通也。"

对于陈独秀的写作用意，陈立夫不会不理解，而在《小学识字教本》即将出版之际，他在书名上做文章，如吴铭能所言"恐怕只是官场上一种婉转推辞的门面语"。[①]当初陈立夫同意他属下的编译馆买下陈著的版权并批准预付稿费，估计也是政府要以此名义给陈独秀一笔钱维持生活，否则陈独秀会视为嗟来之食而拒绝的；而政府并不愿意陈著真的公开出版，并获得"教本"的合法地位，既买了书稿又不便直说不给出版，于是故意在书名上绕圈子。

而陈独秀唯恐其书在战火中散失，只要能予出版，对书名他会作出让步的，并非如后人形容的那样，为个书名他九牛拉不回。1941年12月28日有信致台静农即说道：

> 前接商务自港来信云《东方》将出重庆版；能印《东方》即能印《识字教本》，望将此意询之陈馆长！此书如能付印，弟拟从众意删去"小学"二字，即名《识字教本》可也，唯书题名上（教师参考用书）双行六字则必不可去也。

教育部所属的编译馆不能出版，陈即寄希望于商务印书馆。然而即使陈让步了，商务印书馆仍不能出版他的《小学识字教本》。铅印不行，就石印吧；石印也告吹，那就油印吧。可谓节节让步，不断求其次。他函告台说：

> 铅印、石印恐都渺茫，商务既积压馆稿数十种未印，焉能提前印拙稿？弟与王云五无深交，且此人但认得势力，不认交情，弟虽函托，亦未必发生效力。鄙意想请陈馆长发稿后转给王云五一信，问其可否提前即时排印，倘回答是个否字，仍望由馆中的油印二三百份分散各省，以免川乱将原稿散失。拙稿虽未臻完善，而弟颇自矜贵也。[②]

① 吴铭能：《历史的另一角落》，第119页。
② 此函编者系于1940年12月30日，月日不错，年代似不确。

油印二三百份总该没有问题，孰知仍然受挫。于是1942年2月26日有信答编译馆的陈可忠馆长：

可忠先生左右：拙稿虽未尽善，而创始不易，弟颇自矜贵，希望能于足下在馆期间，油印五十份（弟需要二十份分赠朋友）分寄全国，此时虽有原稿一份、副本三份，一旦川中有乱，难免纷失也。区区之意，请勿以过虑而忽之！

此祝

大安

弟独秀手启　二月廿六日

可悲的是陈独秀生前连油印本都没见到。陈独秀逝世后，国立编译馆将《小学识字教本》油印50本，按陈的遗嘱分赠专家学者。经岁月的颠簸，直到1971年梁实秋才将他携去台湾的一本影印出版。梁有短序云：

抗战时期，国立编译馆获得有关中国文字研究之稿本一册，其特点为：

（一）用科学方法将中国文字重新分类。

（二）对若干文字的解说，采取新的观点。

（三）内容简明扼要，易于了解。

此稿当时仅由馆方油印五十册，分赠关心人士，并未对外发行；本人亦分得一册，随带来台，磨损蛀蚀，恐难保存久远。中国语文研究中心同人以该稿为有价值之研究资料，提议加以影印，借供学者参考，庶使作者心血不致泯没。唯原稿字迹多有模糊之处，影印亦颇困难；爰请专人逐页以毛笔将模糊之处细心描过，历时四月，始告竣事。

出于难言的苦衷，陈独秀的名字被隐去，其《自叙》被删除，而且书名被改为《文字新诠》，不管怎样，总算出版了。再过十多年，巴蜀书社也出版了被整理过的《小学识字教本》，可惜整理过度（删改竟超过原书的1/2以上），有失原貌。更遗憾的是学界至今对之无实质性的学术研究，陈独秀研究者们对这部杰出的学术著作长期停留在感慨的层面上，对其学术含量与学术价值还远未深入发掘。真乃可悲可叹！

七、烈士暮年心

在陈独秀写作《小学识字教本》的过程中，台静农包括魏建功真是竭尽心力为之效劳。台在《酒旗风暖少年狂》文末说：

> 当他计划写此书时，在重庆的北大老学生劝他将稿子卖给编译馆，而仲老接受卖给编译馆者，则为我当时在编译馆有些方便，如交出的原稿要改正与借参考书及向馆方有事接洽等等。但我不是该馆正式人员，而是沦陷区的大学教授被安置那里，没有工作约束，可自由读书做自己的事。

可见在陈的写作过程中，台静农至少充当四个角色：其一，是陈与编译馆甚至教育部之间的联络员，出版的事宜（从铅印到石印到油印事宜、稿酬的支付）都是台在沟通、洽谈乃至周旋。其二，是资料员，这种文字学著述需要大量的图书资料，而陈流亡江津，身边图书资料非常有限，这就需要台去替他借、替他找、替他买，同时还要不断为之查阅、检索种种引经据典的出处。其三是校改员，他要将陈为精益求精而几乎无止无休有关校改的书札落实到稿纸上，上文已述两年多时间内陈有49封信专言校改二百多处，每一处都需台去实施。吴铭能作了对照，清稿对陈的书札是准确无误地落到实处。其四是抄录者的监督员，或叫抄稿质量检验员，有时则直接充当抄录者，而且有的部分改得多，更须反复抄录。虽说他当时"没有工作约束"，班总是要上的，这就意味着他为陈独秀著述充当"四员"多要放到业余时间去做。试想这需要何等的毅力与情感才可能出色地完成其"使命"。

而魏建功作为一个颇有功底的语言学家，对老师陈独秀的帮助就更专业化些。魏常对陈著提出不同见解与老师相商榷，从而使陈著更严谨。陈曾在与台信中说："拙稿经建功兄校正，有所修改或加注，为益实多，唯后半尚未见有疑问示下，想尚未校竟，以便早日交陈馆长寄出付印。"

陈独秀逝世后，台静农、魏建功又与何之瑜一起共同担当起陈独秀遗著的整理工作。何之瑜1943年2月20日在《独秀先生病逝始末记》的后记中写道：

> 遗稿之整理：关于文字学及声韵学，已请魏建功教授负责整理；客

署约台静农、方孝博两教授来津，参加初步工作。将遗稿中之关于文字学及声韵学者，如《小学识字教本》《连语汇编》《古音阴阳入互用例表》等十余种，及尚未成编之零星遗稿，均分类登记；并抄录副本，以待出版。至于先生之散文与诗词，散失甚多，搜集不易，拟请陈钟凡、台静农两教授从事搜辑工作。①

台静农等年轻朋友对陈独秀真可谓至敬至爱，鞠躬尽瘁。这里既无江湖气，也无党派纠葛，纯为亦师亦友的人间深情；这里既折射出台静农们的奉献精神与高尚情操，也见证了陈独秀的伟大人格魅力。更重要的是人间情感是互动的，人们所爱的是可爱该爱值得爱，同时也是爱我的人。无论是谁与谁，单向的爱终是难以持久的。正因为陈独秀在江津虽艰难困苦，他对身边的这班年轻人从来关怀备至，掏心掏肺，他没有倚老卖老，躺在那里享受那些学生辈朋友的敬仰之情，而是以亦师亦友乃至慈父般的关爱投向他们，这才以心换心，赢得他们发自内心的尊重、敬仰、爱护。以往的研究对陈独秀生命中的这一面讲得太少，让陈的形象显得单薄。今则以台静农珍藏的书札为主要资源作一补说。

1940年六七月间，“敌机天天光顾”。陈独秀虽朝不保夕，却时时挂念着朋友的安危。他曾有信给邓仲纯，说：敌机“倘继续轰炸外县，江津必不可免，白沙虽与江津城同，而聚奎左近邓六先生之房屋，必无被炸之事，兄眷如必离开江津城，往此处最好，望勿游移！如必去，宜速去！并望劝静农移去，柳马冈未必安全，闻綦江有军事机关，与江津不同”。②

尤其反复叮嘱杨朋升，让他将怀孕的夫人转移出城。他说：“孕妇受惊恐易小产，切望即日迁移，万万勿犹豫！！！”“孕妇临时向乡下跑警报，绝对不宜，愚者千虑之一得，望兄切勿忽视之！”③这是1940年6月9日的信，同年8月3日有信云：“前日读六月三十日手示，知嫂夫人及女公子均已送青城，至慰。惟嫂夫人将产，青城山中或不便，以能长居外县县城内为宜，尊意以

---

① 何之瑜：《独秀先生病逝始末记·后记》，王树棣等编《陈独秀评论选编》下册，河南人民出版社1982年版，第413页。

② 陈独秀：《致邓仲纯》，吴铭能《历史的另一角落》，第231页。

③ 陈独秀：《致杨朋升》，吴铭能《历史的另一角落》，第307页。

为如何？”[1]他对杨家母子的安全真是牵肠挂肚，怎令杨氏夫妇不感动？不仅如此，他还极为精心地给这位年轻朋友传授养生之道："依中医之理，血压高乃阴不制阳，鹿茸益阳，服之乃以薪投火矣；西医视鹿茸为补品，高血压亦不宜补也。"（1940年11月17日信）可能是杨赠陈鹿茸滋补，陈说他“比正常血压高三四十度，乃不宜再服鹿茸矣。即兄服鹿茸亦必留意，至大便带血时则不可再服也。”（1940年12月13日信）考虑得多么周全，担心这位将军养生失误。杨朋升自幼丧父，相信他在陈独秀那里感受着慈父般的关爱。

陈独秀时时挂念着郑学稼、何之瑜、魏建功、陈钟凡他们的职业与身体，为他们的谋生出谋划策。对台静农更是无微不至的关爱。1940年5月28日陈氏有信问台："奉读十二日惠书与仲纯兄信，知兄疟疾数发，不知近日如何也？"同年9月25日有信问疾："日前陈秀清自白沙回到德感场，来函云兄曾卧病家中，不知近日已全快愈否？"1941年11月又有信问："兄痔疾已痊愈未？嫂夫人已分娩未？"同年12月16日有信予台，为之问医问药：

> 尊恙如何？至念！卫朗如前年曾患此疾，闻用丹方，不久即治好，如何治法，已函仲纯问明，直接函告兄。此疾非由血压高，当不至若何严重也。

让仲纯函告台静农后，陈仍不放心，1942年元月9日他又去函再叙说一遍疗法，告诫台注意营养与保健：

> 据仲纯说，兄之面部中风不大要紧，而痔疾却很重要，之瑜前在聚奎数月，身体大衰，因食物太劣之故也，因此思及兄病，恐亦由于营养不足，望注意此方面！

陈独秀不仅关心着台的健康，也为他的谋生作设计。这年的除夕（1942年2月14日）有信予台："编译馆内部有变更，兄或不能继续下去，顷与仲纯商拟向武大方面设法，兄谓如何？（原小字注：弟前曾介绍陈钟凡去教普通国文，月薪二百八十元，抚五已来信应允，而陈君未然。）"

同月20日又去函为台设计去向：

---

① 陈独秀：《致杨朋升》，《陈独秀著作选编》第五卷，第307页。

兄在编译馆能勉强待下去否？兄与之瑜书已见过，据说九中本学期难设法，弟想暑假后当有机会，唯大局如期，最好能有出川之机会。

陈独秀与台静农全家从他父亲到弟妹都友好。台的妹妹转学的事都让陈去替他说辞。1941年2月13日陈有封长信谈台妹转学事，节录于兹，可见陈办事之精细：

姚君已于今日动身赴湘，令妹事虽已托之该分校职员，将来如何虽难知，然令妹倘决心转九中，务望于廿日前携带行李、转学证书、相片等来江津，到弟处请瑜兄送其前往，瑜兄既任该校教员，姚君虽去，总可设法，弟闻该分校校长已换杨君（十七日到此），此人与瑜兄至好，彼如果来，令妹转学事，当更无问题，唯必须她能于廿日前到此耳！

对台静农的交际与情绪，陈独秀也极为关注。1940年11月23日信云："闻仲纯兄言，兄交友失人，心绪颇不佳，来函'延年医院'，写作'延寿医院'，亦心绪不佳之一表现。"

从一字之差即可判断台之"心绪不佳"。在台静农情绪不佳时，陈独秀会约他来散心，偶或送他一幅诗作解颐。1939年12月30日有信：

静农兄：久未笺候矣，读兄与仲纯书，知兄几于阖家皆病，不知华盖运近已走过否？呈上拙作一篇，略抒胸臆耳，不足言诗也。

此祝

转好运

弟独秀手启　十二月卅日

这自然流淌着的慈祥，令台静农与陈独秀的感情与日俱增，远非亦师亦友的程度。台静农父子都爱好书法，陈独秀在与台氏父子共处江津的两年多时间里，先后为台静农书写自己新旧诗作21幅，对联一副，书斋题额一幅，为台父书一诗一联。这些作品有的署有时间，如长卷《告少年》后署："民国廿有九年独秀书于江津，时年六十有二"；条幅《对月忆金陵旧游》署"壬午莫春寄静农兄，独秀自鹤山坪"，壬午即1942年；草篆《漫游》署"录近作一绝以寄静农兄，民国卅一年一月七日独秀于蜀之江津鹤山坪"，诗后有台的题跋:“先生逝世于五月廿七日,距是诗之作才四个月又二十日耳。农记。”多则没署时间,其中十来首似是一次过录给台的,陈氏自跋云:“静农强余为写旧日所作诗,昔在杭州,颇喜吟咏,惟多未录存,已录存者亦已散失。旧作多五言古,全不记忆,今就所记近体数首及静农兄所搜获者,一并书之,书竟尚有余纸,蜀中近作亦录,以补余副焉。”

除此之外,陈氏还将他在南京狱中所写《实庵自传》两章原稿题跋赠给台静农,跋云:“此稿写于一九三七年七月,十六至廿,五日中,时居南京第一监狱,敌机日夜轰炸,写此遣闷,兹赠静农兄以为纪念。一九四〇年五月五日独秀识于江津。”[①]此稿不仅有着珍贵的文献价值,也是精美的书法作品。对于陈的书法艺术,台北故宫的副院长江兆申1984年(甲子)以“乡后学”的身份书跋作评云:

> 红笺书“一曲书屋”,乡贤仲甫先生为澹台静老所为斋额。先生不以书专其长,而笔墨雄健,结体古劲,固能者无所不能,或皖公一脉泽润绵长否耶?

所谓“皖公”即清代著名书法家邓石如(自号完白山人)。对这位乡前辈的书法,江氏跋中也有评:“乾嘉间,皖公山人出,柔豪饱墨,放胆作书,篆法为之一振,则有血有肉,开活泼之机,非一地一时之杰也。”两相比较,可见陈独秀在中国书法史上的地位。台静农是海内外获陈独秀书法作品最多的一位朋友,足见他们间的情谊是何等的深厚。

八、无穷天地无穷感

陈独秀晚年曾称自己是“不祥之人,不欲以书信累朋友也”。[②]不幸言中了。

---

① 吴铭能:《历史的另一角落》第243页有注云:“《实庵自传》原稿的公布,使我们确知先有何之瑜《独秀著作年表》公元1936年民国二十五年丙子五十八岁“著述”栏内错误在先,于是郭成棠《陈独秀与中国共产主义运动》一书跟着错;唐宝林与林茂生合著《陈独秀年谱》、沈寂《汪孟邹与陈独秀》文章,以及张宝明、刘云飞合著《陈独秀的最后十年》一书,均说《实庵自传》写于1937年,这是没问题的,但均说是‘七月十六至二十五日中’,却是不正确的。原稿题跋清楚标点‘此稿写于一九三七年七月,十六至廿,五日中’,换言之,‘七月十六至二十五日中’时间延续为了十天,与‘十六至廿,五日中’是不同的。”按,我在写拙著《文人陈独秀》时早发现唐宝林等著述中这一流行错误,并径改之,然未如吴铭能兄这般认真——为前述作品纠谬。相形之下,甚为惭愧。

② 陈独秀:《致郑学稼》,郑学稼《陈独秀传》,(台北)时报文化出版企业有限公司1989年版,第1363页。

台静农当年在江津与陈独秀的交往就曾遭到过非议。舒芜《佳人空谷意、烈士暮年心——读陈独秀致台静农书札》有记载：

> 1944年冬，我应聘到女子师范学院国文系教书，得以拜识心仪已久的台静农先生。他约略谈过他在编译馆，陈独秀在江津县城时他们的交往，给我看过陈氏晚年著作《小学识字教本》，是静农先生帮忙在编译馆印的，只是很简陋的油印本。我于文字训诂之学无所解，未借来看。我也没有多打听陈氏晚年的情形。那时，左翼阵营中，“托陈取消派”还是大罪名，1938年，康生等还公开诬指陈独秀为“托匪汉奸”。我虽知道静农先生纯是以师生之谊与陈氏交往（尽管那时我不知道静农先生进北京大学并未赶得上听陈氏的课，而静农先生以此为遗憾，原以师礼事陈氏，乃是事实）。但我也知道已有人在重庆进步文化界散布流言，说他们是政治关系，说静农先生是“托派”云云。静农先生为此很气愤。所以我避开这个敏感话题，现在读陈氏这一百多封信，借此第一手的材料，得以详知陈氏晚年生活的艰困，以及陈、台师生之间的动人的关系，也可以说弥补了我本来愿意知道可以知道而未知道的缺憾。

台静农从国立编译馆到女子师院任教时与舒芜共事，1946年5月因支持学潮与舒芜一起愤然辞职，不久应许寿裳之邀去了台湾大学中文系。1948年许寿裳因传播“五四”新文化，被右翼文人砍杀。台静农临危受命，于1949年夏接任中文系主任。他抗战年间与陈独秀晚年自号“撒翁”若有呼应的斋号歇脚庵，在台湾又重新挂起，而且一挂就是四十年，自然是吸取许寿裳血的教训而韬光养晦。他仿佛将鲁迅、陈独秀忘得一干二净，其实是深藏在心底，不予表露。他深感“人生实难”，自云：“无穷天地无穷感，坐对斜阳看浮云。”仿佛已看破红尘，实则苦不堪言。正如他在《我与书艺》所言：“战后来台北，教学读书之余，每感郁结，意不能静，唯时弄毫墨以自排遣，但不愿人知。”[①]识者以为台的书法“是他与时代挣扎的结果”,“字里有太多的心事”。他不愿人知的心事中肯定有对陈独秀的深深思念。台晚年书法，常用两枚印章，一为“澹台静农”，一为“身处艰难气若虹”。众所周知，后者即是陈独

① 见舒芜：《谈龙坡杂文》，舒芜《串味读书》，辽宁教育出版社1995年版，第329页。

秀在南京狱中所作佳联的下联，台静农即以独秀精神为支柱来度过他“不养生而寿，处浊世亦仙”的晚年生涯。

台静农数十年如一日完好地收藏着陈独秀当年致他的所有书札与翰墨，包括只字片纸。[①]这无疑是收藏一份刻骨铭心的情谊，收藏了一种感天动地的风骨，收藏了一段不容抹煞的历史。《台静农先生珍藏书札》终于得以出版，令之光耀天地，留芳后世。更难能可贵的是，台静农在他生命的最后光景里，终于抑止不住要将他与陈独秀那段忘年之谊，付之于文字，传之于后世。他以陈独秀1914年在杭州所写名篇《灵隐寺前》中的诗句“酒旗风暖少年狂”为题，写了篇文情并茂的佳作追忆陈独秀先生。可惜等到1990年11月10日台北《联合报》刊登此文时，89岁的台静农先生竟于前一日驾鹤西去，不复亲见该文行世。此文乃近百年来写陈独秀文字中最佳篇章之一，它一经发表立即纷传海内外。而人们传诵时则已不仅仅是在怀念陈独秀了。

---

① 台对陈之书札翰墨未畏而销毁（大陆包惠僧曾收陈100多封信，装裱成册，“文革”时他怕惹是非竟付之一炬，邓以蛰藏陈书札也不知下落），也没拿去拍卖（2009年5月30日北京嘉德春拍，胡适亲属拿陈独秀致胡适13通信27页竞拍，以554.4万元人民币成交）。2010年举办的《迟到的纪念——纪念陈独秀诞辰130周年书画展》，有一二陈的真迹展出，令观者惊喜，很是轰动。相形之下，台静农之珍藏是何其可贵。

主要参考与引用书目

1. 任建树:《陈独秀大传》,上海人民出版社1999年版。

2. 唐宝林、林茂生:《陈独秀年谱》,上海人民出版社1988年版。

3. 沈寂:《陈独秀传论》,合肥:安徽大学出版社2007年版。

4. 陈木辛:《陈独秀印象》,上海:学林出版社1997年版。

5. 强重华等编:《陈独秀被捕资料汇编》,郑州:河南人民出版社1982年版。

6. 王树棣等编:《陈独秀评论选编》,郑州:河南人民出版社1982年版。

7. 任建树等编:《陈独秀著作选编》,上海人民出版社2009年版。

8. 张国安:《红尘孤旅苏曼殊》,上海书店出版社1999年版。

9. 黄永健:《苏曼殊诗画论》,北京:中国社会科学出版社2001年版。

10. 马以君:《燕子龛诗笺注》,成都:四川人民出版社1983年版。

11. 柳亚子编:《苏曼殊全集》,北京:中国书店1985年版。

12. 周天度:《蔡元培传》,北京:人民出版社1994年版。

13. 高平叔:《蔡元培年谱长编》(四册),北京:人民教育出版社1996年版。

14. 陈平原等编:《追忆蔡元培》,北京:中国广播电视出版社1997年版。

15. 蔡建国:《蔡元培画传》,济南:山东画报出版社2001年版。

16. 白吉庵:《胡适传》,北京:人民出版社1993年版。

17. 胡颂平:《胡适之先生年谱长编初稿》(十册),台北:联经出版公司1984年版。

18. 吴福辉编:《胡适自传》,南京:江苏文艺出版社1995年版。

19. 唐德刚:《胡适杂忆》,上海:华东师大出版社1999年版。

20. 朱正：《一个人的呐喊》，北京：十月文艺出版社2007年版。

21. 周作人：《知堂回想录》，兰州：敦煌文艺出版社1998年版。

22. 中国社科院鲁迅研究室编：《鲁迅研究学术论著资料汇编》（五册），北京：中国文联出版公司1990年版。

23. 吴子敏等编：《鲁迅论文学与艺术》，北京：人民文学出版社1980年版。

24. 马亮宽、李泉：《傅斯年传》，北京：红旗出版社2009年版。

25. 王为松：《傅斯年印象》，上海：学林出版社1997年版。

26. 罗久芳编：《五四飞鸿：罗家伦珍藏师友书简》，天津：百花文艺出版社2010年版。

27. 岳玉玺等编：《傅斯年选集》，天津人民出版社1996年版。

28. 陈平原：《触摸历史与进入五四》，北京大学出版社2005年版。

29. 陈平原等：《五四人物与现代中国》，北京大学出版社2009年版。

30. 张宝明：《现代性的流变：〈新青年〉个人、社会与国家关系聚焦》，北京：社会科学文献出版社2005年版。

31. 陈万雄：《五四新文化的源流》，北京：三联书店1997年版。

32. 白吉庵：《章士钊传》，北京：作家出版社2004年版。

33. 章含之：《风雨情：忆父亲、忆主席、忆冠华》，上海文艺出版社1994年版。

34. 卞孝萱：《现代国学大师学记》，北京：中华书局2006年版。

35. 舒芜：《未免有情》，上海：东方出版中心1997年版。

36.《台静农先生珍藏书札》（一），台北：中央研究院中国文哲研究所筹备处1996年版。

37. 吴铭能：《历史的另一角落：档案文献与历史研究》，北京：商务印书馆2010年版。

38.《台静农论文集》，合肥：安徽教育出版社2002年版。

39. 王大鹏编：《百年国士：自述·回忆·专访》（四册），北京：中国文联出版公司1999年版。

40. 吴相湘：《风云际会下的书生：中国近现代二十七位学人列传》，北京：中国工人出版社2009年版。

41. 王森然：《近代二十家评传》，北京：书目文献出版社1987年版。

42. 刘广定：《大师遗珍》，上海：文汇出版社2008年版。

43. 石钟扬：《文人陈独秀：启蒙的智慧》，西安：陕西人民出版社2005年版、2009年再版，北京：人民文学出版社2015年第三版。

44. 石钟扬：《天下第一刊：〈新青年〉研究》，北京：中国文史出版社2007年版。

45. 石钟扬：《五四三人行：一个时代的路标》，西安：陕西人民出版社2010年版。

答河东师说

一

“成天陈独秀，陈独秀是你爷呀？！”河东师如是说。

陈独秀当然不是我爷（尽管他确为我祖父辈的人），却是我之精神父祖。

“陈独秀有什么好？共产党不喜欢他，国民党也不喜欢他。”河东师振振有词。

为寻求真理与维护尊严不惜充当“终身的反对派”，陈独秀从没想过讨好谁。

“陈独秀都死一百年了[①]，有什么搞头？”河东师又问。

“有的人活着，他已经死了。有的人死了，他还活着。”[②]独秀先生虽已逝世，他所传播的科学民主乃人类社会之永恒主题，至今仍塑造着一代又一代中国青年，堪称永远的新青年。

“一旦退休万事休，还有啥名堂？何苦呢？”

作为一个“除却文章无嗜好”的书生，他生命的驻点只能在书房。读书码字即生活，健心健脑，还要啥名堂？人生百年尤其是退休后，用减法来过，过一天少一天，岂不丧气？用加法来过，过一天赚一天，兼有诗书为伴，每天都有情趣或成就感，何乐不为？

二

去年我从南京西端的外秦淮河畔移家到东郊外，有幸时时得河东师之教诲。河东师时有惊人之言，又有诲人不倦之师德。只是其独秀观，乍听似体

① 陈独秀1942年5月27日（农历四月十三日）逝世于四川江津（今属重庆），至今逝世76年并非“死一百年了”。

② 臧克家《有的人——纪念鲁迅有感》。

贴，再听像咨询，三听成质疑……循循而下，心灵鸡汤就可能变凉变味。无须讳言，类似河东师说，我们在不少场合能听到，则见当年那年年月月天天讲之神教何等深入人心，以至河东师们不须过脑就妙语连珠。

对之虽无法一一答辩，却提醒我等：启蒙尚未到家，同志仍须努力。“五四”新文化运动既为中国文化思想史上最为壮丽的精神日出，借助这壮丽的“五四”之光推动中国现代化的进程，那是个宏大命题；而我仅期待其对世道人心中人心（人的思想方式）之现代化有所启迪。至少为朋友茶余饭后提供些有益有趣的谈资，以抵制网络上、舌尖上某些无稽乃至无聊的诬诅。区区微衷，恰受东方出版中心梁惠老师之鼓动与策划，于是我惶惶地捧出拙著《永远的新青年》，向将迎面而至的“五四运动”一百周年献礼。

我与梁惠老师偶尔结缘，愿独秀先生在天之灵保佑我们有更好的合作，缘远流长。

于此还要感谢为拙著出版付出辛劳的责编李琳女史，更要感谢陈铁健先生再次为拙著书写佳序。陈先生以八十又五之高龄，心身与文笔皆健，真可谓永远之新青年也。

钟　扬

2018年12月18日于金陵宝华山房

图书在版编目（CIP）数据

永远的新青年：陈独秀与五四学人 / 石钟扬，石霁著. —上海：东方出版中心，2020.5（2021.7 重印）
ISBN 978-7-5473-1634-4

Ⅰ. ①永… Ⅱ. ①石… ②石… Ⅲ. ①陈独秀（1880－1942）－人物研究 ②期刊－研究－中国－民国 Ⅳ. ①K827=6 ②G239.296

中国版本图书馆CIP数据核字（2020）第063071号

永远的新青年
——陈独秀与五四学人

著　　者　石钟扬　石　霁
策　　划　梁　惠
责任编辑　李　琳
封面设计　陈绿竞

出版发行　东方出版中心
地　　址　上海市仙霞路345号
邮政编码　200336
电　　话　021-62417400
印 刷 者　上海盛通时代印刷有限公司

开　　本　710mm × 1000mm　1/16
印　　张　19.5
字　　数　275千字
版　　次　2020年5月第1版
印　　次　2021年7月第2次印刷
定　　价　49.8元